プリント形式のリアル過去問で本番の臨場感！

宮城県

秀光中学校

2025年春受験用

解答集

本書は，実物をなるべくそのままに，プリント形式で年度ごとに収録しています。
問題用紙を教科別に分けて使うことができるので，本番さながらの演習ができます。

■ 収録内容

・解答集（この冊子です）

書籍ＩＤ番号，この問題集の使い方，最新年度実物データ，リアル過去問の活用，
解答例と解説，ご使用にあたってのお願い・ご注意，お問い合わせ

・2024（令和６）年度 ～ 2022（令和４）年度　学力検査問題

JN131839

○は収録あり　年度	'24	'23	'22		
■ 問題（適性検査型・教科型）※1	○	○	○		
■ 解答用紙	○	○	○		
■ 配点※2		○	○		

算数に解説があります

※1…適性検査型入試の英語リスニングの音声・原稿は非公表
※2…適性検査型入試の作文の評価基準は非公表
注)問題文等非掲載:2024年度総合問題の第4問と国語の第四問, 2023年度総合問題の第6問と国語の第四問, 2022年度国語の第二問

問題文の非掲載につきまして

著作権上の都合により，本書に収録している過去入試問題の本文の一部を掲載しておりません。ご不便をおかけし，誠に申し訳ございません。

本文の一部を掲載できなかったことによる国語の演習不足を補うため，論説文および小説文の演習問題のダウンロード付録があります。弊社ウェブサイトから書籍ＩＤ番号を入力してご利用ください。

なお，問題の量，形式，難易度などの傾向が，実際の入試問題と一致しない場合があります。

教英出版

■　書籍ＩＤ番号

入試に役立つダウンロード付録や学校情報などを随時更新して掲載しています。
教英出版ウェブサイトの「ご購入者様のページ」画面で，書籍ＩＤ番号を入力してご利用ください。

書籍ＩＤ番号　108106

（有効期限：2025年9月30日まで）

【入試に役立つダウンロード付録】
「要点のまとめ（国語／算数）」
「課題作文演習」ほか

■　この問題集の使い方

年度ごとにプリント形式で収録しています。針を外して教科ごとに分けて使用します。①片側，②中央のどちらかでとじてありますので，下図を参考に，問題用紙と解答用紙に分けて準備をしましょう（解答用紙がない場合もあります）。

針を外すときは，けがをしないように十分注意してください。また，針を外すと紛失しやすくなりますので気をつけましょう。

① 片側でとじてあるもの　　② 中央でとじてあるもの

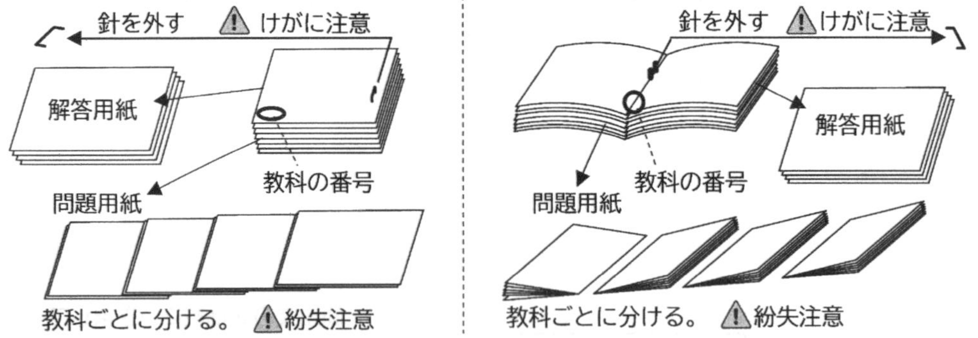

※教科数が上図と異なる場合があります。
解答用紙がない場合や，問題と一体になっている場合があります。
教科の番号は，教科ごとに分けるときの参考にしてください。

■　最新年度　実物データ

実物をなるべくそのままに編集していますが，収録の都合上，実際の試験問題とは異なる場合があります。実物のサイズ，様式は右表で確認してください。

問題用紙	Ａ４冊子（二つ折り）
解答用紙	総合・国・算：Ａ３プリント 理・社：Ａ４プリント　作文：Ｂ４原稿用紙

リアル過去問の活用

～リアル過去問なら入試本番で力を発揮することができる～

✿ 本番を体験しよう！

問題用紙の形式（縦向き / 横向き），問題の配置や余白など，実物に近い紙面構成なので本番の臨場感が味わえます。まずはパラパラとめくって眺めてみてください。「これが志望校の入試問題なんだ！」と思えば入試に向けて気持ちが高まることでしょう。

✿ 入試を知ろう！

同じ教科の過去数年分の問題紙面を並べて，見比べてみましょう。

①　問題の量

毎年同じ大問数か，年によって違うのか，また全体の問題量はどのくらいか知っておきましょう。どのくらいのスピードで解けば時間内に終わるのか，大問ひとつにかけられる時間を計算してみましょう。

②　出題分野

よく出題されている分野とそうでない分野を見つけましょう。同じような問題が過去にも出題されていることに気がつくはずです。

③　出題順序

得意な分野が毎年同じ大問番号で出題されていると分かれば，本番で取りこぼさないように先回りして解答することができるでしょう。

④　解答方法

記述式か選択式か（マークシートか），見ておきましょう。記述式なら，単位まで書く必要があるかどうか，文字数はどのくらいかなど，細かいところまでチェックしておきましょう。計算過程を書く必要があるかどうかも重要です。

⑤　問題の難易度

必ず正解したい基本問題，条件や指示の読み間違いといったケアレスミスに気をつけたい問題，後回しにしたほうがいい問題などをチェックしておきましょう。

✿ 問題を解こう！

志望校の入試傾向をつかんだら，問題を何度も解いていきましょう。ほかにも問題文の独特な言いまわしや，その学校独自の答え方を発見できることもあるでしょう。オリンピックや環境問題など，話題になった出来事を毎年出題する学校だと分かれば，日頃のニュースの見かたも変わってきます。

こうして志望校の入試傾向を知り対策を立てることこそが，過去問を解く最大の理由なのです。

✿ 実力を知ろう！

過去問を解くにあたって，得点はそれほど重要ではありません。大切なのは，志望校の過去問演習を通して，苦手な教科，苦手な分野を知ることです。苦手な教科，分野が分かったら，教科書や参考書に戻って重点的に学習する時間をつくりましょう。今の自分の実力を知れば，入試本番までの勉強の道すじが見えてきます。

✿ 試験に慣れよう！

入試では時間配分も重要です。本番で時間が足りなくなってあわてないように，リアル過去問で実戦演習をして，時間配分や出題パターンに慣れておきましょう。教科ごとに気持ちを切り替える練習もしておきましょう。

✿ 心を整えよう！

入試は誰でも緊張するものです。入試前日になったら，演習をやり尽くしたリアル過去問の表紙を眺めてみましょう。問題の内容を見る必要はもうありません。どんな形式だったかな？受験番号や氏名はどこに書くのかな？…ほんの少し見ておくだけでも，志望校の入試に向けて心の準備が整うことでしょう。

そして入試本番では，見慣れた問題紙面が緊張した心を落ち着かせてくれるはずです。

※まれに入試形式を変更する学校もありますが，条件はほかの受験生も同じです。心を整えてあせらずに問題に取りかかりましょう。

2024 解答例
令和6年度

秀光中学校【適性検査型】【教科型】

《適性検査型　総合問題》

第1問　放送原稿《げんこう》非公表のため，解答例は掲載《けいさい》しておりません。

第2問　I have a sister.／She is a student.

第3問　⑴A　⑵D　⑶①D　②D　③A　⑷①C　②C

第4問　⑴①複雑　②優先　③と　④しきじ　⑤きぼ　⑥人工　⑵A　⑶C　⑷世界中の人々とつながり，意見交換したり，同じ目標をもつ人を見つけたりすること

第5問　⑴沖ノ鳥島　⑵①5月 22 日の午前 10 時　②5月 21 日の午後7時　③71　⑶①B　②Y．200　Z．2
⑷ア．参議院　イ．多数決　ウ．知事　エ．条例

第6問　⑴①120　②24　⑵①ア→ウ→イ→エ　②A．リサイクル〔別解〕リデュース
B．リユース〔別解〕リデュース　C．リユース〔別解〕リデュース　③W．120　X．80　Y．40　Z．20
⑶X．467.5　Y．ウ　⑷①35.6　②時速 63.1 km

第7問　⑴C　⑵D　⑶発芽には水と空気が必要であり，穴のあいたスポンジを使うことで，レタスの種子を空気と水に同時にふれる位置に固定することができるため。　⑷屋内での水耕栽培は虫が入ってこないため，土を使って屋外で育てる方法に比べて虫による被害を防ぐことができる点が優れている。

《適性検査型　作文》

〈作文のポイント〉

・最初に自分の主張、立場を明確に決め、その内容に沿って書いていく。
・わかりやすい表現を心がける。自信のない表現や漢字は使わない。
さらにくわしい作文の書き方・作文例はこちら！→https://kyoei-syuppan.net/mobile/files/sakupo.html

《教科型　国語》

第一問　問一．①じゅうだん　②じしゃく　③こころよ　問二．①宣伝　②模型　③退
問三．①正確　②性格　問四．①務　②努

第二問　問一．ウ　問二．a．ア　b．イ　問三．Ⅰ．こだわらない　Ⅱ．不器用で、きまじめで、融通がきかない　問四．男子と女子／距離の取り　問五．ウ　問六．エ　問七．イ　問八．ア

第三問　問一．他者　問二．A．オ　B．ウ　C．イ　問三．イ　問四．ア　問五．⑴ア　⑵ウ
問六．説明しなくてもわかってもらえる事柄を、むなしさに耐えて説明する（下線部はねばり強く相手に説明するでもよい）

第四問　問一．美意識　問二．イ　問三．エ　問四．ア，ウ
問五．《適性検査型　作文》の〈作文のポイント〉参照。

《教科型　算数》

第１問　(1)18　(2)4　(3)4　(4)75　(5)2024

第２問　(1)24　(2)㋐，㋓　(3)4　(4)①＋　②－　(5)810　(6)3　(7)9.4　(8)118　(9)①54000　②20

第３問　(1)①80　②85　(2)③85　④90　(3)31.4

第４問　(1)うるう年　(2)2024は４で割り切れるが，100で割り切れないため　(3)3　(4)火

第５問　(1)56.52　(2)49.12

第６問　(1)㋓　(2)37.68

第７問　(1)1000　(2)①19　②30　(3)③17　④800

《教科型　社会》

第１問　問１．(1)カ　(2)イ　問２．カ　問３．イ　問４．(1)ア　(2)木によって根から吸い上げられるとともに，しばらくの間地下水として蓄えられる。　問５．(1)ア．山地　イ．深く　(2)ア

第２問　問１．エ　問２．ウ　問３．ア　問４．参勤交代　問５．(1)ウ　(2)イ　問６．ウ

第３問　問１．ア　問２．イ　問３．(1)ウ　(2)ウ　問４．キ　問５．ユニバーサルデザイン　問６．エ

《教科型　理科》

第１問　問１．オリオン座　問２．イ　問３．冬の大三角　問４．ウ

第２問　問１．地層　問２．化石　問３．エ

第３問　問１．ア　問２．26.1　問３．硝酸カリウム　問４．29　問５．18　問６．イ

第４問　問１．肝臓　問２．④　問３．イ

第５問　問１．おしべ　問２．エ　問３．おしべでできた花粉がこん虫につき，それがめしべまで運ばれることで受粉する。

第６問　問１．(1)エ　(2)イ　問２．E　問３．(1)イ　(2)エ　問４．エ

第６問

⑴① 左から順に並べていくと，１番目のごみ箱の決め方が５通りあり，この５通りに対して２番目のごみ箱の決め方がそれぞれ４通りある。同様に３番目は３通り，４番目は２通り，５番目は１通りとなるから，全部で
５×４×３×２×１＝120(通り)ある。

② ①と同様に，４つのごみ箱を左から順に決めていけばよいので，全部で４×３×２×１＝24(通り)ある。

⑵③ 鶴《つる》が60羽いるとすると，足の数は全部で２×60＝120(本)ある。これは実際の本数よりも200－120＝80(本)少ない。鶴１羽を亀《かめ》１匹に変えると足の本数は４－２＝２(本)増えるから，亀の数は80÷２＝40(匹)になる。したがって，鶴の数は60－40＝20(羽)になる。

⑶ １人１日あたりの家庭ごみは2008年に550ｇであり，2021年には15%減少したから550×(１－0.15)＝467.5(ｇ)になった。また，2022年に453ｇとなり，この３割の重さは453×0.3＝135.9(ｇ)だから，ウのじゃがいも１個の重さに最も近い。

⑷① 一般道路で秀光中学校からＡ地点までは15分＝$\frac{15}{60}$時間＝$\frac{1}{4}$時間かかる。よって，求める速さは8.9÷$\frac{1}{4}$＝35.6より，時速35.6㎞である。

② 秀光中学校から東和蛍雪校舎までの道のりは8.9＋70.2＋9.3＝88.4(㎞)であり，かかる時間は15＋54＋15＝84(分)，つまり84÷60＝1.4(時間)である。よって，平均の速さは，88.4÷1.4＝63.14…より，時速63.1㎞である。なお，３つの経路の速さの平均をとり，(35.6＋78.0＋37.2)÷３＝50.26…より，時速50.3㎞とするのは間違《まちが》いである。

第１問

⑴　与式＝15＋３＝**18**

⑵　$\frac{1}{2}:\frac{2}{3}=(\frac{1}{2}\times 6):(\frac{2}{3}\times 6)=3:$**4**

⑶　与式より，６×□＋５＝13＋４×□　　６×□－４×□＝13－５　　２×□＝８　　□＝８÷２＝**4**

⑷　与式＝$\frac{1}{3}\times\{5\times(18\times 20)-18\times 25\}\times\frac{1}{6}=(18\times 100-18\times 25)\times\frac{1}{18}=18\times 100\times\frac{1}{18}-18\times 25\times\frac{1}{18}=100-25=$**75**

⑸　与式＝$\frac{4}{5}\times 512.5\times 5-(1.7+11.3)\times 0.4\times 5=2050-13\times 2=2050-26=$**2024**

第２問

⑴　**【解き方】(平行四辺形の面積)＝(底辺の長さ)×(高さ)で求める。**

求める面積は，６×４＝**24**(㎠)

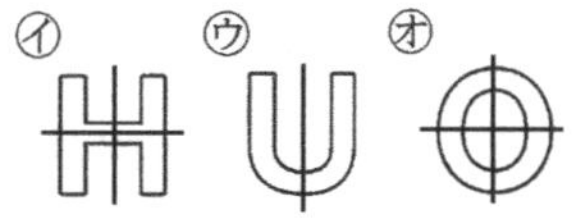

⑵　㋑，㋒，㋔には右図のように対称の軸が引けるので，**㋐，㋓**が適する。

⑶　**【解き方】０は百の位の数にならないことに注意して，３けたの数を書き出す。**

作ることのできる整数は，102，120，201，210 の**４**通りである。

⑷　与式より，２［①］３×４［②］５＝10－１　　２［①］３×４［②］５＝９となる。

①に「÷」を入れると，２［①］３＝２÷３＝$\frac{2}{3}$となり式が成り立たないので，①に「÷」は入らない。

よって，２［①］12［②］５＝９と計算できる。②に「÷」を入れても 12÷５＝2.4 となり，式が成り立たないので，②に「÷」は入らないから，値《あたい》を小さくするには「－」を入れる必要がある。

①に「－」は明らかに入らないので，②に「**－**」を入れると，２［①］12－５＝９　　２［①］12＝14 となるから，①に「**＋**」を入れれば２＋12＝14 となり，式が成り立つ。

⑸　この町の子どもの人数は 12000×0.15＝1800(人)だから，男の子は 1800×0.45＝**810**(人)である。

⑹　**【解き方】水を加えても，ふくまれる食塩の量は変わらない。**

５％の食塩水 300ｇにふくまれる食塩は 300×0.05＝15(ｇ)だから，水 200ｇを加えると$\frac{15}{300+200}\times 100=$**３**(％)の食塩水になる。

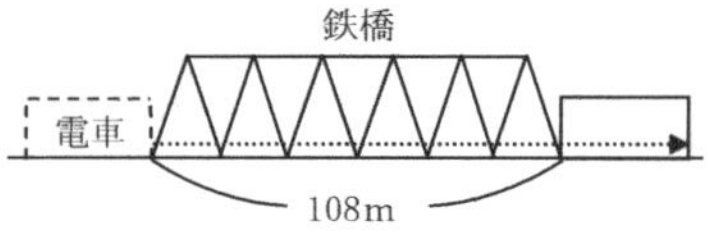

⑺　**【解き方】右図のように，電車の先頭が鉄橋をわたり始めてから，電車の最後尾《さいこうび》が鉄橋をわたり終えるまでに電車が進んだ道のりは，108＋80＝188(m)である。**

時速 72㎞＝秒速(72×1000÷60÷60)ｍ＝秒速 20ｍだから，求める時間は 188÷20＝**9.4**(秒)である。

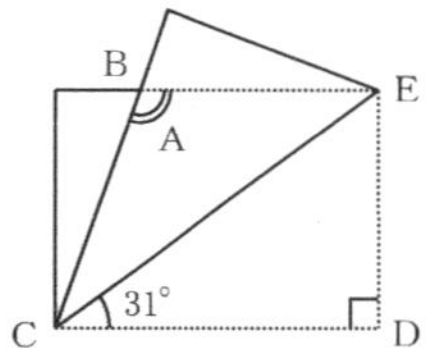

⑻　**【解き方】折り返した角は等しいことを利用する。**

右図で，角ＢＣＥは角ＤＣＥを折り返した角だから，角ＢＣＥ＝角ＤＣＥ＝31°

ＢＥとＣＤは平行だから，角ＢＥＣ＝角ＥＣＤ＝31°

三角形ＢＣＥの内角の和より，角Ａ＝180°－31°－31°＝**118°**

⑼　１ドル 108 円のときに 500 ドル分購入《こうにゅう》したから，日本円で 108×500＝**54000**(円分)になる。３年後，500 ドルで 64000 円を購入できるから，１ドルは 64000÷500＝128(円)になったので，128－108＝**20**(円)だけ円安になった。

第３問

⑴　回数の最ひん値の階級は度数が最も大きいので，**80** 回以上 **85** 回未満の階級である。

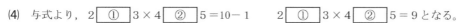

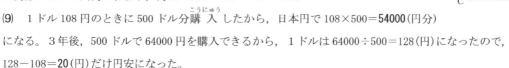

⑵　**【解き方】度数の合計は35人だから，35÷２＝17.5より，中央値は大きさ順に18番目の度数である。**
回数が85回未満の人は０＋１＋２＋３＋10＝16(人)，回数が90回未満の人は16＋８＝24(人)いる。よって，回数の中央値の階級は**85回以上90回未満**である。

⑶　回数が90回以上の生徒は６＋３＋２＝11(人)だから，全体の人数の，$\frac{11}{35}\times100=31.42\cdots$(%)より，**31.4%**である。

第４問

⑴⑵　うるう年かどうかを確かめるには，西暦《せいれき》年号が４の倍数であり，100の倍数でないことを確かめればよい。ただし，400の倍数は例外としてうるう年になることに注意する。

⑶　2024年２月29日はまだ来ていないことに気を付けると，うるう年は2020年，2016年，2012年の３回だから，秀太さんが生まれてから2024年１月５日(金)までの間に，２月29日は**３**回あった。

⑷　**【解き方１】１年は365日であり，365÷７＝52余り１より，１年後の同じ日の曜日は１つあとの曜日となる。ただし，うるう年の２月29日をまたぐ場合は，２つあとの曜日となる。**
2024年５月７日は2011年５月７日のちょうど2024－2011＝13(年後)である。⑶をふまえると，この13年間にうるう年は３＋１＝４(回)またぐので，2024年５月７日の曜日は2011年５月７日の13－４＋２×４＝17(日)あとの曜日となる。１週間後＝７日後の曜日は同じだから，17÷７＝２余り３より，求める曜日は土曜日の３日あとの**火**曜日である。

【解き方２】2024年５月７日は2024年１月５日(金)の何日後かを考える。
2024年はうるう年なので，１月は31日，２月は29日，３月は31日，４月は30日ある。よって，2024年５月７日は2024年１月５日の(31－５)＋29＋31＋30＋７＝123(日後)である。123÷７＝17余り４より，123日後の曜日は４日後の曜日と同じなので，金曜日の４日後は**火**曜日である。

第５問

⑴　色つき部分の面積は，半径６㎝の円の面積１つ分から，半径６÷２＝３(㎝)の円の面積２つ分を引いた値だから，６×６×3.14－(３×３×3.14)×２＝(36－18)×3.14＝**56.52**(㎠)

⑵　**【解き方】右図のように補助線を引き，記号をおく。求める周りの長さ(太線部分の長さ)は，合同なおうぎ形の曲線部分の長さ３つ分と，円の半径の２倍の長さが３つ分の和である。**

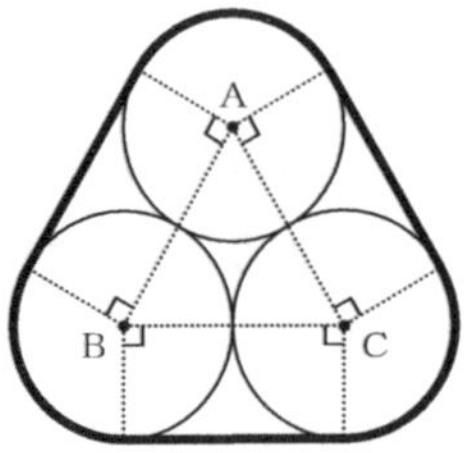

ＡＢ＝ＢＣ＝ＣＡ＝４×２＝８(㎝)だから，三角形ＡＢＣは正三角形である。
よって，３つのおうぎ形の中心角はそれぞれ360°－(90°＋90°＋60°)＝120°
だから，曲線部分の長さの合計は，$(4\times2\times3.14\times\frac{120°}{360°})\times3=25.12$(㎝)である。
したがって，求める周りの長さは25.12＋８×３＝**49.12**(㎝)

第６問

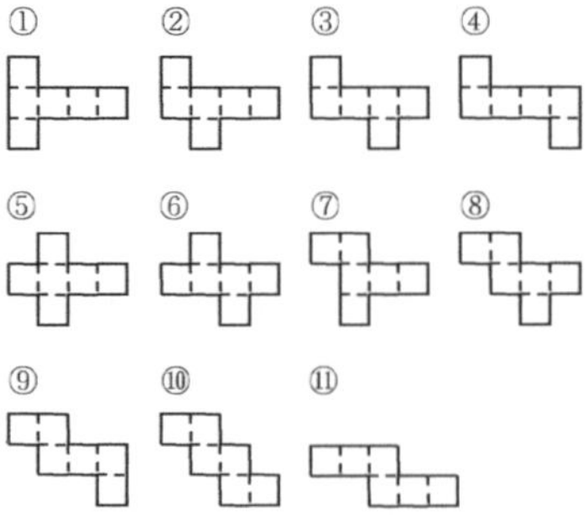

⑴　立方体の展開図は右図の①～⑪の11種類ですべてなので，覚えておくとよい。①～⑥のように，４つの面が１列に並び，その上下に１面ずつがくっついている形が基本的な形である。立方体の展開図では，となりの面にくっつくのならば，面を90°ずつ回転移動させることができるので，⑤の左端《ひだりはし》の面を上に回転移動させると⑦になる。⑦の一番下の面を右に回転移動させていくと，⑧と⑨ができる。⑩と⑪は覚えやす

い形なので，そのまま覚えるとよい。㋐は⑩，㋑は⑪，㋒は④，㋔は⑧，㋕は⑤にそれぞれ対応するので，立方体にならないのは㋓である。

⑵　**【解き方】回転体は右図のように，円柱を２つ重ねた立体になる。**

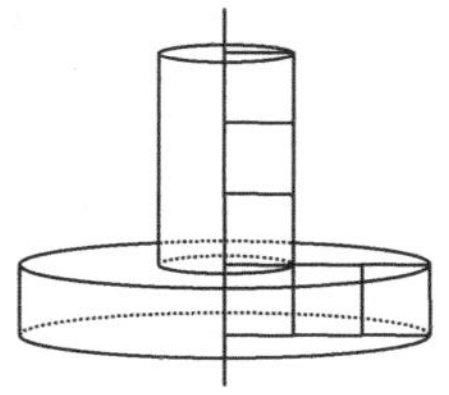

回転体の体積は，底面の半径が１cm，高さが３cmの円柱の体積と，底面の半径が３cm，高さが１cmの円柱の体積の和に等しい。よって，求める体積は

１×１×3.14×３＋３×３×3.14×１＝（３＋９）×3.14＝**37.68**(㎤)

第７問

⑴　点Ａから点Ｂまでの実際の距離《きょり》は，(20×5000)cm＝100000 cm＝(100000÷100)ｍ＝**1000**ｍである。

⑵　**【解き方】秀光中学校から野球場まで，止まらずに移動したときにかかる時間を求める。**

秀光中学校から野球場まで分速 80ｍで移動すると，1000÷80＝12.5(分)より，12 分(60×0.5)秒＝12 分 30 秒かかる。コンビニには７分間立ち寄ったので，求める時間は 12 分 30 秒＋７分＝**19** 分 **30** 秒(後)である。

⑶　**【解き方】Ｐさんがコンビニを出た時間とＱさんが野球場を出発した時間をグラフに書きこむと，右図のようになり，Ｑさんが野球場を出発した時間はＰさんがコンビニを出た時間より後だとわかる。**

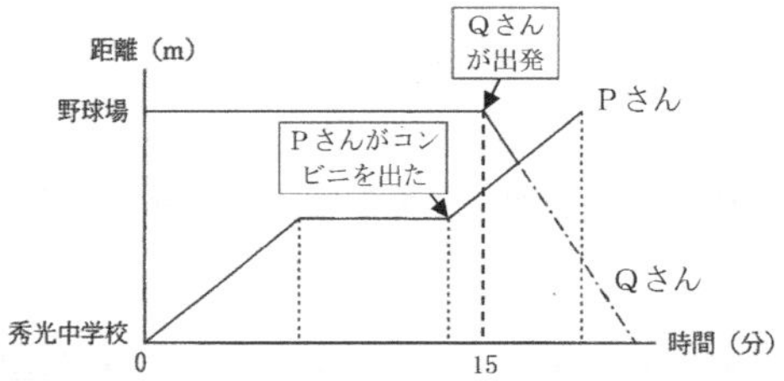

グラフより，Ｐさんが出発して 15 分後，すでにコンビニを出ているので，ここまでにＰさんが進んだ道のりは

80×(15－７)＝640(ｍ)である。ここからＰさんとＱさんは１分あたりに 80＋100＝180(ｍ)だけ近づくので，Ｐさんが出発してから，２人は 15＋(1000－640)÷180＝**17**(分後)に出会う。また，出会う場所は秀光中学校から 80×(17－７)＝**800**(ｍ)の地点である。

秀光中学校【適性検査型】【教科型】

《適性検査型　総合問題》

第1問　放送原稿非公表のため，解答例は掲載しておりません。

第2問　I want to go to America.／I want to eat a hamburger.

第3問　(1)D　(2)A，D　(3)葉が平行脈となっているため。　(4)A，C　(5)①都道府県名…長野県　都道府県の位置…B　②冷涼な〔別解〕涼しい　(6)X．12　Y．8

第4問　(1)2000年と2020年の人口の割合を比べると，65歳以上の人口が増加しており，0～14歳の人口の割合が減少している。　(2)D　(3)D　(4)2005年から急に人口が増える東京都は人口密度が高くなり，人口が減る秋田県は人口密度が低くなっている。　(5)福祉の充実／地域の魅力の再発信／起業者への支援
(6)ア．二酸化炭素　イ．光合成　(7)72

第5問　(1)C　(2)B　(3)B　(4)X．364　Y．3　Z．2　(5)A

第6問　(1)①便利　②とうと　③資源　④認識　⑤背景　⑥か　(2)B　(3)E

《適性検査型　作文》

〈作文のポイント〉
・最初に自分の主張、立場を明確に決め、その内容に沿って書いていく。
・わかりやすい表現を心がける。自信のない表現や漢字は使わない。
さらにくわしい作文の書き方・作文例はこちら！→https://kyoei-syuppan.net/mobile/files/sakupo.html

《教科型　国語》

第一問　問一．①きちょう　②こんざつ　③こた　問二．①危険　②報道　③参拝　問三．①感性　②完成
問四．①破　②敗

第二問　問一．イ　問二．ア　問三．ウ　問四．ア　問五．イ　問六．今までとちがう　問七．ア
問八．無理に体育系の部活動に入るのではなく、吹奏楽部に入る　問九．エ　問十．ウ

第三問　問一．エ　問二．a．イ　b．ウ　問三．エ　問四．A．イ　B．ウ　問五．Ⅰ．イ　Ⅱ．ア
Ⅲ．ウ　問六．ア

第四問　問一．その分、原　問二．ア　問三．エ　問四．イ　問五．環境に負荷を与えずには成り立たない
問六．〈作文のポイント〉
・最初に自分の主張、立場を明確に決め、その内容に沿って書いていく。
・わかりやすい表現を心がける。自信のない表現や漢字は使わない。
さらにくわしい作文の書き方・作文例はこちら！→https://kyoei-syuppan.net/mobile/files/sakupo.html

《教科型　算数》

第１問　(1)12　(2)8　(3)3　(4)11　(5)2023

第２問　(1)31.4　(2)㋐　(3)15　(4)120　(5)59　(6)20　(7)84　(8)27.36　(9)①24　②8

第３問　(1)6　(2)76　(3)5.64

第４問　(1)①9　②25　(2)③55　④30

第５問　(1)五　(2)正五角形の１つの内角が 108° であり，360° の約数になっていないから。／正五角形以外の正多角形の１つの内角は全て 360° の約数になっているから。などから１つ　(3)六

第６問　(1)25　(2)46

第７問　(1)1.8　(2)0.06　(3)①1.08　②10

《教科型　社会》

第１問　問１．やませ　問２．(ｉ)エ　(ⅱ)エ　問３．(ｉ)イ　(ⅱ)ウ　問４．(ｉ)ウ　(ⅱ)エ　問５．エ　問６．竹島　問７．エ

第２問　問１．三内丸山　問２．遣唐使　問３．エ　問４．1867 年に徳川慶喜が天皇に政治の実権を返すと決めた様子。(下線部は大政奉還をでもよい)　問５．ウ　問６．ウ　問７．イ

第３問　問１．(ｉ)イ　(ⅱ)平和主義　問２．ア　問３．イ　問４．ア　問５．ウ　問６．エ　問７．エ

《教科型　理科》

第１問　問１．(1)エ　(2)きん急地震速報　(3)ア，エ，オ　問２．(1)ア　(2)積乱雲〔別解〕入道雲　(3)早めに避難する。／明るいうちに避難する。／複数で避難する。／遅くなった場合は，２階などできるだけ高いところに避難する。などから１つ

第２問　問１．(1)エ　(2)温度を上げる／水(の量)を増やす　問２．(1)ア　(2)二酸化炭素　(3)水

第３問　問１．(1)エ　(2)デンプン　問２．(1)3　(2)ア　(3)エ　問３．(1)受精　(2)エ

第４問　問１．10　問２．20　問３．(1)20　(2)ウ　問４．C　問５．320

第３問

⑹① サイドメニューの決め方は３通りあり，その３通りそれぞれに対してサラダの決め方が２通り，さらにドリンクの決め方が２通りある。よって，セットメニューの選び方は全部で３×２×２＝12(通り)ある。

② 代金が980円以下になるのは，追加料金が980－800＝180(円)以下になるときである。よって，追加料金が180円を超えるような選び方の数を求めて，12通りから引けばよい。以下，フライドポテト→㋫，ナゲット→㋤，オニオンリング→㋥，ミックスサラダ→㋯，シーフードサラダ→㋛，オレンジジュース→㋹，メロンソーダ→㋱と表し，サイドメニューの決め方によって，場合を分けて考える。

サイドメニューが㋫のとき，(サラダ，ドリンク)が(㋛，㋱)のとき，追加料金は120＋80＝200(円)となり，180円を超える。よって，１通りある。

サイドメニューが㋤のとき，サラダとドリンクの追加料金が180－50＝130(円)を超えるのは，(㋛，㋱)のときだから，１通りある。

サイドメニューが㋥のとき，サラダとドリンクの追加料金が180－100＝80(円)を超えるのは，㋛を注文するときだから，(㋛，㋹)(㋛，㋱)の２通りある。

以上より，追加料金が180円を超えるような選び方は１＋１＋２＝４(通り)だから，代金が980円以下になるような選び方は全部で，12－４＝８(通り)ある。

第４問

⑺ 一般家庭１世帯あたりが１年間に必要とする電力は，7,920,000÷22,000＝360(kWh)となる。よって，１日あたり，360÷365＝$\frac{72}{73}$(kWh)の電力が必要だから，求める整数は72である。

第５問

⑷① 12秒＝$\frac{12}{60}$分＝$\frac{1}{5}$分だから，５分12秒＝$5\frac{1}{5}$分＝$\frac{26}{5}$分である。リオンくんは分速70mで歩いたので，大洲城の周囲は70×$\frac{26}{5}$＝364(m)である。

② Ａ地点から反対方向に歩いたので，２人合わせて364mを歩くのにかかる時間を求めればよい。２人が１分間に進む道のりの合計は70＋50＝120(m)だから，初めて出会うのは364÷120＝$\frac{91}{30}$＝$3\frac{1}{30}$(分後)である。
$\frac{1}{30}$分＝($\frac{1}{30}$×60)秒＝２秒だから，求める時間は３分２秒後となる。

第１問

(1)　与式＝24－15＋３＝**12**

(2)　$10\div7.5=\frac{4}{3}$だから，□＝$6\times\frac{4}{3}=$ **8**

(3)　与式より，10×□＝２×□＋24　　10×□－２×□＝24　　(10－２)×□＝24　　□＝24÷８＝**3**

(4)　与式＝６×255÷(５×６)－５×240÷(５×６)＝(６÷６)×(255÷５)－(５÷５)×(240÷６)＝51－40＝**11**

(5)　与式＝$\{\frac{3}{20}+\frac{5}{2}\times(44.1-3.7)\}\times20=\frac{3}{20}\times20+\frac{5}{2}\times20\times40.4=3+2020=$ **2023**

第２問

(1)　半径５㎝の円周の長さは，５×２×3.14＝**31.4**(㎝)

(2)　点対称の文字は180°回転させると，もとの文字と重なるから，正しいものは㋐である。

(3)　**【解き方】２種類の硬《こう》貨《か》の組み合わせについて樹形図をかくと，右図のようになる。**

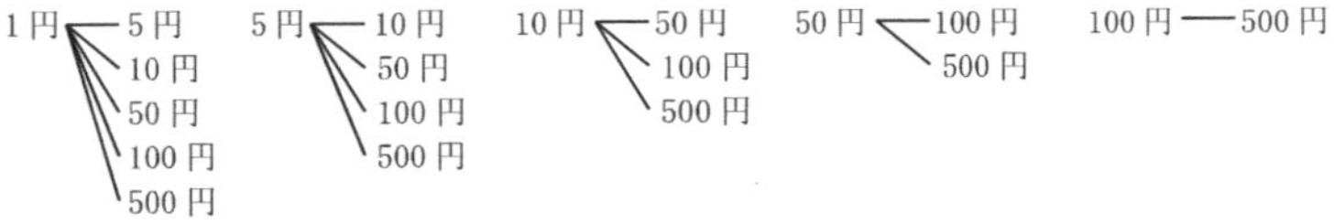

どの２種類の硬貨を組み合わせても金額はすべて異なるから，全部で５＋４＋３＋２＋１＝**15**(通り)ある。

(4)　２ｍ＝200㎝だから，長い方のひもの長さは$200\times\frac{3}{3+2}=$ **120**(㎝)となる。

(5)　**【解き方】２，５，８，11，14…は２から始まり，３ずつ増えていく数の並びである。**

20番目の数は初めの数から３×(20－１)＝57だけ増えたから，２＋57＝**59**である。

(6)　**【解き方】定価の１－0.1＝0.9(倍)の金額が5400円である。**

定価は5400÷0.9＝6000(円)だから，初めに見こんだ利益は6000－5000＝1000(円)である。

よって，求める割合は，$\frac{1000}{5000}\times100=$ **20**(%)となる。

(7)　**【解き方】右図のように補助線を引く。ＡＢ＝ＡＥ＝ＡＦより，三角形ＡＢＦは二等辺三角形であり，同様に三角形ＥＤＦも三角形ＡＢＦと合同な二等辺三角形である。正ｎ角形の内角の和は，180°×(ｎ－２)で求められることを利用する。**

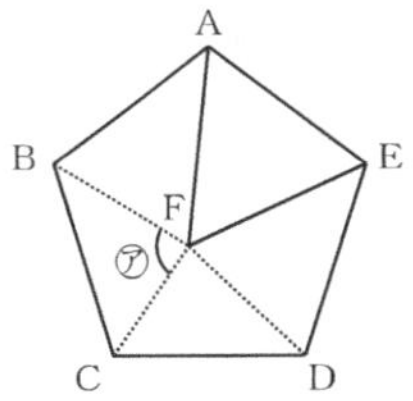

正五角形の１つの内角の大きさは，180°×(５－２)÷５＝108°である。

三角形ＡＥＦは正三角形だから，角ＢＡＦ＝108°－60°＝48°となるので，

角ＢＦＡ＝(180°－48°)÷２＝66°である。同様に，角ＤＦＥ＝66°だから，角㋐をふくまない角ＢＦＤの大きさは，66°×２＋60°＝192°である。

三角形ＢＦＣと三角形ＤＦＣは合同だから，角㋐＝角ＤＦＣより，角㋐＝(360°－192°)÷２＝**84°**である。

(8)　**【解き方】右の「葉っぱ型の図形の面積」を利用する。**

求める面積は，

２×２×0.57×４＋４×４×0.57×２＝

(16＋32)×0.57＝**27.36**(㎠)

葉っぱ型の図形の面積

右の斜線《しゃせん》部分の面積は，

(円の$\frac{1}{4}$の面積)×２－(正方形の面積)＝

$(1\times1\times3.14\times\frac{1}{4})\times2-1\times1=0.57$だから，

(葉っぱ型の面積)＝(正方形の面積)×0.57

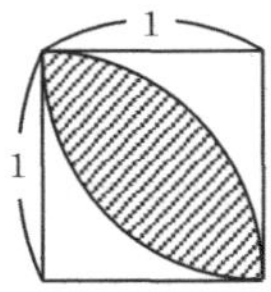

⑼　**【解き方】右図のように，４つの区切られた部分をＡ，Ｂ，Ｃ，Ｄとする。**

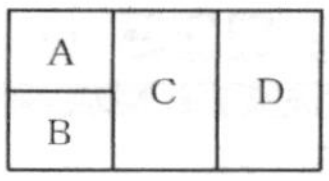

４色を使ってぬるとき，Ａのぬり方は４通りあり，この４通りそれぞれに対してＢのぬり方は３通り，さらにＣのぬり方は２通り，Ｄのぬり方は１通りある。よって，ぬり方は全部で４×３×２×１＝**24**(通り)ある。

緑と黄がとなり合わないとき，Ｃは他のすべての部分ととなり合うので，Ｃに緑と黄をぬることはできない。また，ＡとＢはとなり合うので，一方をＡまたはＢ，もう一方をＤにぬることになる。よって，緑か黄をＤにぬる決め方は２通り，緑か黄でＤにぬっていない色をＡかＢにぬる決め方が２通り，ＡかＢで色をぬっていないところにぬる色の決め方はオレンジか青の２通り，Ｃの色の決め方は１通りある。したがって，ぬり方は全部で

２×２×２×１＝**8**(通り)

第３問

⑴　データの個数は25個だから，中央値は，25÷２＝12.5より，大きさ順に13番目の値《あたい》である。読んだ本の冊数が５冊以下の児童は２＋４＋６＝12(人)，６冊以下の児童は12＋７＝19(人)だから，中央値は**6**冊である。

⑵　読んだ本が４冊以下の児童は２＋４＝６(人)だから，５冊以上読んだ児童は25－６＝19(人)である。

よって，求める割合は$\frac{19}{25}$×100＝**76**(％)である。

⑶　求める平均値は，(１×０＋２×０＋３×２＋４×４＋５×６＋６×７＋７×２＋８×３＋９×１＋10×０)÷25＝**5.64**(冊)である。

第４問

⑴　**【解き方】正三角形の個数について，１段目は１個，２段目は３＝１＋２(個)，３段目は５＝３＋２(個)，…となっているから，１段目の１個から１段増えるごとに２個ずつ増えているとわかる。**

４段目の正三角形は５＋２＝７(個)だから，５段目の正三角形は７＋２＝９(個)である。よって，５段目までの正三角形の個数の和は，１＋３＋５＋７＋９＝**25**(個)である。

⑵　**【解き方】⑴より，ｎ段目に並ぶ正三角形の個数は，１＋２×(ｎ－１)＝２×ｎ－１(個)であり，正三角形の個数の和は，１段目までは１＝１×１(個)，２段目までは１＋３＝４＝２×２(個)，３段目までは４＋５＝９＝３×３(個)，…となっているから，ｎ段目まではｎ×ｎ(個)となる。**

28段目にある正三角形の個数は，２×28－１＝**55**(個)である。また正三角形の個数の和が900個のとき，同じ数を２回かけると900になるような数を探すと30が見つかるから，このときの図形は**30**段ある。

第５問

⑴⑵　**【解き方】正多角形をすき間なくしきつめるには，正多角形の頂点の集まりがすき間なく埋《う》まるから，正多角形の１つの内角が360°の約数となる必要がある。**

正三角形の１つの内角の大きさは60°だから，360°÷60°＝６より，すき間なくしきつめられる。

正方形の１つの内角の大きさは90°だから，360°÷90°＝４より，すき間なくしきつめられる。

正五角形の１つの内角の大きさは$\frac{180° \times (5-2)}{5}$＝108°だから，360°÷108°＝３余り36より，右図のようになり，すき間なくしきつめられない。

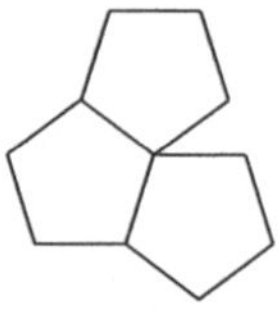

正六角形の１つの内角の大きさは$\frac{180° \times (6-2)}{6}$＝120°だから，360°÷120°＝３より，すき間なくしきつめられる。

以上より，すき間なくしきつめられない多角形は，正**五**角形である。

⑶　**【解き方】同じ種類の正多角形をすき間なく使ってできた立体(正多面体)は，１つの頂点に集まる角の大きさが 360°以上になると，作ることができない。**

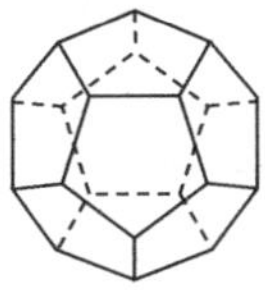

正多面体を作るためには，１つの頂点に３つ以上の角が集まる必要がある。正**六**角形は１つの内角の大きさが 120°のため，角を３つ集めると 120°×３＝360°となり，平面になるので，立体にならない。なお，正三角形を集めると正四面体(正三角すい)等，正方形を集めると正六面体(立方体)，正五角形を集めると右図のような正十二面体ができる。

第６問

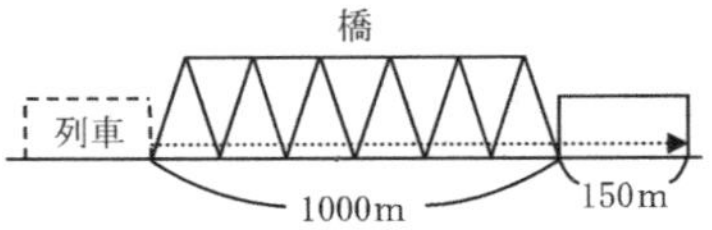

⑴　列車の速さは，時速 90 km＝秒速(90÷60÷60×1000)m＝秒速 **25**m

⑵　列車が橋を渡り出してから渡り切るまでの道のりは，列車の先頭が橋の入り口にさしかかったところから，列車の最後尾《さいこうび》が橋を完全に抜けたところまでの道のり(右図参照)だから，1000＋150＝1150(m)となる。よって，求める時間は 1150÷25＝**46**(秒)である。

第７問

⑴　仙台駅から秀光中学校までの道のりは，$\frac{1}{25000}$の縮図上で 7.2 cmだから，実際の道のりは(7.2×25000)cm＝(7.2×25000÷100)m＝(7.2×25000÷100÷1000)km＝**1.8** kmである。

⑵　グラフより，弟は秀光中学校から仙台駅まで移動するのに 30 分かかった。よって，弟の速さは，1.8÷30＝0.06 より，分速 **0.06** kmである。

⑶　**【解き方】兄が仙台駅から，弟と出会った場所まで休けいせずに移動するとしたら何分かかるかを考える。**

２人が出会った場所は，弟が秀光中学校から 18 分間移動した地点である。よって，秀光中学校から 0.06×18＝1.08(km)のところである。

兄が弟と出会った場所まで休けいせずに移動したとすると，(1.8−1.08)÷0.09＝８(分)かかる。よって，兄が休けいしていた時間は，18−８＝**10**(分)となる。

《適性検査型　総合問題》

第１問　クーラー／エアコン　などから１つ

第２問　(1)A，C　　(2)A

第３問　(1)B，C　　(2)与えられた熱量はAの区間，Cの区間ともに等しいが，Aは25℃，Cは50℃温度が上がっているため，Cの方が温まりやすい。

第４問　水蒸気の勢いによってモーターのタービンを回転させることが，手回し発電機のハンドルを回転させることと同じ役割を果たしている。

第５問　(1)A　　(2)①ふか　②ろうりょく　③著しく　　(3)A，C　　(4)j．A　k．B

第６問　(1)２　　(2)X．３　Y．15　　(3)2.5

第７問　(1)A．サウジアラビア　B．オーストラリア　　(2)15

第８問　(1)B　　(2)B，D

第９問　(1)場所…沿岸部〔別解〕海岸沿い　理由…燃料を船で運ぶから。〔別解〕蒸気を冷却するために多くの海水が必要だから。　　(2)太平洋ベルト　　(3)B　　(4)68517

第10問　(1)C　　(2)271296　　(3)臭いをつけることによって，家庭でもしガス漏れが発生した際，気づくことができるから。　　(4)24

第11問　常に一定の電力を得ることができない。〔別解〕自然現象によって発電量の影響を受ける。

《適性検査型　作文》

〈作文のポイント〉

・最初に自分の主張、立場を明確に決め、その内容に沿って書いていく。

・わかりやすい表現を心がける。自信のない表現や漢字は使わない。

さらにくわしい作文の書き方・作文例はこちら！→

https://kyoei-syuppan.net/mobile/files/sakupo.html

《適性検査型　英語》

第１問　リスニング問題省略

第２問　My name is Tanaka Hana.　I live in Sendai.　I can play the piano.

《４教科型　国語》

第一問　問一．①はいけい　②ふる　③ちぢ　　問二．①看護　②寸前　③映　　問三．①階下　②開花　③開化

第二問　問一．イ　　問二．ａ．イ　ｂ．ウ　　問三．エ　　問四．ア　　問五．東京の友達に会える（下線部は向こう／転校前でもよい）　　問六．吉峯（大吾）の両親が離婚する　　問七．エ　　問八．イ　　問九．ウ

第三問　問一．文脈が見えない　　問二．コミュニケーションが不調に陥ったときに、そこから抜け出すための能力　問三．エ　　問四．イ，オ　　問五．Ａ．イ　Ｂ．ア　Ｃ．エ　　問六．相手の知性に対する敬意　問七．Ⅰ．ア　Ⅱ．エ　Ⅲ．ウ

第四問　問一．ウ　　問二．卒業　　問三．イ　　問四．イ　　問五．⑴青春は理屈では語れない。

⑵〈作文のポイント〉

・最初に自分の主張、立場を明確に決め、その内容に沿って書いていく。

・わかりやすい表現を心がける。自信のない表現や漢字は使わない。

さらにくわしい作文の書き方・作文例はこちら！→

https://kyoei-syuppan.net/mobile/files/sakupo.html

《４教科型　算数》

第１問　⑴12　⑵15　⑶10　⑷320　⑸$\frac{5}{7}$　⑹909

第２問　⑴12.56　⑵3600　⑶６　⑷200　⑸３　⑹10　⑺82　⑻37.68　⑼31.4　⑽16

第３問　⑴60，70　⑵45　⑶右グラフ

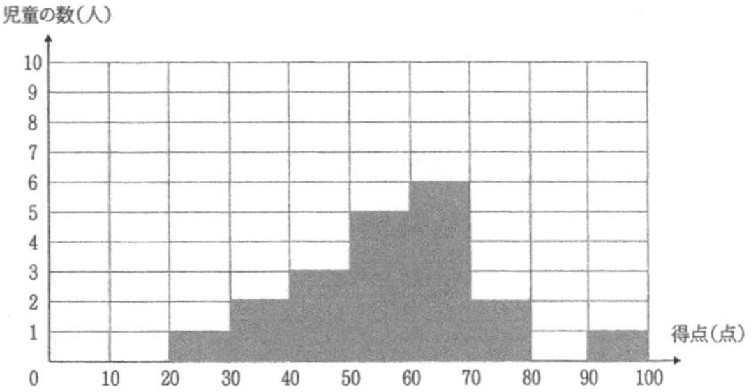

第４問　⑴４　⑵７

第５問　⑴㊁　⑵①55　②156

第６問　⑴９　⑵600　⑶①12　②27

第７問　⑴360　⑵１，30　⑶①$5\frac{19}{25}$　②10，20

《４教科型　社会》

第１問　問１．（ⅰ）ウ　（ⅱ）ク　　問２．エ　　問３．与那国島　　問４．（ⅰ）ウ　（ⅱ）エ　　問５．ウ　　問６．イ

第２問　問１．（ⅰ）北条時宗　（ⅱ）ウ　　問２．（ⅰ）エ　（ⅱ）イ　　問３．伊能忠敬　　問４．ア　　問５．ア　問６．イ　　問７．日米安全保障条約

第３問　問１．（ⅰ）基本的人権　（ⅱ）イ　（ⅲ）エ　　問２．ウ　　問３．内閣　　問４．ウ　　問５．イ

第４問　問１．（ⅰ）ア　（ⅱ）イ　　問２．（ⅰ）ウ　（ⅱ）ロヒンギャ　　問３．イ　　問４．イ

《４教科型　理科》

第１問　問１．⑴エ　⑵ウ　⑶地球と月が近い位置にあるから　⑷ウ　　問２．⑴イ　⑵エ

第２問　問１．⑴ウ　⑵ア　⑶ア　⑷化石燃料をなるべく使わないようにする　　問２．⑴720　⑵0.45〔別解〕0.448

第３問　問１．⑴ウ　⑵蒸散　　問２．⑴ア　⑵イ　⑶ウ　　問３．⑴食物連鎖　⑵水鳥がえさをとる場所が増える

第４問　問１．⑴ウ　⑵ウ　　問２．⑴30　⑵40　⑶15　⑷16

第６問

⑴　Ｂは川の流れによって，2.5時間で５㎞進んだから，川の流れの速さは，毎時(５÷2.5)㎞＝毎時２㎞

⑵　Ａは１時間で５㎞進むから，Ｂが水を押し出しながら進み始めるとき，ＡはＰ市から５×2.5＝12.5(㎞)進んでいる。よって，このときのＡとＢの間の距離《きょり》は，12.5－５＝7.5(㎞)

Ｂが水を押し出しながら進み始めると，Ｂは3.5－2.5＝１(時間)で20－５＝15(㎞)進む。したがって，Ｂが水を押し出しながら進み始めるとＡとＢの間の距離は１時間で15－５＝10(㎞)縮まる。ＢがＡを追い越《こ》すのは，Ｂが水を押し出しながら進み始めてから7.5÷10＝0.75(時間後)，つまり，0.75×60＝45(分後)だから，出発してから２時間30分＋45分＝３時間15分後である。

⑶　ＢがＱ市に到着《とうちゃく》したのは出発から3.5時間後であり，このときＡはＰ市から５×3.5＝17.5(㎞)進んだ位置にいるので，Ｑ市の20－17.5＝2.5(㎞)手前にいる。

第10問

⑵　タンクＡの底面の半径は80÷２＝40(m)だから，底面積は，40×40×3.14＝1600×3.14(㎡)

高さは54mだから，容積は，1600×3.14×54＝86400×3.14＝271296(㎥)

⑷　(円柱の体積)＝(底面積)×(高さ)だから，２つの円柱の高さが等しいとき，２つの円柱の体積の比は底面積の比に等しい。

タンクＡの底面積は1600×3.14(㎡)である。タンクＢの底面の半径は40÷２＝20(m)だから，底面積は20×20×3.14＝400×3.14(㎡)である。よって，２つのタンクの底面積の比は(1600×3.14)：(400×3.14)＝４：１だから，液面の高さを等しくしたとき，２つのタンクに入っている体積の比は，４：１となる。

よって，タンクＡに30mの高さまで入っているＬＮＧを，タンクＢに全体の$\frac{1}{4+1}=\frac{1}{5}$だけ移すと液面の高さが等しくなる。このとき，タンクＡに残ったＬＮＧは，全体の$1-\frac{1}{5}=\frac{4}{5}$だから，液面の高さは，$30\times\frac{4}{5}=24$(m)

第１問

⑴　与式＝８÷２×３＝４×３＝12

⑵　10は２の10÷２＝５(倍)なので，□＝３×５＝15

⑶　与式より，４×□－２×□＝17＋３　(４－２)×□＝20　２×□＝20　□＝20÷２＝10

⑷　与式＝35×８＋22×２×８－13×３×８＝(35＋44－39)×８＝40×８＝320

⑸　与式より，$\{\frac{2}{5}+\frac{2}{7}\times(\frac{3}{5}-\frac{4}{15})\times\frac{9}{5}\}\div\square=\frac{4}{5}$　$\{\frac{2}{5}+\frac{2}{7}\times(\frac{9}{15}-\frac{4}{15})\times\frac{9}{5}\}\div\square=\frac{4}{5}$

$(\frac{2}{5}+\frac{2}{7}\times\frac{5}{15}\times\frac{9}{5})\div\square=\frac{4}{5}$　$(\frac{14}{35}+\frac{6}{35})\div\square=\frac{4}{5}$　$\frac{20}{35}\div\square=\frac{4}{5}$　$\square=\frac{4}{7}\div\frac{4}{5}=\frac{4}{7}\times\frac{5}{4}=\frac{5}{7}$

⑹　１円＝$\frac{1}{110}$ドル，１ユーロ＝120円＝$\frac{120}{110}$ドル＝$\frac{12}{11}$ドル，１元＝15円＝$\frac{15}{110}$ドル＝$\frac{3}{22}$ドルだから，

与式＝$246+333\times\frac{12}{11}+2022\times\frac{3}{22}+2640\times\frac{1}{110}=246+\frac{3996}{11}+\frac{3033}{11}+24=270+\frac{7029}{11}=270+639=909$(ドル)

第２問

⑴　２×２×3.14＝４×3.14＝12.56(㎠)

⑵　１時間＝60分＝(60×60)秒＝3600秒

⑶　$300\times\frac{2}{100}=6$(ｇ)

⑷　**【解き方】リンゴ１個の値段を②，オレンジ１個の値段を①とする。**

②×２＋①＝⑤が500円にあたるから，①は500÷５＝100(円)にあたる。

よって，リンゴ１個の値段は，100×２＝200(円)

⑸　「４，２，１，３」の４つの数字が連続して並んでいる。32÷４＝８より，32番目までに４つの数が８回ちょうど並ぶので，32番目の数は３である。

⑹　４＊□＝(４×２＋□)÷２となるから，(４×２＋□)÷２＝９　８＋□＝９×２　□＝18－８＝10

⑺　ＢＣ＝ＢＤより，角ＢＣＤ＝角ＢＤＣ＝71°だから，三角形ＢＣＤの内角の和より，

角ＣＢＤ＝180°－71°－71°＝38°　三角形ＡＢＤは正三角形だから，角ＡＢＤ＝60°

よって，角㋐＝180°－38°－60°＝82°

⑻　**【解き方】できる立体は図ｉのようになるので，太線部分を矢印の向きに移動させると，図iiのようになる。**

図ｉ　図ii

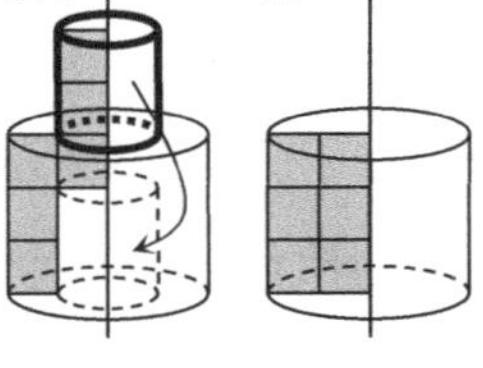

求める体積は，半径が２㎝，高さが３㎝の円柱の体積に等しく，

２×２×3.14×３＝12×3.14＝37.68(㎤)

⑼　正方形の１辺の長さは円の直径に等しく，(直径)＝(半径)×２だから，

内側の円について，{(半径)×２}×{(半径)×２}＝40だから，(半径)×(半径)＝40÷２÷２＝10

よって，内側の円の面積は，10×3.14＝31.4(㎠)

⑽　**【解き方】右図のように記号をおく。ＢからＡＣに対して垂直な線をひき，交わる点をＤとする。三角形ＡＢＤは３つの内角が30°，60°，90°の直角三角形だから，右図のように合同な三角形ＡＥＤを合わせると正三角形ができる。**

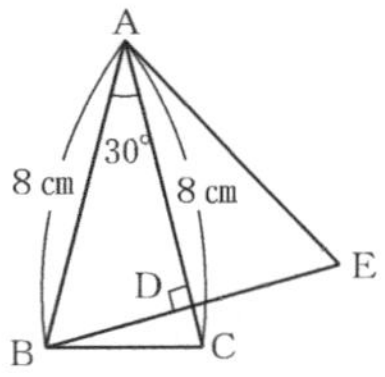

ＢＥ＝ＡＢ＝８㎝，ＢＤ＝ＢＥ÷２＝８÷２＝４(㎝)だから，三角形ＡＢＣの面積は，

ＡＣ×ＢＤ÷２＝８×４÷２＝16(㎠)

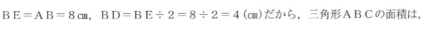

第３問

⑴　最頻値《さいひんち》の階級は，最も児童の数が多い階級なので，60 点以上 70 点未満である。

⑵　得点が 60 点以上であった児童は６＋２＋１＝９(人)なので，割合は，$\frac{9}{20}$×100＝45(％)

⑶　得点の階級と児童の数を数え間違えないように気を付けよう。

第４問

⑴　Ａさんが引いた数字は偶数《ぐうすう》なので，２，４，６，８のどれかである。また，Ａさんが引いた数字は３で割ると余りが１になる数字，つまり，３の倍数より１大きい数字だから，４だとわかる。

⑵　**【解き方】Ｂさんが引いた数字→Ｃさんが引いた数字，の順で求める。**

Ａさんが引いた数字である４はＢさんが引いた数字で割り切れるから，Ｂさんが引いた数字は１か２である。

また，Ｂさんが引いた数字は３で割ると余りが１になる数字ではないので，２だとわかる。

Ｃさんが引いた数字は２×２＝４よりも大きく，３で割ると余りが１になる数字だから，７である。

第５問

⑴　立方体の展開図は右図の①～⑪の 11 種類ですべてなので，覚えておくとよい。

①～⑥のように，４つの面が１列に並び，その上下に１面ずつがくっついている形が基本的な形である。立方体の展開図では面を 90°ずつ回転移動させることができるので，⑤の左端《ひだりはし》の面を上に回転移動させると⑦になる。⑦の一番下の面を右に回転移動させていくと，⑧と⑨ができる。⑩と⑪は覚えやすい形なので，そのまま覚えるとよい。

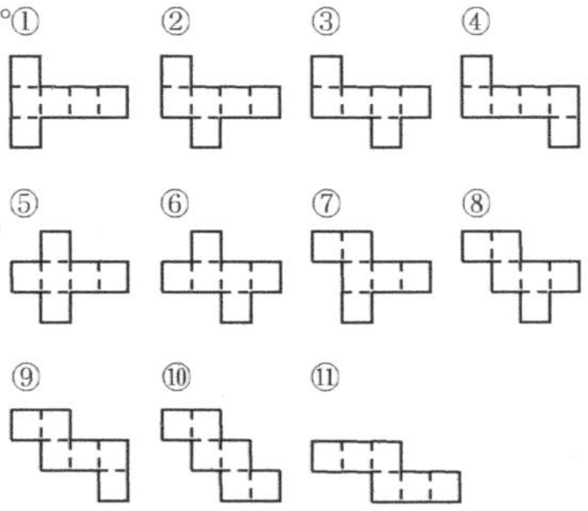

なお，㋓を組み立てると，右図の斜線をつけた２つの面が重なって立方体にならない。

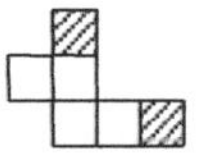

⑵①　１段目は１個，２段目はさらに２×２＝４(個)，３段目はさらに３×３＝９(個)，…と立方体を積み上げていくから，５段目までに立方体を１＋４＋９＋４×４＋５×５＝55(個)積み上げる。１個の立方体の体積は１×１×１＝１(㎤)だから，求める体積は 55 ㎤である。

②　**【解き方】表面積は，立方体を上下左右前後から見たときに見える図形の面積を足せばよい。**

〈上から見た図〉より，上下から見たときに見える図形は，１段目が１辺１㎝の正方形，２段目が１辺２㎝の正方形，３段目が１辺３㎝の正方形，…となるので，６段目は１辺６㎝の正方形となる。

〈横から見た図〉より，左右前後から見たときに見える図形の１辺１㎝の正方形の個数は，１段目が１個，２段目が１＋２＝３(個)，３段目が３＋３＝６(個)，…となるので，６段目は６＋４＋５＋６＝21(個)となり，その面積は 21 ㎠である。したがって，求める表面積は，(６×６)×２＋21×４＝156(㎠)

第６問

【解き方】水そうを正面から見たときの図について図ⅰのように作図すると，グラフから，図ⅱのことがわかる。

図ⅰ

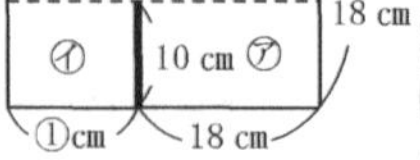

図ⅱ

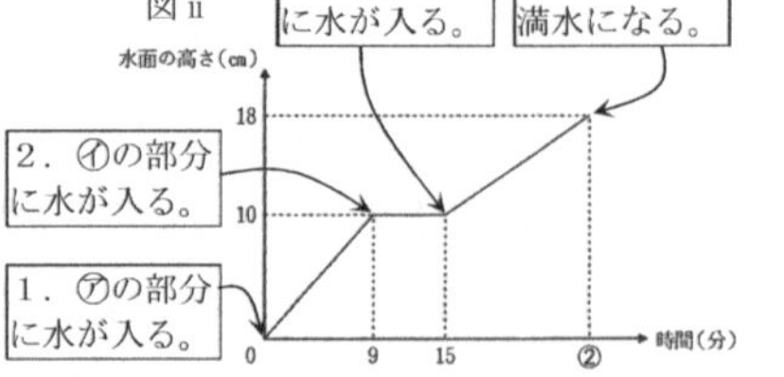

⑴　水面の高さがしきりの高さと初めて等しくなるのは，図ⅱの２のときだから，水を入れ始めて９分後である。

⑵　図ⅱの１～２までの９分間で，水は㋐の部分の体積である 30×18×10＝5400(㎤)入るから，１分間に入る水の量は，5400÷９＝600(㎤)

⑶　図 ii の２～３の 15－９＝６分間で，水は 600×６＝3600(㎤)入るから，㋑の部分の体積は 3600 ㎤である。

㋑の部分はたて 30 ㎝，横①㎝，高さ 10 ㎝の直方体なので，①にあてはまる数は，3600÷30÷10＝12 である。

よって，水そうの容積は 30×(12＋18)×18＝16200(㎤)だから，図 ii の１～４までは 16200÷600＝27(分)かかる。

したがって，②にあてはまる数は 27 である。

第７問

⑴　120×３＝360(㎞)

⑵　**【解き方】特急列車の先頭がトンネルに入ってから最後尾がトンネルを出るまでに，特急列車は(トンネルの長さ)＋(特急列車の長さ)だけ進んでいる(右図参照)。**

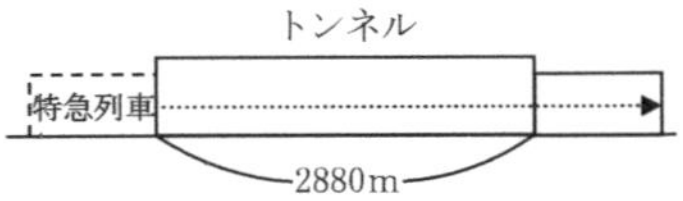

特急列車の長さは 20×６＝120(m)だから，特急列車が 2880＋120＝3000(m)進むのにかかる時間を求めればよい。

特急列車の速さは時速 120 ㎞＝分速$\frac{120\times1000}{60}$m＝分速 2000m だから，求める時間は 3000÷2000＝1.5(分)，つまり，１分 30 秒である。

⑶①　**【解き方】出会ってからすれちがうまでに，２つの列車は合わせて，(普通列車の長さ)＋(特急列車の長さ)だけ進んでいる(右図参照)。**

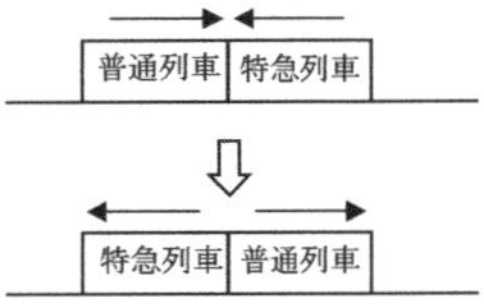

普通列車の長さは 20×10＝200(m)だから，２つの列車が合わせて 200＋120＝320(m)進むのにかかる時間を求めればよい。普通列車の速さは時速 80 ㎞＝秒速$\frac{80\times1000}{60\times60}$m＝秒速$\frac{200}{9}$m，特急列車の速さは分速 2000m＝秒速$\frac{2000}{60}$m＝秒速$\frac{100}{3}$m だから，求める時間は，$320\div(\frac{200}{9}+\frac{100}{3})=320\div\frac{500}{9}=\frac{144}{25}=5\frac{19}{25}$(秒)

②　**【解き方】３つの列車の先頭が横一列に並ぶときを考えるので，列車の長さを考える必要はない。**

また，２つの列車が横一列に並ぶときを考えればよい。

同じ時間で進む道のりの比は，速さの比に等しいことを利用する。

特急列車の先頭がＡ地点を通過したとき，普通列車の先頭はＡ地点を通過してさらに $80\times\frac{5}{60}=\frac{20}{3}$(㎞)進んだ位置にいる。ここから，特急列車の先頭と普通列車の先頭が並ぶまでに，特急列車と普通列車が進む道のりの比は，速さの比に等しく 120：80＝３：２だから，この比の差である３－２＝１が$\frac{20}{3}$㎞にあたる。よって，特急列車の先頭がＡ地点を通過してから$\frac{20}{3}\times3=\underline{20}$(㎞)の地点で横一列に並び，これは特急列車の先頭がＡ地点を通過してから$\frac{20}{120}=\frac{1}{6}$(時間後)，つまり，$\frac{1}{6}\times60=\underline{10}$(分後)である。

確認として，このときの貨物列車の先頭がＡ地点から何㎞の地点にあるかを考える。特急列車の先頭がＡ地点を通過してから 10 分後は，貨物列車の先頭がＡ地点を通過してから 10＋５＋５＝20(分後)だから，貨物列車の先頭は，Ａ地点から $60\times\frac{20}{60}=20$(㎞)の地点にある。よって，３つの列車は横一列に並ぶことがわかる。

教英出版 2025　12の3　秀光中

■ ご使用にあたってのお願い・ご注意

（1）問題文等の非掲載

著作権上の都合により，問題文や図表などの一部を掲載できない場合があります。

誠に申し訳ございませんが，ご了承くださいますようお願いいたします。

（2）過去問における時事性

過去問題集は，学習指導要領の改訂や社会状況の変化，新たな発見などにより，現在とは異なる表記や解説になっている場合があります。過去問の特性上，出題当時のままで出版していますので，あらかじめご了承ください。

（3）配点

学校等から配点が公表されている場合は，記載しています。公表されていない場合は，記載していません。

独自の予想配点は，出題者の意図と異なる場合があり，お客様が学習するうえで誤った判断をしてしまう恐れがあるため記載していません。

（4）無断複製等の禁止

購入された個人のお客様が，ご家庭でご自身またはご家族の学習のためにコピーをすることは可能ですが，それ以外の目的でコピー，スキャン，転載（ブログ，ＳＮＳなどでの公開を含みます）などをすることは法律により禁止されています。学校や学習塾などで，児童生徒のためにコピーをして使用することも法律により禁止されています。

ご不明な点や，違法な疑いのある行為を確認された場合は，弊社までご連絡ください。

（5）けがに注意

この問題集は針を外して使用します。針を外すときは，けがをしないように注意してください。また，表紙カバーや問題用紙の端で手指を傷つけないように十分注意してください。

（6）正誤

制作には万全を期しておりますが，万が一誤りなどがございましたら，弊社までご連絡ください。

なお，誤りが判明した場合は，弊社ウェブサイトの「ご購入者様のページ」に掲載しておりますので，そちらもご確認ください。

■ お問い合わせ

解答例，解説，印刷，製本など，問題集発行におけるすべての責任は弊社にあります。

ご不明な点がございましたら，弊社ウェブサイトの「お問い合わせ」フォームよりご連絡ください。迅速に対応いたしますが，営業日の都合で回答に数日を要する場合があります。

ご入力いただいたメールアドレス宛に自動返信メールをお送りしています。自動返信メールが届かない場合は，「よくある質問」の「メールの問い合わせに対し返信がありません。」の項目をご確認ください。

また弊社営業日（平日）は，午前９時から午後５時まで，電話でのお問い合わせも受け付けています。

2025春

株式会社教英出版
〒422-8054　静岡県静岡市駿河区南安倍３丁目 12-28
TEL　054-288-2131　　FAX　054-288-2133
URL　https://kyoei-syuppan.net/
MAIL siteform@kyoei-syuppan.net

教英出版 2025　12の1　秀光中

神奈川県

①[県立]相模原中等教育学校
平塚中等教育学校
②[市立]南高等学校附属中学校
③[市立]横浜サイエンスフロンティア高等学校附属中学校
④[市立]川崎高等学校附属中学校
✿⑤聖光学院中学校
✿⑥浅野中学校
⑦洗足学園中学校
⑧法政大学第二中学校
⑨逗子開成中学校（1次）
⑩逗子開成中学校（2·3次）
⑪神奈川大学附属中学校（第1回）
⑫神奈川大学附属中学校（第2·3回）
⑬栄光学園中学校
⑭フェリス女学院中学校

新潟県

①[県立]村上中等教育学校
柏崎翔洋中等教育学校
燕中等教育学校
津南中等教育学校
直江津中等教育学校
佐渡中等教育学校
②[市立]高志中等教育学校
③新潟第一中学校
④新潟明訓中学校

石川県

①[県立]金沢錦丘中学校
②星稜中学校

福井県

①[県立]高志中学校

山梨県

①山梨英和中学校
②山梨学院中学校
③駿台甲府中学校

長野県

①[県立]屋代高等学校附属中学校
諏訪清陵高等学校附属中学校
②[市立]長野中学校

岐阜県

①岐阜東中学校
②鶯谷中学校
③岐阜聖徳学園大学附属中学校

静岡県

①[国立]静岡大学教育学部附属中学校
（静岡·島田·浜松）
②[県立]清水南高等学校中等部
[県立]浜松西高等学校中等部
[市立]沼津高等学校中等部
③不二聖心女子学院中学校
④日本大学三島中学校
⑤加藤学園暁秀中学校
⑥星陵中学校
⑦東海大学付属静岡翔洋高等学校中等部
⑧静岡サレジオ中学校
⑨静岡英和女学院中学校
⑩静岡雙葉中学校
⑪静岡聖光学院中学校
⑫静岡学園中学校
⑬静岡大成中学校
⑭城南静岡中学校
⑮静岡北中学校
⑯常葉大学附属常葉中学校
常葉大学附属橘中学校
常葉大学附属菊川中学校
⑰藤枝明誠中学校
⑱浜松開誠館中学校
⑲静岡県西遠女子学園中学校
⑳浜松日体中学校
㉑浜松学芸中学校

愛知県

①[国立]愛知教育大学附属名古屋中学校
②愛知淑徳中学校
③名古屋経済大学市邨中学校
名古屋経済大学高蔵中学校
④金城学院中学校
⑤椙山女学園中学校
⑥東海中学校
⑦南山中学校男子部
⑧南山中学校女子部
⑨聖霊中学校
⑩滝中学校
⑪名古屋中学校
⑫大成中学校
⑬愛知中学校
⑭星城中学校
⑮名古屋葵大学中学校
（名古屋女子大学中学校）
⑯愛知工業大学名電中学校
⑰海陽中等教育学校（特別給費生）
⑱海陽中等教育学校（I·II）
⑲中部大学春日丘中学校
新刊⑳名古屋国際中学校

三重県

①[国立]三重大学教育学部附属中学校
②暁中学校
③海星中学校
④四日市メリノール学院中学校
⑤高田中学校
⑥セントヨゼフ女子学園中学校
⑦三重中学校
⑧皇學館中学校
⑨鈴鹿中等教育学校
⑩津田学園中学校

滋賀県

①[国立]滋賀大学教育学部附属中学校
②[県立]河瀬中学校
守山中学校
水口東中学校

京都府

①[国立]京都教育大学附属桃山中学校
②[府立]洛北高等学校附属中学校
③[府立]園部高等学校附属中学校
④[府立]福知山高等学校附属中学校
⑤[府立]南陽高等学校附属中学校
⑥[市立]西京高等学校附属中学校
⑦同志社中学校
⑧洛星中学校
⑨洛南高等学校附属中学校
⑩立命館中学校
⑪同志社国際中学校
⑫同志社女子中学校（前期日程）
⑬同志社女子中学校（後期日程）

大阪府

①[国立]大阪教育大学附属天王寺中学校
②[国立]大阪教育大学附属平野中学校
③[国立]大阪教育大学附属池田中学校

④[府立]富田林中学校
⑤[府立]咲くやこの花中学校
⑥[府立]水都国際中学校
⑦清風中学校
⑧高槻中学校（A日程）
⑨高槻中学校（B日程）
⑩明星中学校
⑪大阪女学院中学校
⑫大谷中学校
⑬四天王寺中学校
⑭帝塚山学院中学校
⑮大阪国際中学校
⑯大阪桐蔭中学校
⑰開明中学校
⑱関西大学第一中学校
⑲近畿大学附属中学校
⑳金蘭千里中学校
㉑金光八尾中学校
㉒清風南海中学校
㉓帝塚山学院泉ヶ丘中学校
㉔同志社香里中学校
㉕初芝立命館中学校
㉖関西大学中等部
㉗大阪星光学院中学校

兵庫県

①[国立]神戸大学附属中等教育学校
②[県立]兵庫県立大学附属中学校
③雲雀丘学園中学校
④関西学院中学部
⑤神戸女学院中学部
⑥甲陽学院中学校
⑦甲南中学校
⑧甲南女子中学校
⑨灘中学校
⑩親和中学校
⑪神戸海星女子学院中学校
⑫滝川中学校
⑬啓明学院中学校
⑭三田学園中学校
⑮淳心学院中学校
⑯仁川学院中学校
⑰六甲学院中学校
⑱須磨学園中学校（第1回入試）
⑲須磨学園中学校（第2回入試）
⑳須磨学園中学校（第3回入試）
㉑白陵中学校
㉒夙川中学校

奈良県

①[国立]奈良女子大学附属中等教育学校
②[国立]奈良教育大学附属中学校
③[県立]（国際中学校
　　　　　青翔中学校
④[市立]一条高等学校附属中学校
⑤帝塚山中学校
⑥東大寺学園中学校
⑦奈良学園中学校
⑧西大和学園中学校

和歌山県

①[県立]（古佐田丘中学校
　　　　　向陽中学校
　　　　　桐蔭中学校
　　　　　日高高等学校附属中学校
　　　　　田辺中学校
②智辯学園和歌山中学校
③近畿大学附属和歌山中学校
④開智中学校

岡山県

①[県立]岡山操山中学校
②[県立]倉敷天城中学校
③[県立]岡山大安寺中等教育学校
④[県立]津山中学校
⑤岡山中学校
⑥清心中学校
⑦岡山白陵中学校
⑧金光学園中学校
⑨就実中学校
⑩岡山理科大学附属中学校
⑪山陽学園中学校

広島県

①[国立]広島大学附属中学校
②[国立]広島大学附属福山中学校
③[県立]広島中学校
④[県立]三次中学校
⑤[県立]広島叡智学園中学校
⑥[市立]広島中等教育学校
⑦[市立]福山中学校
⑧広島学院中学校
⑨広島女学院中学校
⑩修道中学校
⑪崇徳中学校
⑫比治山女子中学校
⑬福山暁の星女子中学校
⑭安田女子中学校
⑮広島なぎさ中学校
⑯広島城北中学校
⑰近畿大学附属広島中学校福山校
⑱盈進中学校
⑲如水館中学校
⑳ノートルダム清心中学校
㉑銀河学院中学校
㉒近畿大学附属広島中学校東広島校
㉓AICJ中学校
㉔広島国際学院中学校
㉕広島修道大学ひろしま協創中学校

山口県

①[県立]（下関中等教育学校
　　　　　高森みどり中学校
②野田学園中学校

徳島県

①[県立]（富岡東中学校
　　　　　川島中学校
　　　　　城ノ内中等教育学校
②徳島文理中学校

香川県

①大手前丸亀中学校
②香川誠陵中学校

愛媛県

①[県立]（今治東中等教育学校
　　　　　松山西中等教育学校
②愛光中学校
③済美平成中等教育学校
④新田青雲中等教育学校

高知県

①[県立]（安芸中学校
　　　　　高知国際中学校
　　　　　中村中学校

福岡県

①［国立］福岡教育大学附属中学校（福岡・小倉・久留米）

②［県立］
- 育徳館中学校
- 門司学園中学校
- 宗像中学校
- 嘉穂高等学校附属中学校
- 輝翔館中等教育学校

③西南学院中学校
④上智福岡中学校
⑤福岡女学院中学校
⑥福岡雙葉中学校
⑦照曜館中学校
⑧筑紫女学園中学校
⑨敬愛中学校
⑩久留米大学附設中学校
⑪飯塚日新館中学校
⑫明治学園中学校
⑬小倉日新館中学校
⑭久留米信愛中学校
⑮中村学園女子中学校
⑯福岡大学附属大濠中学校
⑰筑陽学園中学校
⑱九州国際大学付属中学校
⑲博多女子中学校
⑳東福岡自彊館中学校
㉑八女学院中学校

佐賀県

①［県立］
- 香楠中学校
- 致遠館中学校
- 唐津東中学校
- 武雄青陵中学校

②弘学館中学校
③東明館中学校
④佐賀清和中学校
⑤成穎中学校
⑥早稲田佐賀中学校

長崎県

①［県立］
- 長崎東中学校
- 佐世保北中学校
- 諫早高等学校附属中学校

②青雲中学校
③長崎南山中学校
④長崎日本大学中学校
⑤海星中学校

熊本県

①［県立］
- 玉名高等学校附属中学校
- 宇土中学校
- 八代中学校

②真和中学校
③九州学院中学校
④ルーテル学院中学校
⑤熊本信愛女学院中学校
⑥熊本マリスト学園中学校
⑦熊本学園大学付属中学校

大分県

①［県立］大分豊府中学校
②岩田中学校

宮崎県

①［県立］五ヶ瀬中等教育学校

②［県立］
- 宮崎西高等学校附属中学校
- 都城泉ヶ丘高等学校附属中学校

③宮崎日本大学中学校
④日向学院中学校
⑤宮崎第一中学校

鹿児島県

①［県立］楠隼中学校
②［市立］鹿児島玉龍中学校
③鹿児島修学館中学校
④ラ・サール中学校
⑤志學館中等部

沖縄県

①［県立］
- 与勝緑が丘中学校
- 開邦中学校
- 球陽中学校
- 名護高等学校附属桜中学校

もっと過去問シリーズ

北海道

北嶺中学校
7年分（算数・理科・社会）

静岡県

静岡大学教育学部附属中学校
（静岡・島田・浜松）
10年分（算数）

愛知県

愛知淑徳中学校
7年分（算数・理科・社会）
東海中学校
7年分（算数・理科・社会）
南山中学校男子部
7年分（算数・理科・社会）
南山中学校女子部
7年分（算数・理科・社会）
滝中学校
7年分（算数・理科・社会）
名古屋中学校
7年分（算数・理科・社会）

岡山県

岡山白陵中学校
7年分（算数・理科）

広島県

広島大学附属中学校
7年分（算数・理科・社会）
広島大学附属福山中学校
7年分（算数・理科・社会）
広島学院中学校
7年分（算数・理科・社会）
広島女学院中学校
7年分（算数・理科・社会）
修道中学校
7年分（算数・理科・社会）
ノートルダム清心中学校
7年分（算数・理科・社会）

愛媛県

愛光中学校
7年分（算数・理科・社会）

福岡県

福岡教育大学附属中学校
（福岡・小倉・久留米）
7年分（算数・理科・社会）
西南学院中学校
7年分（算数・理科・社会）
久留米大学附設中学校
7年分（算数・理科・社会）
福岡大学附属大濠中学校
7年分（算数・理科・社会）

佐賀県

早稲田佐賀中学校
7年分（算数・理科・社会）

長崎県

青雲中学校
7年分（算数・理科・社会）

鹿児島県

ラ・サール中学校
7年分（算数・理科・社会）

※もっと過去問シリーズは
国語の収録はありません。

教英出版
〒422-8054
静岡県静岡市駿河区南安倍3丁目12－28
TEL 054-288-2131
FAX 054-288-2133
詳しくは教英出版で検索
教英出版 検索
URL https://kyoei-syuppan.net/

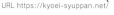

学校法人 仙台育英学園 秀光中学校

2024年度 入学者選考試験

（適性検査型）

総 合 問 題

（60分）

（第１問～第７問）

注意

・試験開始の合図があるまで，問題用紙を開いてはいけません。
・この問題冊子は，18ページあります。
・答えはすべて問題の指示にしたがって，解答用紙に記入しなさい。

受 験 番 号

第１問　**【聞きとり問題】**

※音声と放送原稿非公表

これから対話と質問を２回ずつ放送します。その答えとして最も適切なものを次の選択《せんたく》肢《し》A～Dから１つずつ選んで答えなさい。

No. 1

A　8.
B　11.
C　19.
D　28.

No. 2

A　To the bookstore.
B　To the library.
C　To the restaurant.
D　To the hospital.

これで，**【聞きとり問題】**は終わりです。
引き続き，次のページの**【書く問題】**に進み，解答を始めてください。

第２問 【書く問題】

あなたの家族を１人選び，**I have** を使って「私には～がいます。」という英文を１つ書きなさい。また，**He is** または **She is** を使ってその人のことを説明する英文を１つ書きなさい。

以上で英語の問題は終わりです。
引き続き，次のページに進み，解答を始めてください。

（答えはすべて解答用紙に記入しなさい）

リオンくんとレオナさんは，さまざまな資料をもとに話し合いをしています。会話文を読んで，あとの問いに答えなさい。

リオン

2022年の宮城県のaサンマの漁獲高は約3,561トンで，４年連続で漁獲高が減り，深刻な不漁が続いています。

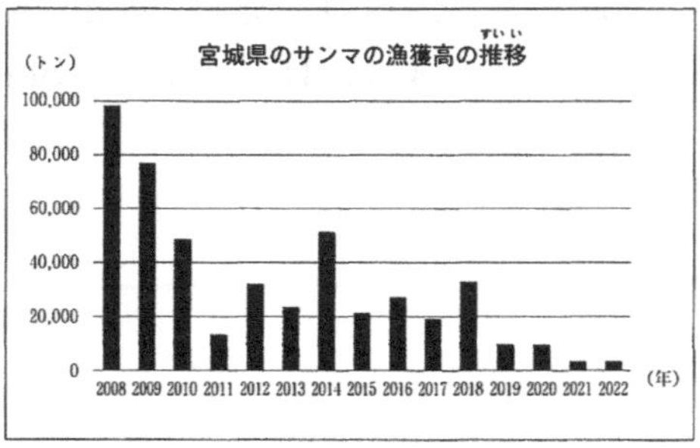

（全国さんま棒受網漁業協同組合資料より作成）

レオナ

おもしろいデータがあります。福島県のbトラフグについて調べてみると，2019年から漁獲高が年々増えていることがわかります。

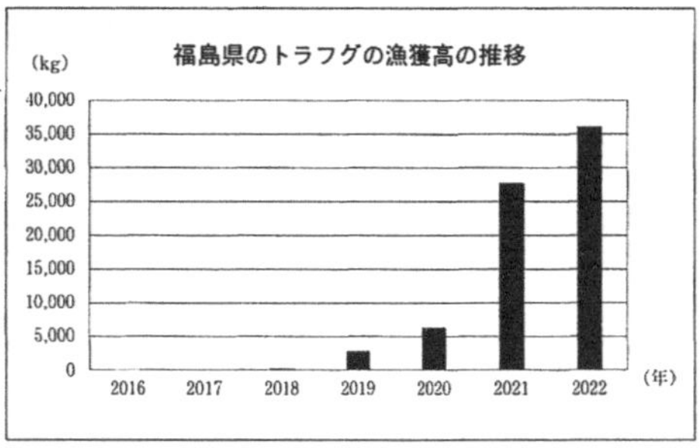

（福島県水産海洋研究センター資料より作成）

サンマやトラフグの漁獲高の変化は，気候変動によるc日本近海の海水温の上昇が原因だと言われています。

なるほど。宮城県や福島県の沿岸の海水温が上昇したためにサンマは沖《おき》へ移動し，トラフグは北上したようだね。
気候変動の原因としては，どんなことが考えられるかな？

火力発電所やガソリン車から排出《はいしゅつ》されるd二酸化炭素などの温室効果ガスの大気中の濃《のう》度が急激に上昇したことが原因として考えられます。人の活動が活発になるほど，大気中の二酸化炭素濃度が上昇すると言えますね。

eSDGs（持続可能な開発目標）の13番目の目標には，「気候変動に具体的な対策を」とあります。2022年11月にはCOP27（国連気候変動枠組《わくぐみ》条約第27回締約《ていやく》国会議）がfエジプトで開かれ，世界の温室効果ガス排出量を2019年と比べて2030年までに43%削減《さくげん》することが盛り込まれました。

この目標を達成するためには，やはり再生可能エネルギーの利用がカギになってきますね。どのような発電方法が有効なのでしょうか？

今，注目を集めているのが「洋上風力発電」なんだって。日本は領海とg排他的経済水域を合わせた面積は領土の面積の10倍以上にもなります。h国や都道府県と企業《きぎょう》が協力して洋上風力発電に取り組めば，エネルギー大国になることも夢じゃないですね。

日本はもともと資源が少なく，エネルギー自給率が低い国です。国や企業だけではなく，私たちにもできる身近な取り組みについて考えてみましょう。

資源をむだにしないためには，廃棄物《はいきぶつ》の有効活用も大事です。町でよく見かけるアルミ缶《かん》やペットボトル，プラスチックトレイの回収がその1つだね。秀光中学校では，各教室に i 5種類のごみ箱を設置して，ごみの分別を日常生活の中から意識して実践《じっせん》しています。

今より資源やエネルギーの使用が限られていた j 江戸時代の人々はどのような生活をしていたのだろう？

江戸時代の人々の生活は資源を利用した k 3Rの取り組みがうまくいっていたようです。

現在の都市部のごみの量はどうでしょう？ 右のグラフは，それぞれ仙台市の人口の推移《すいい》とごみの総量の推移を示しています。これらのグラフから，ℓ 仙台市民1人あたりのごみの量が減ってきているのがわかります。

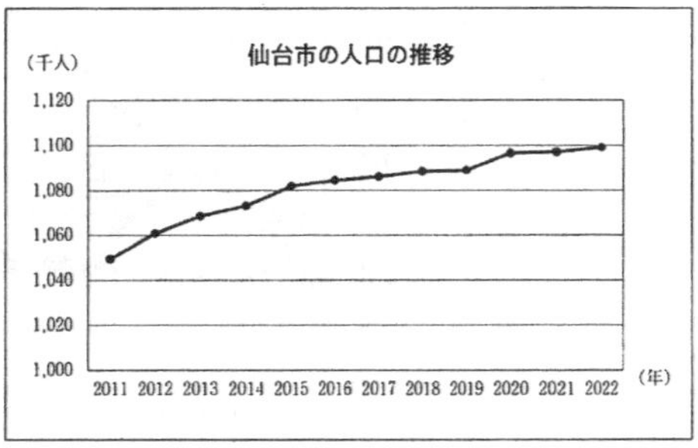

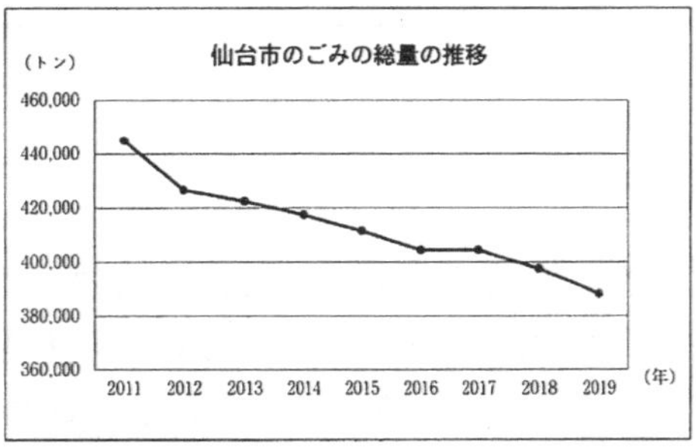

(Graph To Chart・仙台市ホームページより作成)

私たちは，地球上の限りある資源とどうつき合っていくのかを考えないといけませんね。食料問題もそのうちの1つだよ。

m 仙台育英学園東和蛍雪《けいせつ》校舎には，n レタスの水耕栽培《さいばい》工場があります。屋内で効率よく育てて，収穫《しゅうかく》したレタスは食堂で提供されており，水耕栽培は，今後の食料問題の解決策の1つになるでしょう。

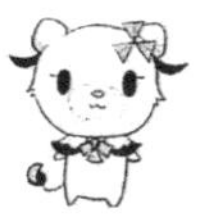

サンマの漁獲高の変化から，海水温の上昇や限られた資源の再利用，再生可能エネルギーや食料問題など，気候変動に関わるさまざまな問題や私たちが取り組むべき課題が見えてきましたね。

(答えはすべて解答用紙に記入しなさい)

第３問

(1)　下線部ａについて，下のグラフは日本の漁業別の生産量の推移を表したものです。サンマ漁は主に日本近海で行い，出港してから２～３日で帰港する**沖合《おきあい》漁業**にあたります。グラフ内の選択肢Ａ～Ｄから，**沖合漁業の生産量の推移を表すもの**を１つ選んで答えなさい。

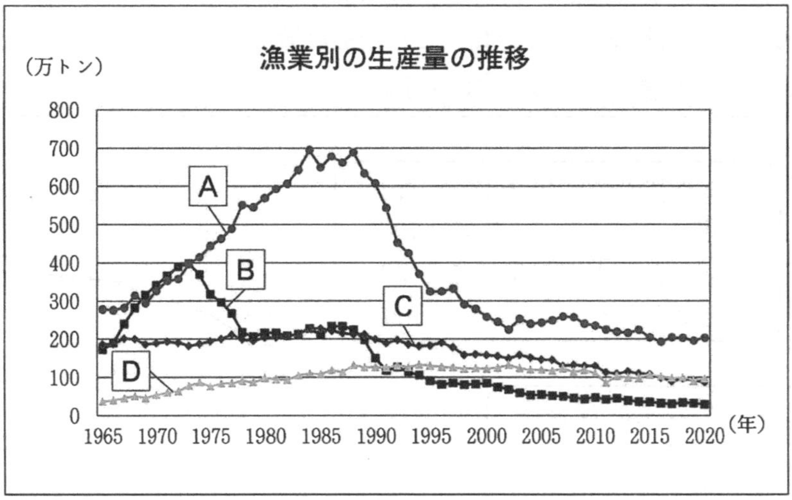

（水産庁資料より作成）

(2)　下線部ｂについて，下のグラフは福島県のトラフグの漁獲高の推移を表したものです。このとき，2022年の漁獲高は，2019年の漁獲高の約何倍になったといえますか。次の選択肢Ａ～Ｄから**最もふさわしいもの**を１つ選んで答えなさい。

Ａ　約２倍　　　Ｂ　約４倍　　　Ｃ　約８倍　　　Ｄ　約12倍

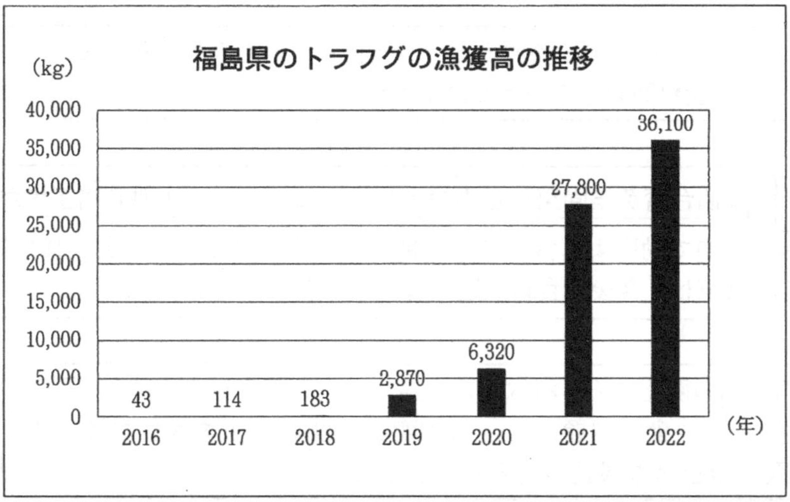

（福島県水産海洋研究センター資料より作成）

(3) 下線部c について，日本近海の天気や台風に関する以下の問いに答えなさい。

① 右の写真は，気象衛星が撮影したある日の日本とその近海の雲の様子です。
この日の日本の天気として**最もふさわしいもの**を，次の選択肢A～Dから1つ選んで答えなさい。

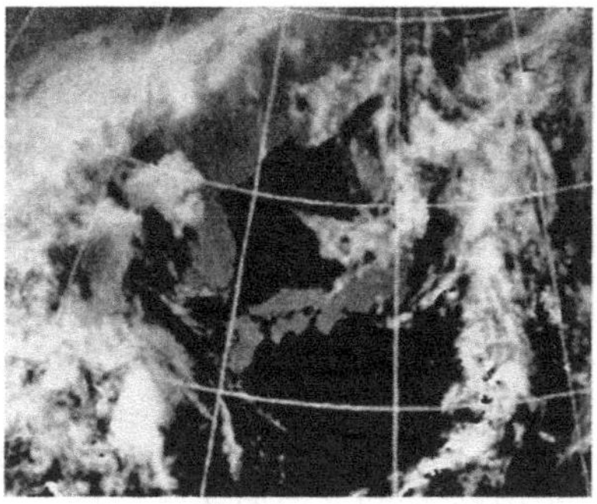

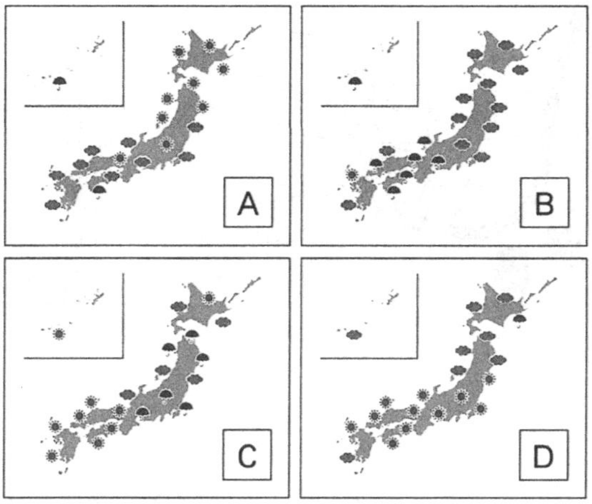

② 右の写真の積らん雲がたくさん集まると台風になります。積らん雲の説明として**最もふさわしいもの**を，次の選択肢A～Dから1つ選んで答えなさい。

A おぼろ雲とも呼ばれ，ぼんやりかすんで見える雲である。
B すじ雲やうす雲とも呼ばれ，雨をふらせることのない雲である。
C ひつじ雲とも呼ばれ，小さなかたまりが規則的にならぶ雲である。
D かみなり雲とも呼ばれ，短い時間で激しい雨をふらせる雲である。

③ 台風による災害から生命を守るために私たちができることとして**ふさわしくないもの**を，次の選択肢A～Dから1つ選んで答えなさい。

A どのあたりまで川の水が増えているのか，川の様子をたしかめに行く。
B 台風当日にあわてないように，日頃から家族で避難《ひなん》場所を確認しておく。
C 台風が過ぎても波が高いので，海岸付近には近づかないようにする。
D 断水に備えて飲料水を確保したり，浴槽《よくそう》に水をはって生活用水にしたりする。

（答えはすべて解答用紙に記入しなさい）

(4) 下線部 d について，学校で二酸化炭素の性質を調べるための実験を行いました。
炭酸水が入った試験管にガラス管つきのゴムせんをして，発生した二酸化炭素を試験管 X ， Y にそれぞれ集めました。このとき，以下の問いに答えなさい。

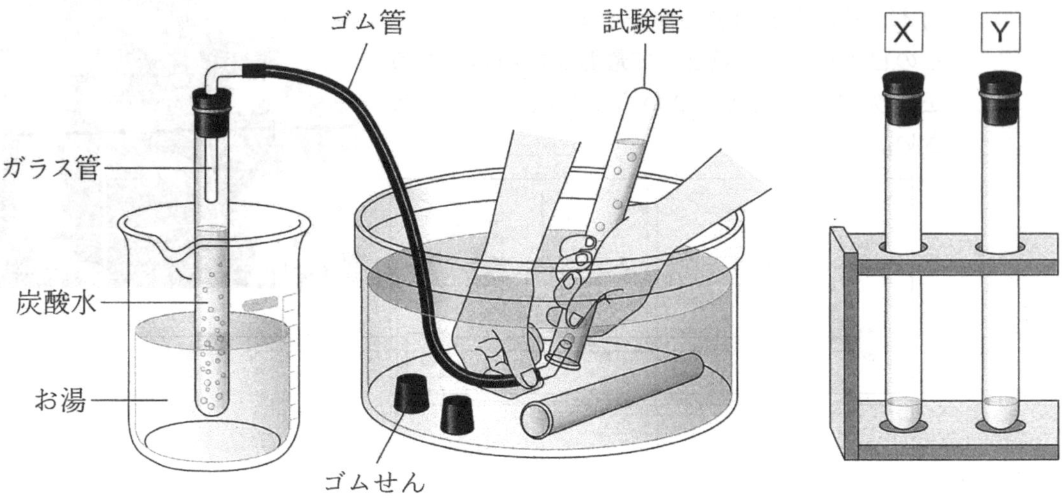

① 試験管 X に石灰《せっかい》水を入れてよくふりました。このとき，石灰水の反応として**正しいもの**を，下の選択肢A～Dから１つ選んで答えなさい。

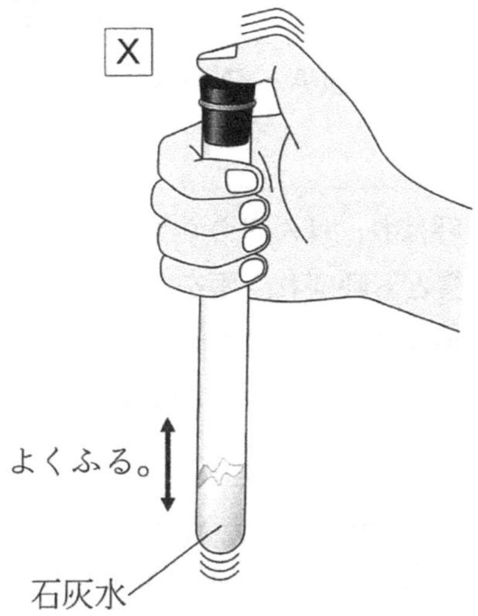

A　石灰水は青紫《むらさき》色になる。
B　石灰水は赤色になる。
C　石灰水は白くにごる。
D　石灰水は変化しない。

② 試験管 Y に火のついた線こうを入れました。このとき，線こうの火の変化として**正しいもの**を，下の選択肢**A**～**D**から1つ選んで答えなさい。

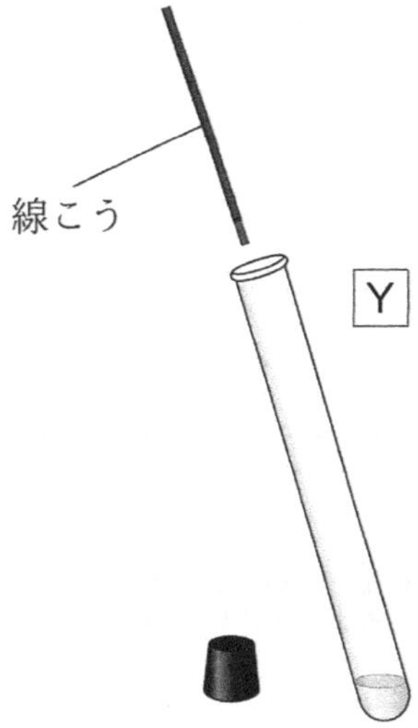

A　線こうの火の色が変わる。

B　線こうの火がはげしく燃える。

C　線こうの火が消える。

D　線こうの火は変化しない。

(答えはすべて解答用紙に記入しなさい)

第４問

下線部ｅについて，SDGsに関する次の文章を読んで，以下の問いに答えなさい。

お詫び：著作権上の都合により，掲載しておりません。
ご不便をおかけし，誠に申し訳ございません。
教英出版

（水野谷優編著『14歳からのSDGs』）

(1)　波線部①～⑥のカタカナは漢字で，漢字はその読みをひらがなで答えなさい。

①　フクザツ　　②　ユウセン　　③　富める
④　識字　　⑤　規模　　⑥　ジンコウ

(2)　（　　　　ア　　　　）にあてはまる一文として**最もふさわしいもの**を，次の選択肢Ａ～Ｄから１つ選んで答えなさい。

Ａ　世界の貧困人口は1993年から2017年の間に，19億人から6.9億人まで減りました。
Ｂ　過去50年間で，世界のプラスチック生産量は20倍以上に急増しました。
Ｃ　地球全体の平均気温は，2100年までに2.6度から4.8度上昇すると予想されています。
Ｄ　2021年の世界人口は約79億人ですが，2100年に約109億人になると予想されています。

500字

400字

2024年度　入学者選考試験（適性検査型）

総合問題　解答用紙

問題番号		解答			
第1問	No. 1				
	No. 2				
第2問					
第3問	(1)				
	(2)				
	(3)	①		②	
		③			
	(4)	①		②	
第4問	(1)	①		②	
		③	めろ	④	
		⑤		⑥	
	(2)				
	(3)				
	(4)				
			20		
			40		

問題

　２０２０東京オリンピック・パラリンピックの車いすテニス金メダリストの国枝慎吾さんは、小学生のときに車いす生活になり、当たり前にできていたことが急にできなくなってしまったそうです。しかし努力を続け、２０２２年から引退直前まで世界ランキング一位になりました。

　そこで、これまでのあなたの経験や体験などの具体例を示しながら、実行するのが難しいと感じる物事に対し、あなたはどのような行動をとっていくことが大切だと思いますか。４００字以上５００字以内で書きなさい。

注意

- 題名、氏名は書かずに一行目から書き始めること。
- 原稿《こう》用紙の正しい使い方にしたがい、文字やかなづかいも正確に書くこと。
- 漢字を適切に使うこと。

学校法人　仙台育英学園　秀光中学校

二〇二四年度　入学者選考試験（適性検査型　作文）

（50分）

問題用紙

注意

一　試験開始の合図があるまで、問題用紙を開いてはいけません。

二　作文の問題用紙には、表紙に続き「問題」があります。「解答用紙」は別に一枚あります。

三　「始め」の指示で「問題用紙」と「解答用紙」に受験番号を書きなさい。その後に「問題」に取り組みなさい。

受験番号	

教英出版

(3)　下線部 o について，筆者がこの格言をもって強調したいこととして**ふさわしくないもの**を，次の選択肢Ａ～Ｄから１つ選んで答えなさい。

Ａ　自ら進んで機会を探し，積極的に行動することこそ重要である。
Ｂ　チャンスをのがさないためには，自ら努力することが必要である。
Ｃ　機会がやってくるのを粘《ねば》り強く待ち続けていくことが大切である。
Ｄ　チャンスはたくさんあるのに，それを利用しないのは残念である。

(4)　下線部 p について，科学や技術の進歩によって**簡単にできるようになったこと**として筆者が挙《あ》げている具体例を40字以内で抜き出して答えなさい。

（答えはすべて解答用紙に記入しなさい）

第５問

下線部ｆについて，以下の問いに答えなさい。

(1)　下の図のようにエジプトとスーダンの国境線は北緯《ほくい》22度線を基準に定められています。その国境の下の北緯20度線上を東の方にたどっていくと，日本の最南端《なんたん》の島があります。この島の名前を書きなさい。

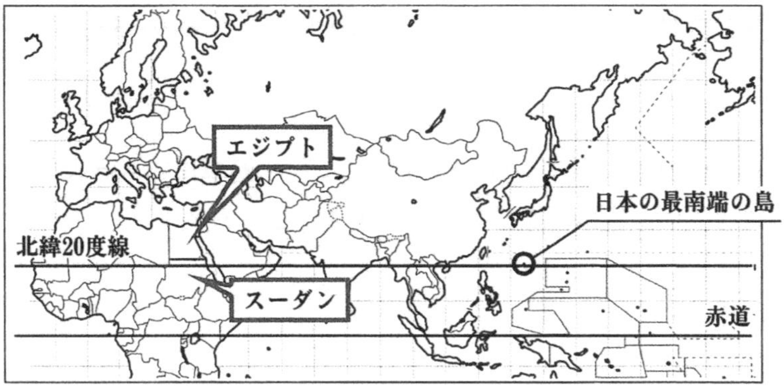

(2)　下の表は，東京を基準にしたときの４都市との時差をそれぞれ示したものです。このとき，以下の問いに答えなさい。ただし，ここではサマータイムは考えないことにします。

都市名	東京	北京	カイロ	ロンドン	ケベック・シティー
時差	０時間	１時間前	７時間前	９時間前	14時間前

（例えば東京が午前 7 時のとき，北京は同じ日の午前 6 時であることを表しています。）

①　東京が５月22日の午後５時のとき，カイロの日付と時刻を答えなさい。

②　ロンドンが５月22日の午前０時のとき，ケベック・シティーの日付と時刻を答えなさい。

③　東京とカナダのケベック・シティーでは時差がちょうど14時間あります。東京が東経139度であるとして，ケベック・シティーは西経［ Ｘ ］度です。空欄《らん》［ Ｘ ］にあてはまる整数を答えなさい。ただし，経度が15度ずれると１時間の時差が生じるものとします。

(3) 下線部ｇについて，以下の問いに答えなさい。

① 排他的経済水域に関する説明として**正しいもの**を，次の選択肢Ａ～Ｄから１つ選んで答えなさい。

Ａ　日本の排他的経済水域において，隣国《りんごく》との問題点は話し合いで解決しており，問題は生じていない。

Ｂ　沿岸国は，排他的経済水域内の水産資源や鉱物資源を開発することが認められている。

Ｃ　他国の船が排他的経済水域を通過するには，沿岸国の許可が必要である。

Ｄ　他国の飛行機が排他的経済水域の上空を通過することはできず，排他的経済水域内の海底に電話線ケーブルやパイプラインを引くこともできない。

② 排他的経済水域（以下，水域ということにします）は領海の沿岸から［ Y ］海里までの海域になります。下の図のように領土が島国のＡ国と他の国と隣《とな》り合っているＢ国，Ｃ国，Ｄ国のモデル図があり，Ａ国とＣ国の水域の面積を比べます。Ａ国の領土は半径10cmの円の内側でＣ国の領土は長方形とします。Ａ国とＣ国の沿岸の長さはどちらも62.8cm（赤色の線），［ Y ］海里の長さを20cmとします。このとき，Ａ国の水域の面積は，Ｃ国の水域の面積の［ Z ］倍です。空欄［ Y ］と［ Z ］にあてはまる整数をそれぞれ答えなさい。ただし，円周率は3.14とします。また，図の長さは正確ではありません。

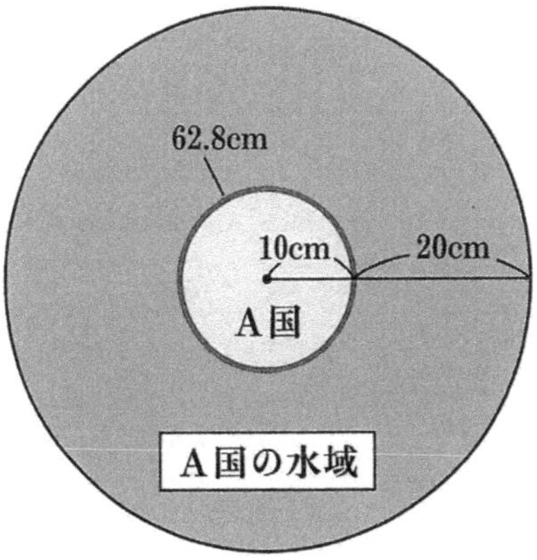

島国

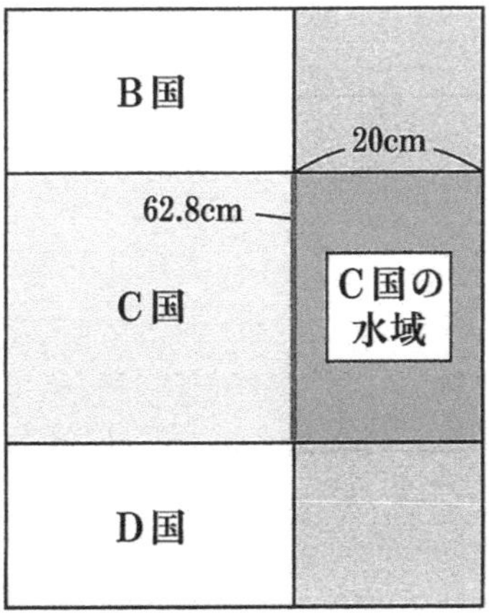

他の国と隣り合っている国

（答えはすべて解答用紙に記入しなさい）

(4)　下線部 h について，次の文章は国や都道府県の仕事についての説明です。空欄［ア］～［エ］にあてはまる語句をそれぞれ答えなさい。

国の政治の方向を決めるのが国会で，法律をつくることができる唯一《ゆいいつ》の機関です。国会での話し合いは，選挙で選ばれた国会議員によってすすめられます。国会には衆議院と［ア］の二つの話し合いの場があり，国民の生活にかかわる法律や予算などを［イ］で決めます。

都道府県の政治の方向を決めるのが都道府県議会で，選挙で選ばれた都道府県の首長である［ウ］と都道府県議会議員が話し合いながらすすめられます。議会では，住民が快適に暮らせるように防災や福祉《ふくし》・教育などの予算を決めたり，地方公共団体（都道府県・市区町村）の独自の法である［エ］を制定したりします。

第6問

(1) 下線部ｉについて，秀光中学校では各教室に5種類のごみ箱（もえるごみ，プラスチックごみ，かん・ビン，ペットボトル，再生可ごみ）が1列に並んでいます。このとき，空欄 [X] と [Y] にあてはまる整数をそれぞれ答えなさい。

① 5種類のごみ箱の並べ方は，全部で [X] 通りあります。

② 「もえるごみ」のごみ箱をちょうど真ん中に固定したとき，残りのごみ箱の並べ方は全部で [Y] 通りあります。

(2) 下線部ｊ，ｋについて，江戸時代に関する次の問いに答えなさい。

① 江戸時代は約260年間続きました。江戸時代に起こった**ア〜エ**のできごとを年代が古い順に正しく並べなさい。

ア 九州の島原や天草でキリスト教の信者を中心に3万5千人もの人々が重い年貢《ねんぐ》の取り立てに反対して一揆《いっき》をおこした。幕府は大軍を送ってこの一揆をおさえた。

イ 大塩平八郎は大ききんのときに，まちの人々を救おうとしない役人たちを批判し，大阪で反乱を起こした。大商人から米などを取り上げ，苦しんでいる人々に分けあたえた。

ウ 幕府は，貿易相手国をオランダと中国に限定する鎖国《さこく》政策をとった。貿易船の出入りは長崎に限定され，その利益や海外からの情報をほぼ独占《どくせん》した。

エ アメリカ合衆国《がっしゅうこく》の使者・ペリーが軍艦《ぐんかん》4せきを率いて浦賀《うらが》（神奈川《かながわ》県）に現れ，開国を求めた。幕府は翌《よく》年，日米和親条約を結んで国交を開き，鎖国の状態が終わった。

② 江戸時代，日常生活で必要なものは国内でつくられていました。また，ものが少ないので，どんなものでも貴重な資源として使っていました。そのような生活の中でものを大事にするいろいろな業者があったそうです。**A〜C**の業者は，現代の環境保護の取り組みである**3R**のどれにあたるか，それぞれカタカナで答えなさい。

A 薪《まき》などを燃やしたときに出る灰を買い集め，肥料として農村に売っていた灰買い業者。

B 酒やしょう油などを入れて使っていた樽《たる》が古くなると，その古樽を買い集め，空樽専門の問屋へ持っていった古樽買い業者。

C 割れてしまった陶磁器《とうじき》を，白玉粉で接着，加熱し，器を修理する瀬戸物《せともの》の焼き接《つ》ぎ業者。

（答えはすべて解答用紙に記入しなさい）

③　江戸時代に発展した日本独自の数学を「和算」といい，その中でも有名な鶴亀《つるかめ》算の問題があります。下の「～解き方～」の空欄 W ～ Z にあてはまる整数をそれぞれ答えなさい。

問　題

鶴と亀の頭の数は合わせて60，足の数は全部で200本あります。鶴と亀の数をそれぞれ求めよ。

～ 解き方 ～

全部が鶴であると考えると，足の数は W 本あります。しかし，これは全部の足の数より X 本少ない。ここで，鶴1羽を亀1匹に変えると足の本数は2本増えるから，亀の数は Y 匹になります。したがって鶴の数は Z 羽になります。

(3)　下線部ℓについて，仙台市の1人1日あたりの家庭ごみの量は，2008年のときには1人あたり550gでした。2021年には，2008年のときから15％減少し， X gでした。また2022年はさらに減って453gであると発表されました。その内の3割にあたる Y の重さの分は生ごみであり，食材を使い切ったり料理を食べ切ったりすることで減らすことができます。このとき， X にあてはまる数を答えなさい。また， Y にあてはまる重さに最も近い野菜を下の選択肢**ア**～**エ**から1つ選び，記号で答えなさい。

選択肢	野菜の名前と個数	野菜の重さ（g）
ア	干ししいたけ　1個	5
イ	里芋《いも》　1個	50
ウ	じゃがいも　1個	150
エ	小松菜　1束	300

(4) 下線部mについて，秀光中学校から東和蛍雪校舎までは一般道路と高速道路を通って行きます。そのときにかかる時間，道のり，速さは下の表のとおりです。このとき，以下の問いに答えなさい。

経　路	時　間	道のり	速　さ
一般道路（青線） 秀光中学校～A地点	15 分	8.9 km	時速 X km
高速道路（赤線） A地点～B地点	54 分	70.2 km	時速 78.0km
一般道路（緑線） B地点～東和蛍雪校舎	15 分	9.3 km	時速 37.2km

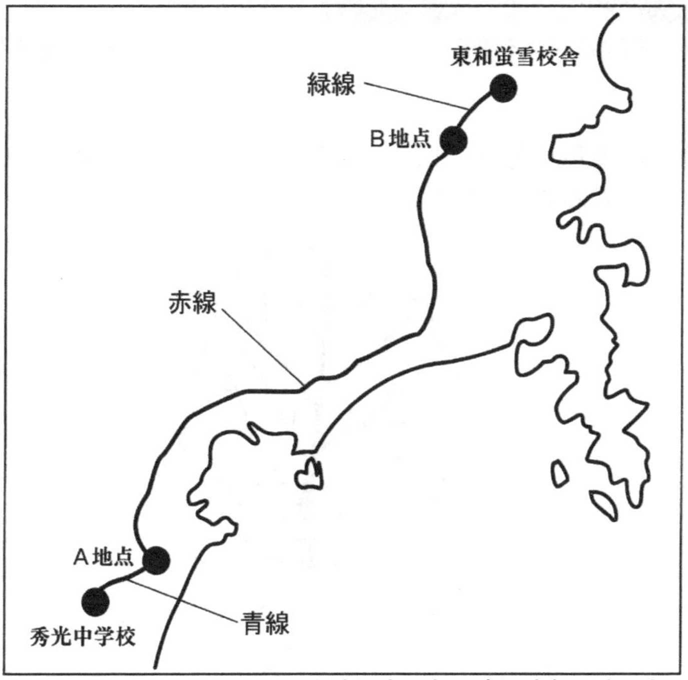

※地図中に色の表記を加えました。

① 表の空欄 X にあてはまる数を答えなさい。

② 秀光中学校から東和蛍雪校舎までの平均の速さを，小数第 2 位を四捨五入して答えなさい。

（答えはすべて解答用紙に記入しなさい）

第７問

下線部ｎについて，下の写真はレタスの水耕栽培工場の様子です。レタスや水耕栽培に関する以下の問いに答えなさい。

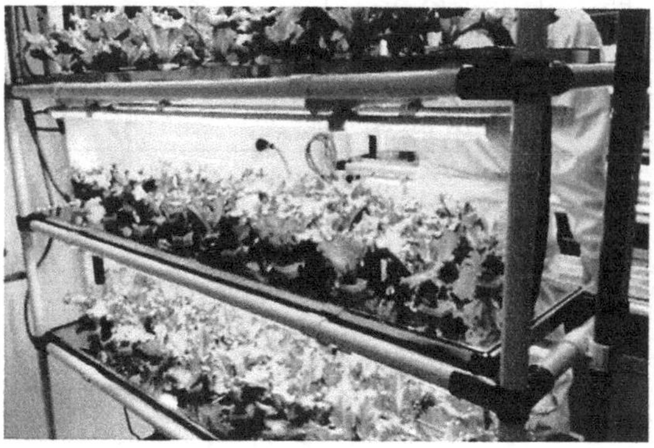

（レタスを栽培している様子）

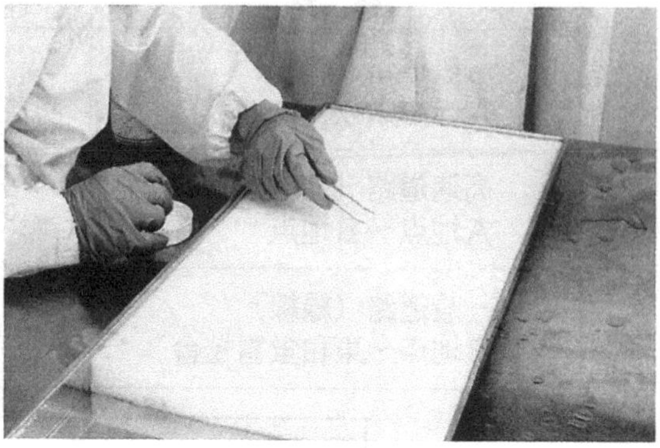

（レタスの種植えの様子）

(1)　レタスの葉の葉脈に着目して，その根の形として**最もふさわしいもの**を次の選択肢Ａ～Ｄから１つ選んで答えなさい。

レタスの葉

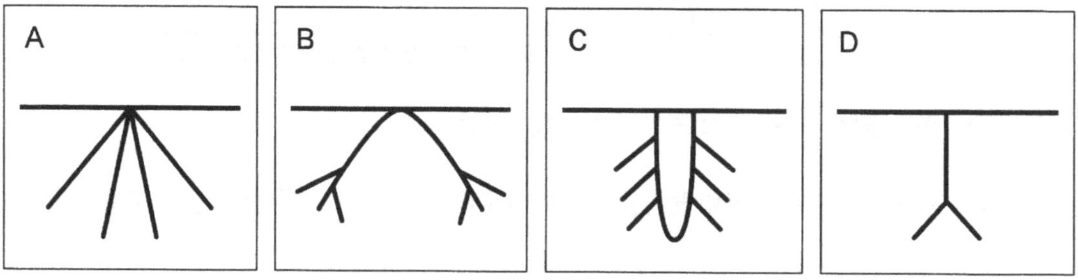

(2)　植物を子葉の枚数によって分類したとき，レタスと同じ分類となるものを次の選択肢Ａ～Ｄから１つ選んで答えなさい。

Ａ　トウモロコシ　　Ｂ　イネ　　Ｃ　ユリ　　Ｄ　タンポポ

(3) 下のモデル図は水にひたしたスポンジの穴にレタスの種子を入れて種植えをしている様子です。このとき，発芽に必要な 2 つの条件から，穴のあいたスポンジを使う理由を説明しなさい。

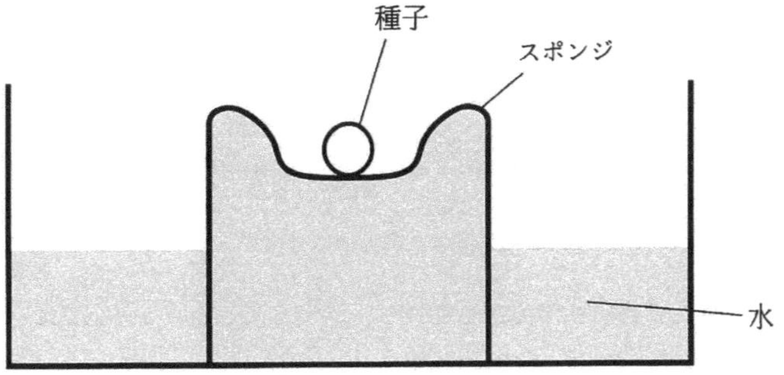

（種植えのモデル図）

(4) 屋外で土を使って水と肥料を与え，太陽の光を当てる栽培方法と比べて，屋内で肥料を混ぜた水を使って，人工の光を当てる水耕栽培のよいところを，その理由とあわせて簡単に説明しなさい。

（答えはすべて解答用紙に記入しなさい）

学校法人　仙台育英学園　秀光中学校

二〇二四年度　入学者選考試験問題（教科型）

国語

（50分）

（第一問～第四問）

注意

・試験開始の合図があるまで、問題用紙を開いてはいけません。
・この問題冊子は、十四ページあります。
・答えはすべて問題の指示にしたがって、解答用紙に記入しなさい。

第一問　次の問いに答えなさい。

問一　次の――線の読みをひらがなで書きなさい。

① 日本列島を縦断する旅。
② 砂場に磁石を落とす。
③ 仕事を快く引き受ける。

問二　次の――線のカタカナを漢字になおしなさい。

① 新商品を大々的にセンデンする。
② 飛行機のモケイを作る。
③ スポーツ選手が第一線をシリゾく。

問三　次の――線は同音異義語です。カタカナを漢字になおしなさい。

① この時計はセイカクに進んでいる。
② 彼女はきちょうめんなセイカクだ。

問四　次の――線は同訓異字です。カタカナを漢字になおしなさい。

① 学芸会の主役をツトめる。
② かぜの予防にツトめる。

第二問　次の文章を読んで、後の問いに答えなさい。

五年生の一年間、一緒に飼育委員をやった。

小学校で飼っているウサギとニワトリの世話をするのだ。

ウサギは三羽、ニワトリも三羽いた。

飼育委員は毎年、なり手のない役だ。

毎日水かええさやり、飼育小屋のそうじの仕事があるし、連休や夏休みといった長期の休みでも毎日のように、登校しなければならないからだ。

わたしは、じゃんけんで負けて飼育委員を押しつけられた。生き物は好きで、家にも猫《ねこ》二ひきと犬が一ぴきいるから世話自体はそんなに苦痛ではなかったけれど、これで、お休みがつぶれちゃうなと考えると少しゆううつな気分にはなった。

五年生は二クラスしかなくて、飼育委員は各クラス一名ずつ。

わたしと光一くんだった。

①最初、がっかりした。

落胆《らくたん》なんて言葉をまだ知らなかったけれど、本当に身体の力がぬけるような気がした。

飼育委員で、しかも相手が男の子なんて、最低、最悪だ。動物の世話をまじめにしてくれる男子なんているわけがない、と、わたしは思いこんでいたのだ。

光一くんも、じゃんけんかくじ引きで無理やり押しつけられた口だろう。きっと、すごくいいかげんで、無責任で、途中で仕事を放棄《ほうき》することだって十分に考えられる。

わたしは覚悟《かくご》した。

ウサギもニワトリも、世話をしてやる者がいなければ死んでしまう。殺すわけにはいかない。自分に預けられた生命を無視できるほど、わたしはa図太くはなかった。やさしいわけではない。「わたしのせいで殺してしまった」なんて思いを引きずりたくないのだ。図太くないうえに、誰かに上手に責任転嫁《てんか》できるほど器用でもなかったのだ。

不器用で、きまじめで、融通《ゆうづう》がきかない。

付き合いにくい人だ、かわいげのない子だと言われていた。でも、しょうがない。これが、わたしだ。

不器用でも、きまじめでも、融通がきかなくても、わたしはわたしを生きるしかない。

わたしは、b開き直ったように、でもどこかかたくなに十一歳《さい》を生きていた。今でもまだ、そういうところはあるけれど、思いこみの強い性質《たち》なのだ。

光一くんに会って、変わった。

光一くんが変えてくれた。

「円藤って、ひょうひょうとしてるね」

ウサギ小屋のそうじをしながら光一くんに言われたことがある。ひょうひょうの意味がわからなかった。

糞《ふん》をはき集めていた手を止め、わたしはふり向く。光一くんがわたしを見上げていた。

目が合った。

やわらかな淡《あわ》いひとみだ。

光一くんと目を合わせたのは、このときが初めてだった。

「ひょうひょうって?」

わたしがたずねる。光一くんが首をかしげる。

「うーん。大らかってことかなぁ。あんまり、ごちゃごちゃこだわらない、みたいな……感じかな」

②「そんなことないよ」

大声で否定していた。

自分で自分の声におどろいてしまった。

ウサギの糞のにおいが鼻孔《びこう》に広がって、咳《せ》きこむ。

ごほっ、ごほごほ。

「円藤、だいじょうぶか?」

「うん……だいじょうぶ。ちょっと……びっくりしただけ」

「びっくりするようなこと、言ったっけ?」

「言ったよ」

わたしはにおいにむせて、また、咳いていた。

光一くんが片手でわたしの背中をたたく。これにも、おどろいた。もう五年生だ。男子と女子の距離《きょり》が何となく開いていく時期だった。距離の取り方をみんな、手探《てさぐ》りしている時期だった。

③こんなにあっさりと背中をたたいてくれるなんて、たたけるなんて不思議だ。

「何を言ったかなぁ」

背中をたたきながら、光一くんがつぶやく。妙《みょう》にのんびりした口調だった。光一くんに合わせるように、となりのニワトリ小屋で雄鶏《おんどり》のコースケがのんびりと鳴いた。

コケー、コケーッコー。

おかしい。

（答えはすべて解答用紙に記入しなさい）

おかしくてたまらない。
ふき出してしまった。笑いが止まらない。
「えー、今度は笑うわけかぁ。どうしたらいいんだろうなぁ」
光一くんの一言に、わたしはさらに笑いをさそわれる。
おかしい、おかしい。ほんと、おかしい。
何て、おもしろい人だろう。
何て、ヘンテコでゆかいな人だろう。
知らなかった。
④下野原《しものはら》光一くんて、こんな人だったんだ。
笑いながら、わたしの心は、ほわりと軽くも温かくなっていく。
心地よかった。
光一くんは、飼育委員の仕事をなまけなかった。いいかげんに済ますことも手をぬくこともしなかった。むしろ、わたしより熱心に取り組んでいた。
夏休みには、ちゃんと当番表をこしらえて、友だちや先生にも協力してもらって、毎日、登校しなくていいように工夫した。ニワトリ小屋に新しいえさ場や水飲み場も作った。(プラスチックのおけとペットボトルを組み合わせた簡単なものだったけれど、とてもりっぱに見えた。)学校近くの農家を回って、野菜のくずを分けてもらいえさに混ぜたりもした。野菜くずとはいえ新鮮《しんせん》で、ニワトリもウサギもえさ箱に入れたとたん、夢中でついばみ、かぶりついた。
光一くんが自分から飼育委員に立候補したと聞いたのは、水飲み場を作っている最中だった。
ずっとやりたかったんだと光一くんは言った。
「五年生になったら、絶対立候補するって決めてたんだ」
飼育委員は五年生だけの役目だ。五年生しか、なれない。
「飼育委員の仕事……好きなの」
ペットボトルを光一くんにわたす。光一くんは、それを針金で作った輪っかに差しこみ、水の出方を調べる。うなじを幾筋《いくすじ》もの汗《あせ》が伝っていた。
「動物、好きなんだ。犬でも猫でもウサギでも」
「ニワトリも？」
「あ……ニワトリのことは、あんまり考えてなかった。でも、コースケやコッコやクックはかわいい。飼育委員になってから、ニワトリがかわいいって思えるようになった」
わたしはうれしかった。三羽の白色レグホーンのことをかわいいと言ってくれる人がそばにいることがうれしかった。
光一くんともっといろんな話がしたかった。でも、何をどう話したらいいのか見当がつかない。軽やかに、適当におしゃべりする技術をわたしは、ほとんど持ち合わせていなかった。
⑤自分が歯がゆい。痛いほど歯がゆい。
「円藤も、動物好きだよな」
光一くんが顔を上げ、額の汗をぬぐう。わたしは、じゃんけんで負けて飼育委員を押しつけられただけ……とは言えなかった。
「あ、うん。家にも猫と犬がいるし……」
「ほんとに？　猫も犬もいるわけ。すげえな」
「あっ、そんな。どっちも雑種だよ。犬は近所からもらってきたの。猫は二ひきとも捨て猫。真っ白とミケ」
「えーっ、猫が二ひきもいるんだ。すげえすげえ」
「だから、雑種なんだって」
「雑種でもすげえよ。いいなぁ、猫と犬かぁ」
「ペット、いないの？」
光一くんがうなずく。それから、小さく息をはき出した。
「妹がぜんそくぎみなんだ。動物の毛にすごい反応しちゃうから、家ではペット、飼えないんだよな」
「妹、いるんだ」
「うん、いる。一人ね」
「いくつ？」
「今年一年生になった。でも、けっこう、休むこと多いかな」
「そう……、じゃあ飼育委員とかできないね」
「うん、おれが飼育委員になったって言ったら、いいなぁってすごくうらやましがってた」
「何て、名前」
「あかり。ひらがなであ、か、り」
「かわいい名前だね」
光一くんが動物を好きなこと、四つちがいのあかりちゃんをかわいがっていることを、わたしは知った。
飼育小屋の中で、わたしと光一くんはぼそぼそと、会話をかわした。そのたびに、わたしは光一くんのことを知っていく。⑥わたしの中に光一くんが溜《た》まってくる。積み重なってくる。
コースケたち三羽のニワトリは、わたしたちが六年生になって間もなく、死んだ。新たに飼育委員になった五年生が、戸のかぎを閉め忘れてしまったのだ。戸を開けて、野良猫か野良犬か、あるいは裏山からきつねが小屋にしのびこんだらしい。
ニワトリたちは無残に殺された。わたしがニワトリ小屋にかけつけたとき、小屋には何もいなかった。血のあとと白い羽毛が地面に散っているだけだった。光一くんの作った水飲み場はこわれ、ペットボトルがななめに傾《かし》いでいた。
何もいなかった。
からっぽだった。
「コースケ」
金網《かなあみ》に指をかけて、呼んでみる。
糞のにおいはまだ残っているのに、コースケたちはいない。消えてしまった。
「コッコとクックを守ろうとして、戦ったんだよね」
消えてしまったコースケに話しかける。
目の奥《おく》が熱くなった。
わたしはわたしがコースケをとても好きだったんだと気がついた。
いなくなって、やっと気がついた。
コースケが好きだったんだ。
紅色のとさかをゆらして堂々と歩く姿も、年をとって元気のなかったクックに寄りそっていたやさしさも、止まり木につかまりそこねてしょっちゅう落っこちていたおばかな格好《かっこう》も、好きだった。
コースケ。
額を金網に押しつけて、泣いた。あとがはっきりと残るだ

（答えはすべて解答用紙に記入しなさい）

ろう。みっともない顔になるだろう。
かまいはしない。
泣くより他に何もできない。
「円藤……」
背後で名前を呼ばれた。
ふり向かなかった。
ふり向かなくても、光一くんが立っているとわかった。
光一くんは、わたしの横に来て、わたしと同じように金網に指をかけた。そして、同じように目をこらした。一生懸命《けんめい》にさがせば、どこからかコースケが現れると信じているみたいに、見つめていた。
⑦光一くんが何も言わないのがありがたかった。
わたしはだまって、立っていた。
光一くんもだまって、立っていた。

（あさのあつこ「下野原光一くんについて」）
（問題の都合により本文の一部を変更しています。）

問一 ――線①「最初、がっかりした」とありますが、それはなぜですか。その理由として最もふさわしいものを次の**ア**～**エ**から選び、記号で答えなさい。

ア 動物の世話で夏休みがつぶれてしまうことがゆううつだったから。
イ 男子のことが苦手で、女子と一緒に飼育委員の仕事がしたかったから。
ウ 動物の世話をまじめにしてくれる男子はいないと思いこんでいたから。
エ 光一くんはいいかげんで、無責任で、途中で仕事を放棄する人だから。

問二 〰〰線**a**・**b**の言葉の意味として最もふさわしいものを次の**ア**～**エ**から選び、記号で答えなさい。

a 図太くはなかった
ア 厚かましくはなかった
イ やさしくはなかった
ウ すなおではなかった
エ 気まぐれではなかった

b 開き直った
ア 自分に言い聞かせた
イ あきらめて覚悟を決めた
ウ 他人のせいにした
エ 見て見ぬふりをした

問三 ――線②「大声で否定していた」とありますが、「わたし」はなぜ「否定」したのですか。次の［　］Ⅰ・Ⅱに合う言葉を、本文中からそれぞれ書きぬきなさい。ただし、指定された字数で答えること。（句読点も字数に数えます。）

光一くんは「わたし」を「あんまり、ごちゃごちゃ［Ⅰ（六字）］」人と思ってくれたが、「わたし」自身はそうではなく、［Ⅱ（十八字）］と思っていたから。

問四 ――線③「こんなにあっさりと背中をたたいてくれるなんて、たたけるなんて不思議だ」とありますが、なぜ「わたし」は「不思議だ」と思ったのですか。その理由が書かれている一文を本文中から**二か所**探し、最初の五字をそれぞれ書きぬきなさい。（句読点も字数に数えます。）

問五 ――線④「笑いながら、わたしの心は、ほわりと軽くも温かくなっていく」とありますが、このときの「わたし」の様子を説明したものとして最もふさわしいものを次の**ア**～**エ**から選び、記号で答えなさい。

ア 光一くんのおかしな発言によって、「わたし」の心が閉ざされていく様子。

イ 光一くんのやさしい人柄《ひとがら》を知って、「わたし」がおどろいている様子。

ウ 光一くんとの交流を通じて、かたくなな「わたし」の心がほぐれていく様子。

エ 光一くんのヘンテコな行動に対して、「わたし」がとまどっている様子。

（答えはすべて解答用紙に記入しなさい）

問六 ――線⑤「自分が歯がゆい。痛いほど歯がゆい」とありますが、このときの「わたし」の気持ちを説明したものとして最もふさわしいものを次の**ア～エ**から選び、記号で答えなさい。

ア 光一くんは飼育委員の仕事に熱心に取り組んでいるのに、自分はなまけてしまって、情けない気持ち。

イ 光一くんは動物が好きだが、自分はそれほど好きではないため、うしろめたい気持ち。

ウ ニワトリのことをかわいいと思う気持ちを光一くんと共有することができ、うれしい気持ち。

エ 光一くんともっといろんな話がしたいのに、何をどう話したらよいのか分からず、もどかしい気持ち。

問七 ――線⑥「わたしの中に光一くんが溜まってくる。積み重なってくる」とはどういうことですか。その説明として最もふさわしいものを次の**ア～エ**から選び、記号で答えなさい。

ア 光一くんと過ごすうちに、「わたし」は少しずつ飼育委員の仕事を覚えていくということ。

イ 会話をかわすたびに、「わたし」は光一くんの新たな一面を次々に知っていくということ。

ウ 同じ飼育委員として、「わたし」の光一くんに対する関心が高まっていくということ。

エ 動物の世話を通じて、「わたし」の光一くんに対する不満がつのっていくということ。

問八 ――線⑦「光一くんが何も言わないのがありがたかった」とはどういうことですか。その説明として最もふさわしいものを次の**ア～エ**から選び、記号で答えなさい。

ア なぐさめやはげましではなく、「わたし」の思いに静かに寄りそってくれた光一くんのやさしさに感謝したということ。

イ 大好きなコースケがいなくなってさみしいのは「わたし」だけでなく、光一くんも同じであることにうれしく思ったということ。

ウ しばらく一人になりたいという「わたし」の思いをくみ、遠くから見守ってくれた光一くんの気づかいに申しわけなく思ったということ。

エ 泣いたあとが残ってみっともない顔になっている「わたし」に、光一くんが気づいていないことに安心したということ。

第三問　次の文章を読んで、後の問いに答えなさい。

舞台《ぶたい》上に、父、母、娘、息子の四人家族がいるとする。この四人が、ちゃぶ台を囲んで話をしている。これは、まさに「会話」である。

しかし、このような会話がいくら延々と続いても、観客に有効な情報はなかなか出てこない。たとえば、お父さんの職業はいっこうにわからない。子どもがお父さんに、

「お父さん、仕事なに？」

と聞くわけにはいかないから。

そこで劇作家は常に、こういった場面には他者を登場させる。たとえば、娘の恋人が初めてやって来るといった設定を考える。娘の恋人が初めて家をおとずれる日には、日本のお父さんは最初は奥《おく》に引っ込んでいるので、母親が応対に出る。この場面で、

「いやいや、近頃は銀行も大変でしてねぇ」

といったせりふが母親から発せられれば、「あぁ、この家のお父さんは銀行員なのか」という情報が、無理なく客席に伝わっていく。

これが①「対話」の構造である。

演劇は他者を必要とし、「対話」の構造を要請《ようせい》する。

[A]、日本社会には、この「対話」という概念《がいねん》が希薄《きはく》である。いや、それがほとんど、なかったと言ってもいいかもしれない。

これは仕方のない側面もある。

一般に、日本社会は、ほぼ等質の価値観や生活習慣を持った者同士の集合体＝ムラ社会を基本として構成され、その中で独自の文化を培《つちか》ってきたと言われてきた。

これは[B]、皆で一緒に田植えをし、草かりをし、稲《いね》かりをしなければ収量がなかなか上がらない稲作《いなさく》文化の宿命と言えるかもしれない。あるいは、極端に人口流動性の少ない社会を作った徳川幕藩体制が、そのような傾向に、さらに拍車《はくしゃ》をかけたとも言えるだろう。

私はこのような日本社会独特のコミュニケーション文化を、「わかりあう文化」「察しあう文化」と呼んできた。

[C]、ヨーロッパは、異なる宗教や価値観が、陸続きに隣りあわせているために、自分が何を愛し、何をにくみ、どんな能力を持って社会に貢献《こうけん》できるかを、きちんと他者に言葉で説明できなければ無能の烙印《らくいん》を押されるような社会を形成してきた。これを私は、「説明しあう文化」と呼んでいる。

両者は、それぞれが独立した文化体系であるから、どちらが正しいとか、どちらが優《すぐ》れているということはない。

実際、私たちは、この「わかりあう文化」「察しあう文化」の中から、様々な素晴らしい芸術文化を生み出してきた。たとえば、

（答えはすべて解答用紙に記入しなさい）

柿くへば　鐘《かね》が鳴るなり　法隆寺

という句を聞いただけで、多くの人びとが夕暮れの[注]斑鳩《いかるが》の里の風景を思い浮かべることができる。これは大変な能力だ。

　この均質性、相手が何が言いたいのかを察しやすい社会が、日本をアジアの中でいち早く近代国家へと導いたことはまちがいないだろう。我々は、組織だって、一丸となって何かを行うときに、まさに②阿吽《あうん》の呼吸で大きな力を発揮する。

　だが一方で、こういった「察しあう」「口には出さない」というコミュニケーションは、世界においては少数派だ。少数派だからダメだと言っているわけではない。少数派の強みもある。

　あるいは、現代社会のようにキリスト教とイスラム教という一神教同士が正面からぶつかりあっている世界の現状を見ると、「まぁ、まぁ、そこはお互い察しあってさ」という仏教的というか、日本的というか、そのようなあいまいで慈愛《じあい》に満ちたコミュニケーションの形が、なんとなく世界平和に貢献できる部分もあるのではないかと感じることも多い。

　だが、そうは言っても、やはり文化的に少数派であるという認識は、どうしても必要だ。そうでないと、ビジネスや日常生活の場面では、③日本人は、いつまで経《た》っても理解不能な変わり者あつかいになってしまう。

　そして、否が応でも国際社会を生きていかなければならない日本の子どもたち、若者たちには、察しあう・わかりあう日本文化に対する誇《ほこ》りを失わせないままで、少しずつでも、他者に対して言葉で説明する能力を身につけさせてあげたいと思う。

　だがしかし、「説明する」ということはむなしいことでもある。

柿くへば　鐘が鳴るなり　法隆寺

を説明しなければならないのだ。柿を食べていたら偶然《ぐうぜん》鐘が鳴ったのか。鐘が鳴ったから、柿を食いたくなったのか。法隆寺はなんの象徴か。④こんな身も蓋《ふた》もない説明を、しかし私たちは、他者に向かってくり返していかなければならない。

　TPP（環太平洋戦略的経済連携協定）に入ったからと言って、第三の開国が成就するわけではない。本当に私たちが行っていかなければならない精神の開国は、おそらくこの空《くう》虚《きょ》に耐《た》えるという点にある。

「『対話』と『対論』はどう違《ちが》うのですか？」という質問もよく受ける。

　「対論」＝ディベートは、AとBという二つの論理が戦って、Aが勝てばBはAにしたがわなければならない。Bは意見を変えねばならないが、勝ったAの方は変わらない。

　「対話」は、AとBという異なる二つの論理がすりあわさり、Cという新しい概念を生み出す。AもBも変わる。まずはじめに、いずれにしても、両者ともに変わるのだということを前提にして話を始める。

　だが、こういった議論の形も日本人は少し苦手だ。最初に自分が言ったことから意見が変わると、何かうそをついていたように感じてしまうのかもしれない。あるいはそこに、敗北感がともなってしまう。

　「対話的な精神」とは、異なる価値観を持った人と出会うことで、自分の意見が変わっていくことを潔《いさぎよ》しとする態度のことである。あるいは、できることなら、異なる価値観を持った人と出会って議論を重ねたことで、自分の考えが変わっていくことに喜びさえも見いだす態度だと言ってもいい。

　ヨーロッパで仕事をしていると、些細《ささい》なことでも、とにかくやたらと議論になる。議論をすること自体が楽しいのだろうとしか思えないときもある。

　三〇分ほどの議論を経て、しかし、たいてい日本人の私（A）の方が計画的だから、その「対話」の結末は、Cというよりは、当初の私の意見に近い「A'」のようなものになる。そこで私が、

「これって結局、最初にオレが言っていたのと、ほとんど変わらないじゃないか」

と言うと、議論の相手方（B）は必ず、

「いや、これは二人で出した結論だ」

と言ってくる。

　だが、この三〇分が、彼らにとっては大切なのだ。とことん話しあい、二人で結論を出すことが、何よりも重要なプロセスなのだ。

　幾多《いくた》の（おそらく私よりも明らかに才能のある）芸術家たちが海外に出て行って、しかし必ずしもその才能を伸ばせないのは、おそらくこの対話の時間に耐えられなかったのではないかと私は推測《すいそく》している。様々な舞台芸術の国際協働作業の失敗例を見ていくと、日本の多くの芸術家は、この時間に耐えられず、あきらめるか切れるかしてしまうのだ。日本型のコミュニケーションだけに慣れてしまっていると、海外での対話の時間に耐えきれずに、「何でわからないんだ」と切れるか、「どうせ、わからないだろう」とあきらめてしまう。演劇に限らず、音楽、美術など、どのジャンルにおいても海外で成功している芸術家の共通点は、ねばり強く相手に説明することをいとわないところにあるように思う。日本では説明しなくてもわかってもらえる事柄を、そのむなしさに耐えて説明する能力が要求される。

　私はこの能力を、⑤「対話の基礎体力」と呼んでいる。そして、小中学校の先生方には、

「対話の技術は大学や大学院でも身につきますから、どうか子どもたちには、この『対話の基礎体力』をつけてあげてください」

（答えはすべて解答用紙に記入しなさい）

とお願いしてきた。

　異なる価値観と出くわしたときに、物怖《お》じせず、卑屈《ひくつ》にも尊大《そんだい》にもならず、ねばり強く共有できる部分を見つけ出していくこと。ただそれは、単に教え込めばいいということではなく、おそらく、そうした対話をくり返すことで出会える喜びも、伝えていかなければならないだろう。

　意見が変わることは恥ずかしいことではない。いや、そこには、新しい発見や出会いの喜びさえある。その小さな喜びの体験を、少しずつ子どもたちに味わわせていく以外に、対話の基礎体力を身につける近道はない。

（平田オリザ「わかりあえないことから
――コミュニケーション能力とは何か」）

（問題の都合により本文の一部を変更しています。）

注　斑鳩の里……奈良県に位置し、世界文化遺産である法隆寺がある。飛鳥時代聖徳太子が斑鳩宮を造ったことから発展した。

問一　――線①「『対話』の構造」には何が必要ですか。本文中から漢字二字で書きぬきなさい。

問二　□A〜Cに当てはまる語として最もふさわしいものを次の**ア**〜**オ**から選び、それぞれ記号で答えなさい。

ア　だから　**イ**　一方　**ウ**　たとえば
エ　そして　**オ**　しかし

問三　――線②「阿吽の呼吸」の意味として最もふさわしいものを次の**ア**〜**エ**から選び、記号で答えなさい。

ア　相手の呼びかけに反応すること
イ　互いの微妙《びみょう》な気持ちや行動が合うこと
ウ　どんなことをされても動じないこと
エ　非常に仲が良く片時も離れないこと

問四　――線③「日本人は、いつまで経っても理解不能な変わり者あつかいになってしまう。」のはなぜですか。その理由として最もふさわしいものを次の**ア**〜**エ**から選びなさい。

ア　日本人は何を愛し、何をにくみ、どんな能力を持って社会に貢献できるか伝えようとしないから。

イ　日本人は何も言わなくても阿吽の呼吸で組織を作り、一丸となって大きな力を発揮するから。

ウ　日本人は自分が信じていることと異なることも受け入れるため、何が一番大切なのか分からないから。

エ　日本人は他者とコミュニケーションをとらないため、何を考えているのか伝わらないから。

問五　――線④「こんな身も蓋もない説明」について次の問いに答えなさい。

（1）「身も蓋もない」の意味として最もふさわしいものを次の**ア**～**エ**から選びなさい。

ア　全てを説明してしまうので、味わい深くないということ

イ　欠点を隠《かく》そうともしないので、悪く見えてしまうこと

ウ　人の気持ちに寄りそうことなく、気配りに欠けること

エ　やわらかい言い回しで、直接的にものを言わないこと

（2）筆者は「柿くへば　鐘が鳴るなり　法隆寺」という俳句について説明することをなぜ「身も蓋もない」と言っているのですか。その説明として最もふさわしいものを次の**ア**～**エ**から選び、記号で答えなさい。

ア　俳句は「察しあう」という日本人の文化をよく表しているものだが、全てを説明してしまうのはヨーロッパ的だから。

イ　俳句は文字数が少ないから読むのが楽なのに、全てを説明してしまっては文字数が多くなってめんどうだから。

ウ　俳句は説明されないことで風情《ふぜい》や心情を感じることが良いのに、全てを説明してしまってはその良さがなくなるから。

エ　俳句は「分かりあう」という日本人の誇りの象徴だが、全てを説明してしまったらその誇りを失くしてしまうから。

問六　――線⑤「対話の基礎体力」とはどういう能力ですか。「能力」に続くように解答用紙に書きなさい。

（答えはすべて解答用紙に記入しなさい）

第四問　次の文章を読んで、後の問いに答えなさい。

お詫び
著作権上の都合により、文章は掲載しておりません。
ご不便をおかけし、誠に申し訳ございません。
教英出版

お詫び
著作権上の都合により、文章は掲載しておりません。
ご不便をおかけし、誠に申し訳ございません。
教英出版

（毎日新聞「余禄」二〇二三年六月十四日掲載）

注1　パラドックス……一見すると矛盾《むじゅん》しているようなことが、実は正しい考え方を示しているということ。
注2　概念……物事の本質的な特徴《とくちょう》をとらえる考え方。
注3　ディストピア……暗い未来や問題がたくさんある世界。

問一 ——線①「ものを美しいと思う心」と同じような意味として本文中で使われている語を漢字三字で書きぬきなさい。

問二 ——線②「あざ笑う」と同じような意味を持つ熟語として最もふさわしいものを次の**ア**～**エ**から選び、記号で答えなさい。

ア 微笑《びしょう》
イ 冷笑
ウ 苦笑
エ 失笑

問三 ——線③「ホッとする気持ちもある」と筆者が言うのはなぜですか。その理由として最もふさわしいものを次の**ア**～**エ**から選び、記号で答えなさい。

ア 時間のかかる作業をする必要があるとき、ＡＩに任せることで人間が重要な作業に集中できるから。
イ 人間の情報収集力や分析《ぶんせき》力を上回るＡＩの優《すぐ》れた能力を用いることで、質の高い作品になるから。
ウ 単調な作業をＡＩに任せることで、人間の負担が減り、より創造的な部分を創作できるから。
エ ＡＩが生成できない微妙《びみょう》な感覚を人間のクリエーターの生身の感覚で補うことができるから。

問四 次に挙げる本文中の会話文のうち、鉄腕アトムの言葉はどれですか。次の**ア**～**エ**から**二つ**選び、記号で答えなさい。

ア 「絵を見たって音楽を聞いたって……よかったなァって思ったことがないの」
イ 「私は人間の感情を持つわけではありませんが、美しさについての概念や理解は備わっています」
ウ 「ぼくたちの時代には人間とロボットはうわべはうまくいっていたように見えました」
エ 「大きな可能性もあれば、まちがいなく大きな課題もある」

問五 ——線④「ＡＩとどうつき合っていくか」とありますが、あなたはどう考えますか。ＡＩができることと人間がするべきことについて、それぞれ一つずつ例を挙げて、あなたの考えを書きなさい。

（答えはすべて解答用紙に記入しなさい）

秀光中学校　二〇二四年度　入学者選考試験

作文　解答用紙

受験番号

（評価基準非公表）

受験番号

※100点満点
（配点非公表）

問題番号				解		答
第5問	(1)					
	(2)	①				
		②				
		③	X	度		
	(3)	①				
		②	Y	海里	Z	倍
	(4)	ア			イ	
		ウ			エ	
第6問	(1)	①	X	通り		
		②	Y	通り		
	(2)	①	→		→	→
		②	A		B	
			C			
		③	W	本	X	本
			Y	匹	Z	羽
	(3)	X		g	Y	
	(4)	①	X	時速 km		
		②				
第7問	(1)					
	(2)					
	(3)					
	(4)					

学校法人　仙台育英学園　秀光中学校

2024年度　入学者選考試験問題（教科型）

算　　数

（50分）

（第１問～第７問）

注意

- 試験開始の合図があるまで，問題用紙を開いてはいけません。
- この問題冊子は，８ページあります。
- 答えはすべて問題の指示にしたがって，解答用紙に記入しなさい。

問題は第１問から第７問まであります。

第１問　次の □ にあてはまる数をそれぞれ答えなさい。

(1)　$3 \times 5 + 6 \div 2 = \square$

(2)　$\dfrac{1}{2} : \dfrac{2}{3} = 3 : \square$

(3)　$\square \times 6 + 5 = 13 + 4 \times \square$　（□ には同じ数が入ります）

(4)　$\dfrac{1}{3} \times (5 \times 360 - 18 \times 25) \div 6 = \square$

(5)　$\left\{ \dfrac{4}{5} \times 512.5 - \left(\dfrac{17}{10} + 11.3 \right) \times 0.4 \right\} \times 5 = \square$

（答えはすべて解答用紙に記入しなさい）

第２問　次の［　　］にあてはまる数や文字，記号をそれぞれ答えなさい。

(1)　下の図のような平行四辺形の面積は［　　］㎠です。

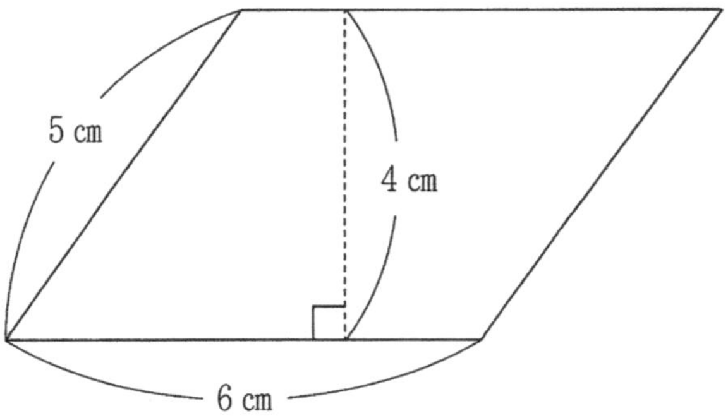

(2)　下の形の中で線対称ではない文字を㋐～㋔の選択肢《せんたくし》からすべて選ぶと［　　］です。

(3)　下の図のような０，１，２の数字が書かれた３枚のカードを並べて３桁《けた》の整数を作ります。このとき，作ることのできる整数は全部で［　　］通りあります。

(4)　下の［　　］には＋，－，×，÷のいずれかの記号が入ります。この式が成り立つとき，［　　］にあてはまる記号はそれぞれ［①］と［②］です。

１＋２［①］３×４［②］５＝10

（答えはすべて解答用紙に記入しなさい）

(5)　ある町の人口は12,000人で，人口の1割5分が子どもです。また，このうち男の子はその45％で［　　］人です。

(6)　5％の食塩水300gに水200gを加えると，［　　］％の食塩水になります。

(7)　長さ80mの電車が，時速72kmで走っています。この電車が長さ108mの鉄橋を通過するのにかかる時間は［　　］秒です。

(8)　下の図のように，長方形の紙を対角線に沿って折り返したとき，角Aの大きさは［　　］度です。

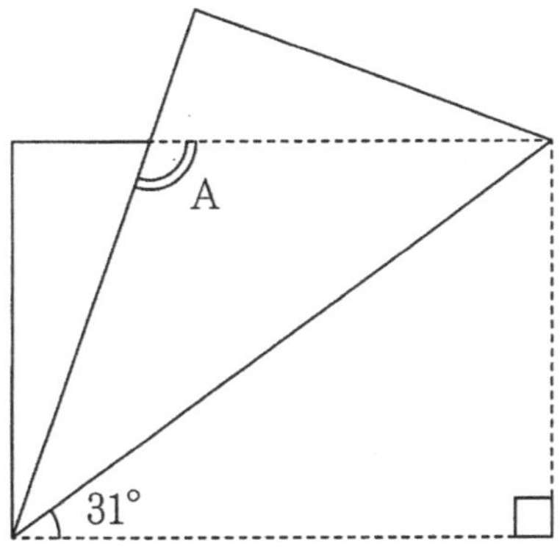

(9)　為替《かわせ》レートが1ドル108円のときに500ドル分だけ日本円をドルに交換《こうかん》しました。このとき，購入《こうにゅう》した金額は日本円で［　①　］円分です。3年後，為替レートが3年前より［　②　］円だけ円安になったので，購入した500ドル全てを円に交換すると，日本円で64000円になりました。ただし，円からドル（または，ドルから円）を交換するときの為替手数料《てすうりょう》はかからないものとします。

（答えはすべて解答用紙に記入しなさい）

第3問　下の表はある中学校の1年1組 35 人の 20 mシャトルランの結果をまとめた度数分布表です。このとき，次の □ にあてはまる数をそれぞれ答えなさい。

回数（回）	人数（人）
100以上	2
95以上　100未満	3
90以上　95未満	6
85以上　90未満	8
80以上　85未満	10
75以上　80未満	3
70以上　75未満	2
65以上　70未満	1
65未満	0
合　　計	35

(1)　回数の最ひん値の階級は［ ① ］回以上［ ② ］回未満です。

(2)　回数の中央値の階級は［ ③ ］回以上［ ④ ］回未満です。

(3)　回数が 90 回以上であった生徒の割合は全体の □ %です。ただし，小数第2位を四捨五入して答えなさい。

（答えはすべて解答用紙に記入しなさい）

第 4 問　通常，1 年は 365 日です。しかし 4 年に一度，2 月を 29 日までとし，1 年を 366 日とすることで季節と暦《こよみ》のずれを調整しています。1 年が 365 日である年を「平年」，366 日である年を「うるう年」といいます。どの年がうるう年になるのかは，下のようなルールで定められています。

> ルール①　西暦《せいれき》年号が 4 で割り切れる年を「うるう年」とする。
>
> ルール②　例外として，西暦年号が 100 で割り切れて 400 で割り切れない年はうるう年ではなく，「平年」とする。

例えば，2100 は 4 で割り切れます。しかし，2100 は 100 でも割り切れますが，400 では割り切れません。したがって，ルール②により，2100 年は「うるう年」にならず「平年」になります。

このとき，次の □ にあてはまる数や文字をそれぞれ答えなさい。

(1)　次の □ には「平年」「うるう年」のどちらが入るか答えなさい。

今年は西暦 2024 年です。2024 年は □ です。

(2)　**(1)** のように答えた理由をルール①，②を用いて説明しなさい。

(3)　秀太さんは 2011 年 5 月 7 日（土）生まれです。秀太さんが生まれてから，2024 年 1 月 5 日（金）までの間に，2 月 29 日は □ 回ありました。

(4)　2024 年の秀太さんの誕生日は，□ 曜日です。

（答えはすべて解答用紙に記入しなさい）

第５問　下の図のような円を組み合わせた図形があります。このとき，次の □ にあてはまる数をそれぞれ答えなさい。ただし，円周率は 3.14 とします。

※図中に色の表記を加えました。

(1)　下の図の色のついた部分（オレンジ色）の面積は □ cm² です。

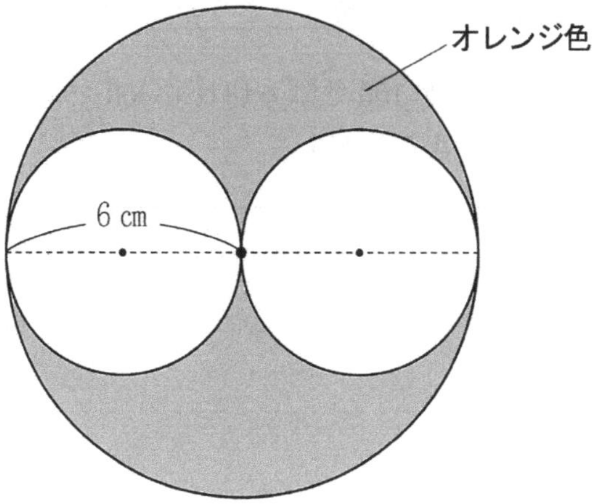

(2)　下の図の色のついた部分のまわりの長さ（赤線で示した部分）は □ cm です。

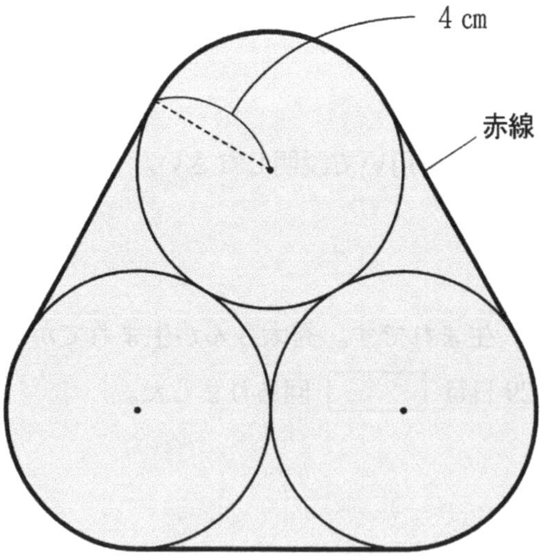

第６問　下の □ にあてはまる記号または数をそれぞれ答えなさい。

(1)　正方形を６つ組み合わせてつくった下の展開図をそれぞれ組み立てたとき，立方体にならないものは次の㋐～㋕の選択肢のうち □ です。

㋐

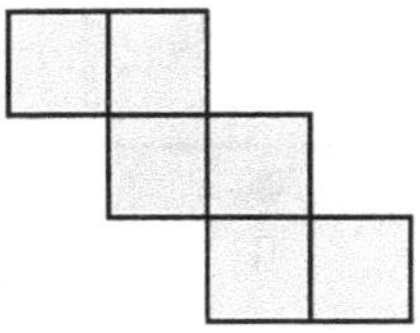

㋑

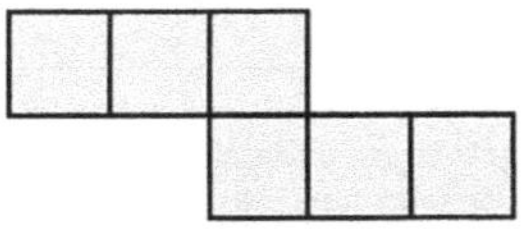

㋒

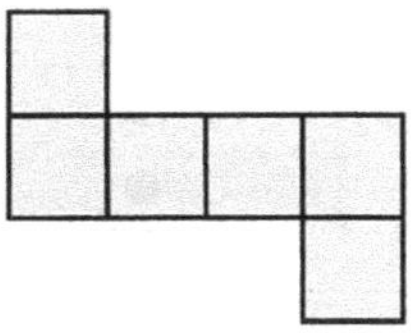

㋓

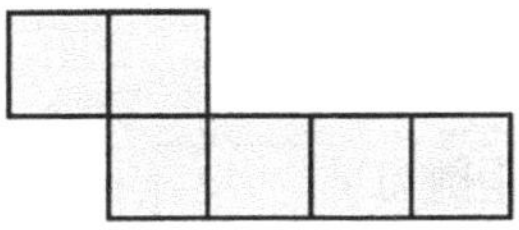

㋔

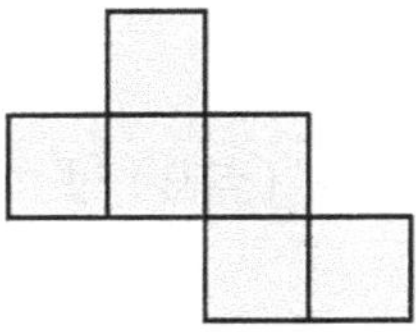

㋕

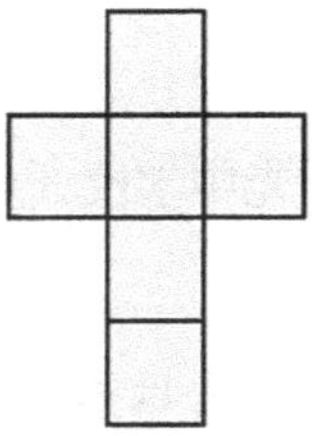

(2)　下の図は１辺の長さが１cmの正方形を６つ組み合わせてできた図形です。この図形を直線 ℓ のまわりに１回転させてできる立体の図形の体積は □ cm³です。ただし，円周率は 3.14 とします。

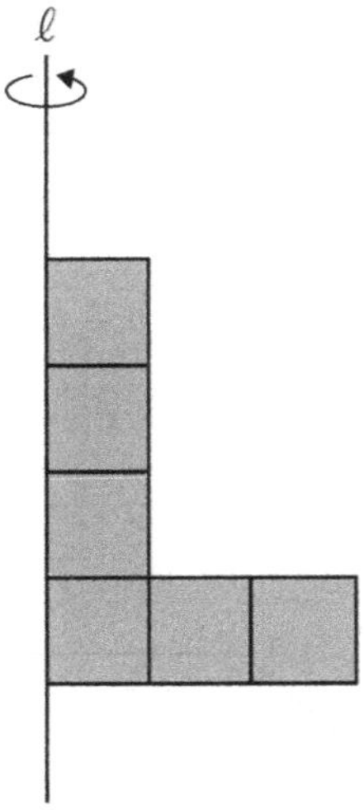

第７問　秀光中学校（点A）から野球場（点B）までの道のりは，$\frac{1}{5,000}$ の縮尺《しゅくしゃく》の地図では下の図の黄色の線で示したように 20 ㎝ありました。このとき，次の [　　] にあてはまる数をそれぞれ答えなさい。ただし，図は正確な長さではありません。また，速さはそれぞれ一定であるものとします。　　**※図中に色の表記を加えました。**

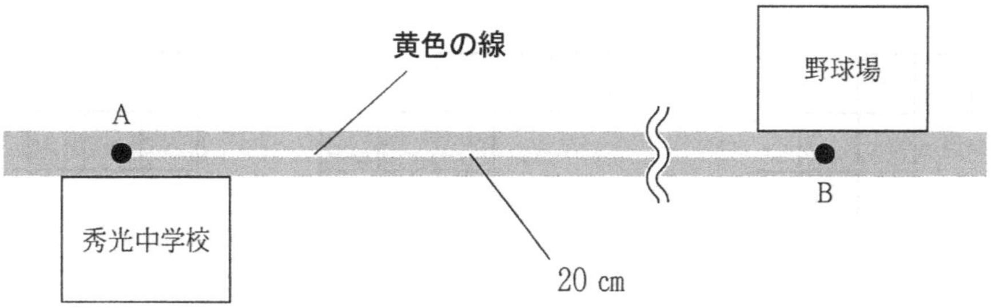

(1)　秀光中学校（点A）から野球場（点B）までの実際の距離《きょり》は [　　] mです。

(2)　Pさんは秀光中学校を出発し，分速 80 mの速さでQさんが待つ野球場へ向かいました。途中，秀光中学校から 500 m地点にあるコンビニエンスストアに 7 分間立ち寄りました。Pさんが野球場に到着するのは，秀光中学校を出発してから [①] 分 [②] 秒後です。

(3)　Pさんが秀光中学校を出発した 15 分後，待ちきれなくなったQさんが野球場を出発し，分速 100mの速さでPさんに向かって歩き始めました。下のグラフはそのときの様子を表したものです。PさんとQさんが出会うのは，Pさんが秀光中学校を出発してから [③] 分後です。また，出会う場所は秀光中学校から [④] m地点です。

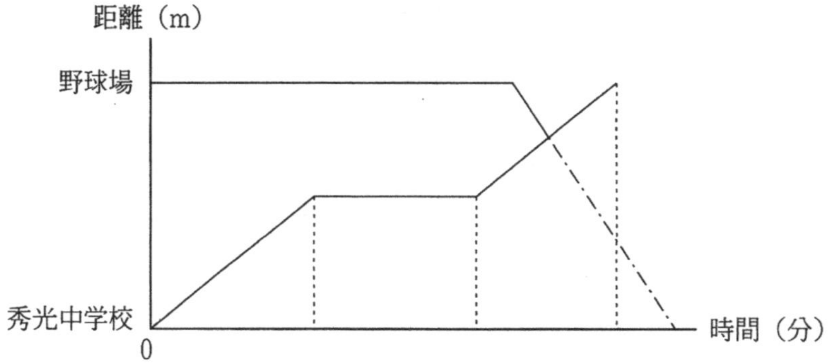

（答えはすべて解答用紙に記入しなさい）

学校法人　仙台育英学園　秀光中学校

2024年度　入学者選考試験問題（教科型）

社 会 ・ 理 科

（60分）

社会（第１問～第３問）
理科（第１問～第６問）

注意

- 試験開始の合図があるまで，問題用紙を開いてはいけません。
- この問題冊子は，社会10ページ・理科10ページ，合計20ページあります。
- 答えはすべて問題の指示にしたがって，解答用紙に記入しなさい。

社 会

第1問　ライオン小学校の5年1組では，社会科学習のまとめとして，地理について調べ学習を行った。次の5人がそれぞれに立てたテーマをもとに，各問いに答えなさい。

＜5人が立てたテーマ＞

Aさん：「世界地図」

Bさん：「日本の工業」

Cさん：「日本の発電」

Dさん：「東北の自然」

Eさん：「宮城の漁業」

問1　Aさんは，教科書の世界地図を手本に次の地図をかく中で，２つの疑問を持った。その２つの疑問について，各問いに答えなさい。

＜Aさんがかいた世界地図＞

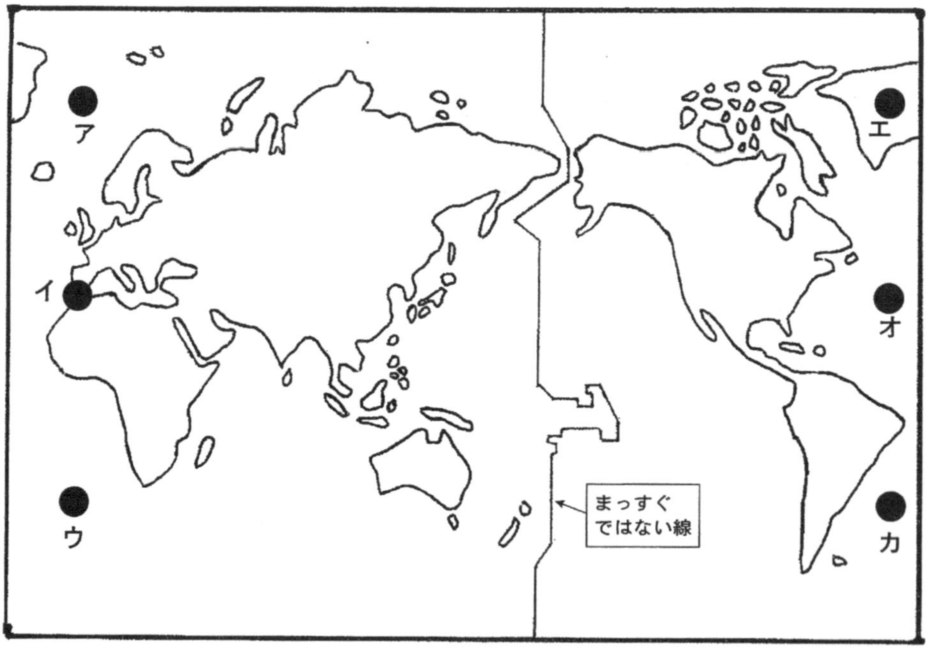

＜Aさんの疑問＞

■　地球が丸《まる》いということは，日本の反対側（裏側）があるはず。その反対側は地図上のどこなのか。

■　経線（たての線）はすべてまっすぐにひかれているのに，まっすぐではない線が１本ある。この線は何なのか。なぜ，まっすぐではないのか。

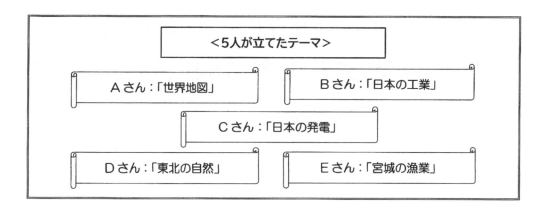

（1）Aさんは，地球儀の日本（首都：東京）の位置から，球の中心を通るように長い串《くし》をさしたら，その串が出てきたところが，日本の反対側になると考えた。その場所を地図中の**ア～カ**から一つ選び，記号で答えなさい。

（2）Aさんは，地図中のまっすぐではない線について調べ，その線が「日付変更線」であることを知った。この線の説明として**適当でないもの**を，次の**ア～エ**から一つ選び，記号で答えなさい。

ア　この線は180度の経線をもとにひかれている。
イ　日本からアメリカに航空機で移動する際，この線を通過したときは日付を１日進ませる。
ウ　この線を基準にした場合，日付が変わるのが世界で一番早い国はキリバス共和国である。
エ　この線がまっすぐではないのは，陸地や島を避《さ》けて海の上を通るようにひかれたからである。

問２　Bさんは，宮城県の工業生産割合のグラフをもとに，北海道，東京都，愛知県の工業生産の特色を調べることにした。Bさんが集めたⅠ～Ⅲの３つのグラフは，「北海道」「東京都」「愛知県」のいずれかにあてはまる。その組み合わせとして正しいものを，次の**ア～カ**から一つ選び，記号で答えなさい。

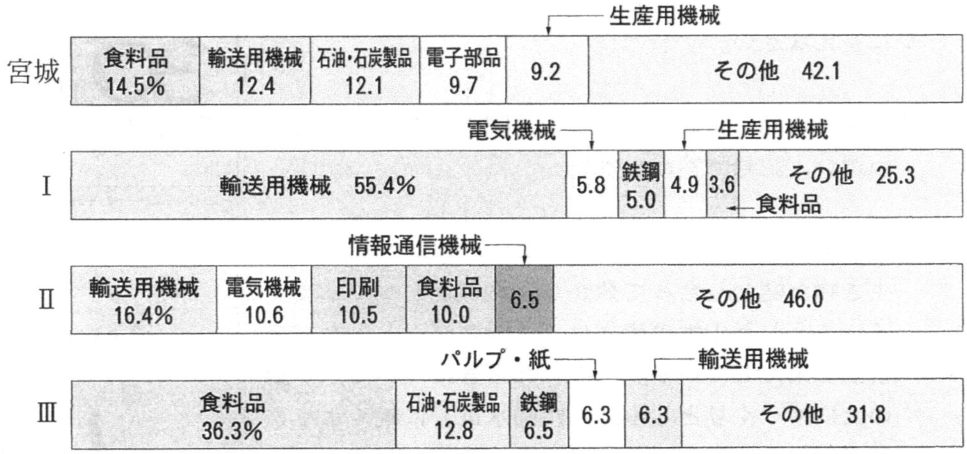

（『データでみる県勢 2023』より作成）

ア　Ⅰ：北海道　Ⅱ：東京都　Ⅲ：愛知県
イ　Ⅰ：北海道　Ⅱ：愛知県　Ⅲ：東京都
ウ　Ⅰ：東京都　Ⅱ；北海道　Ⅲ：愛知県
エ　Ⅰ：東京都　Ⅱ：愛知県　Ⅲ：北海道
オ　Ⅰ：愛知県　Ⅱ：北海道　Ⅲ：東京都
カ　Ⅰ：愛知県　Ⅱ：東京都　Ⅲ：北海道

（答えはすべて解答用紙に記入しなさい）

問３　Ｃさんは，日本の火力発電所の分布を調べ，右のように地図にまとめた。その結果，調べた発電所のすべてが海沿いに建設されていることに気づいた。火力発電所が海沿いに建設されている理由として**適当でないもの**を，次の**ア～エ**から一つ選び，記号で答えなさい。

（『データでみる県勢 2023』より作成）

ア　燃料となる石油や石炭などは船で輸入されるため，海沿いだと便利だから。
イ　石油や石炭などを燃やしたあとのごみを，すぐに海で処理することができるから。
ウ　排煙や騒音などの問題から，住宅地とは離れたところに建てる必要があるから。
エ　熱くなった発電装置を冷やすために大量の水が必要になるから。

問４　Ｄさんは，「東北の自然」についてインターネットで調べる中で，日本で初めて世界自然遺産に登録された「白神山地」の登録30周年を祝って作成された，右のロゴマークを見つけた。白神山地について，各問いに答えなさい。

<ロゴマーク>

（１）白神山地の位置を，右下の地図中の**ア～オ**から一つ選び，記号で答えなさい。

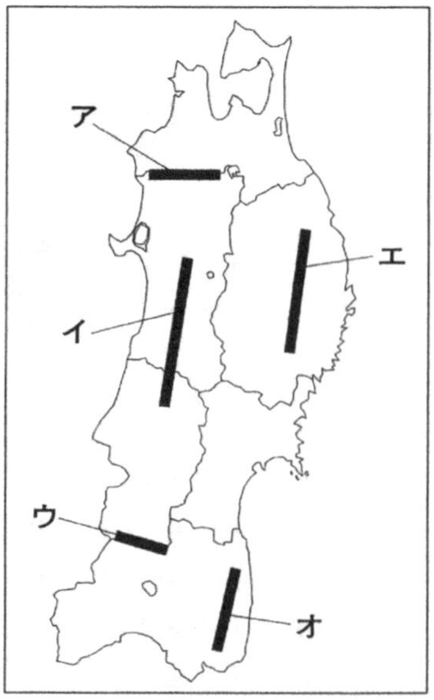

（２）白神山地は，ブナの天然林を中心に，さまざまな生き物が関わり合って豊かな自然環境をつくっている。こうした山地の森林は，「緑のダム」としての役割を果たしている。そのはたらきについて，「**森の土にゆっくりとしみ込んだ雨水は**」に続くように**40字以内**で説明しなさい。

問5　Ｅさんは，「宮城の漁業」について調べ，次のようにまとめた。そのまとめを読んで，各問いに答えなさい。

宮城県には「気仙沼」「石巻」「塩釜」など全国的にも有名な漁港があります。それは，宮城県沖に寒流の親潮（千島海流）と暖流の黒潮（日本海流）がぶつかる潮境があり，豊かな漁場になっているからです。また，岩手県南部から宮城県北部の海岸線は，複雑に入り組んだ①リアス海岸になっています。そこにできる湾は漁港に適しており，②養しょくも盛んに行われています。

（１）下線部①について，次の写真はリアス海岸がつくる湾の様子である。写真の地形や海面の様子をもとに説明した，次の文の（　**ア**　）（　**イ**　）にあてはまる語句をそれぞれ書きなさい。ただし，（　**ア**　）には地形名が入るものとする。

＜狐崎《きつねざき》漁港（石巻市）＞
（「宮城県公式ウェブサイト」より）

○　湾のまわりが（　**ア**　）になっているため，風の影響を受けにくく，波が穏《おだ》やかである。
○　湾の奥は砂浜で平地になっているので，人が居住しやすい。
○　湾の間《ま》口《ぐち》（漁場への出入り口）が広く，浜辺から少し離れると，海が（　**イ**　）なっているので，漁港に適しており，養しょくも行われている。

（２）下線部②について，次の表は養しょく業の魚種別収穫量を示したもので，Ⅰ～Ⅲは「かき」「のり」「わかめ」のいずれかにあてはまる。その組み合わせとして正しいものを，次の**ア**～**カ**から一つ選び，記号で答えなさい。

海産物名	1位	2位	3位	4位	5位
Ⅰ	広島	宮城	岡山	兵庫	岩手
Ⅱ	宮城	岩手	徳島	兵庫	長崎
Ⅲ	佐賀	兵庫	福岡	熊本	宮城

（『データでみる県勢 2023』より作成）

ア　Ⅰ：かき　Ⅱ：わかめ　Ⅲ：のり
イ　Ⅰ：かき　Ⅱ：のり　Ⅲ：わかめ
ウ　Ⅰ：わかめ　Ⅱ：かき　Ⅲ：のり
エ　Ⅰ：わかめ　Ⅱ：のり　Ⅲ：かき
オ　Ⅰ：のり　Ⅱ：かき　Ⅲ：わかめ
カ　Ⅰ：のり　Ⅱ：わかめ　Ⅲ：かき

（答えはすべて解答用紙に記入しなさい）

第2問　次の会話は，「歴史を学ぶことの意味」についてライオン小学校の児童たちが話し合った内容である。これを読み，各問いに答えなさい。

Ａさん：歴史って覚えることが多くて，勉強が大変だよね。
Ｂさん：多くの人は①100年前には生まれていないし，一体何の意味があるのかな。
Ｃさん：昔があって今があるから，知ることは大切だと思うよ。特に過去の災害や②戦争のことは伝えていかないと忘れられてしまうと思う。
Ｂさん：う～ん，でも人物やできごとが多すぎてとても覚えきれないよ。
Ａさん：そうだよね。でも旅行で金閣を見てきたあとに，先生が③室町時代について色々と話してくれたときは楽しかったな。いい勉強法はないかな。
Ｃさん：私は一つひとつの出来事の意味やつながりを意識して勉強するようにしているよ。例えば，江戸時代には大名が行列を組んで領地と江戸との間を行き来する（　**X**　）の制度を勉強したよね。長い行列に驚かされるけど，大名を従わせる幕府の力が示されていることに注目したいよね。
Ａさん：意味やつながりについて自分で考えることがとても大切なんだね。これまで一つひとつをとにかく覚えようとしていたよ。でも，④見方はさまざまだから，大切だと考えるポイントって人それぞれで違う気がするけど…。
Ｃさん：そうだね。たしかに，一人ひとりにそれぞれの過去との向き合い方があるよね。でも，多くの人にとって正しいと思えるような歴史の考え方ができたら一番だと思うな。ウクライナ紛争についても，先生が⑤対話の大切さを話していたよね。難しい話だったけど，多様な見方や考え方がある以上，人も国もしっかり意見交換をして互いに理解を深め合い，みんなで力を合わせることが大切だと伝えたかったんじゃないかな。
Ｂさん：なるほど，昔のことは今とつながっていて，歴史は今を考えるうえでとても大切なんだね。がんばって覚えて，よりよい世界の実現に生かしたいな。
Ａさん：そうだね。昔の人の失敗を確認して，責任をもって伝えていこう。

問１　下線部①に関連して，100年前の1924年は，1919年にヨーロッパで第一次世界大戦が終わり，1939年に第二次世界大戦が始まるまでの期間に位置する。この期間に起こった出来事とその影響の組み合わせとして適当なものを，次の**ア～エ**から一つ選び，記号で答えなさい。

記号	1919年～1939年の出来事	その影響
ア	日本が真珠湾を攻撃した	アメリカなどとの戦争が始まった
イ	日本が韓国を併合した	朝鮮の学校で日本語教育が行われた
ウ	日本が国際連盟を脱退した	日本の関税自主権が回復された
エ	日本軍が満州を占領した	中国との日中戦争へと発展した

問 2　下線部②に関して，次の**資料 I** は1904年に発表された与謝野晶子《よさのあきこ》の詩「君死にたまふことなかれ」の一節，**資料 II** は日露戦争の戦費（戦争にかかったお金）と戦死者数を日清戦争と比べたグラフである。これらの説明として**適当でないものを**，次の**ア～エ**から一つ選び，記号で答えなさい。

資料 I

あゝ《あ》弟よ　君を泣く
君死にたまふ《う》ことなかれ
末に生れし君なれば
親のなさけは勝《まさ》りしも
親は刃《やいば》をにぎらせて
人を殺せと教へ《え》しや
人を殺して死ねよとて
二十四までを育てしや

（一部表記を改めた）

資料 II

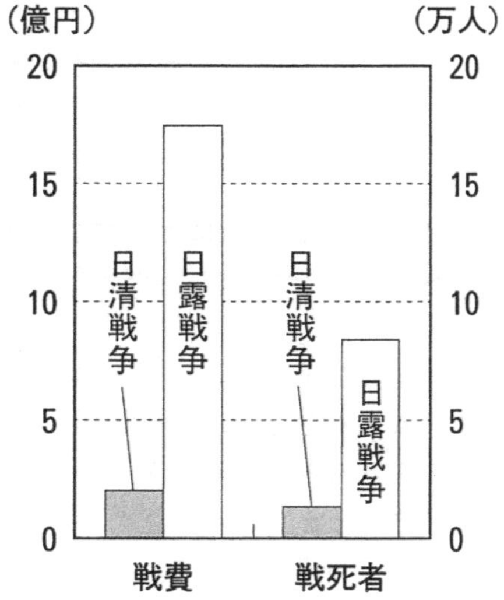

（『日本史総覧』などをもとに作成）

ア　与謝野晶子は，日露戦争で戦う弟を心配していたことがわかる。
イ　与謝野晶子は，この詩を通して日露戦争に反対する気持ちを表した。
ウ　日露戦争の戦費，戦死者数は，ともに日清戦争の10倍をこえていた。
エ　日露戦争は戦費，戦死者数の多さから日本にとって苦しい戦いであった。

問 3　下線部③に関連して，室町時代の文化の説明として適当なものを，**ア～エ**から一つ選び，記号で答えなさい。

ア　龍安寺《りょうあんじ》に代表される枯山水《かれさんすい》の石庭《せきてい》が，京都を中心に造られた。
イ　中尊寺《ちゅうそんじ》の金色堂《こんじきどう》に代表される阿弥陀堂《あみだどう》が，地方に建てられた。
ウ　狂言は，観阿弥《かんあみ》・世阿弥《ぜあみ》によって大成された。
エ　浮世絵は，版画として大量に刷《す》られ多くの人々に親しまれた。

問 4　（　X　）にあてはまる制度の名前を**漢字 4 文字**で答えなさい。

（答えはすべて解答用紙に記入しなさい）

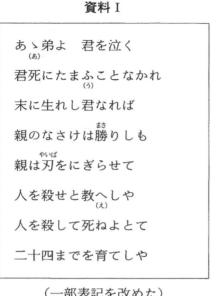

問５　下線部④について，３人の児童たちは明治時代の重要な出来事についてそれぞれ考え，次の表のような発表を行った。以下の各問いに答えなさい。

Ａさん	「廃藩置県が重要だったと思うな。藩に代わって県を置き，政府が役人を任命して，政治の方針が日本中に広まるようになったからね。」
Ｂさん	「大日本帝国憲法の発布が重要だったと思うよ。25歳以上のすべての男女が選挙権をもつとされて，選挙のあと国会が開かれたからね。」
Ｃさん	「地租改正が重要だったと思う。お米で納められていた税がお金で納められることになり，国の収入が安定していったからね。」

（１）３人の発表内容について，その正誤の組み合わせとして適当なものを，次の**ア～オ**から一つ選び，記号で答えなさい。

ア　全員が正しい。
イ　ＡさんとＢさんが正しい。
ウ　ＡさんとＣさんが正しい。
エ　ＢさんとＣさんが正しい。
オ　全員が誤っている。

（２）多様な歴史の見方を知るための調べ学習の進め方として**適当でないもの**を，次の**ア～エ**から一つ選び，記号で答えなさい。

ア　歴史の内容は新しい発見によって絶えず変化していくので，新聞などで新たな歴史的発見がなかったか確認することが大切だ。
イ　フォロワー数の多いSNSアカウントが発信する情報は信頼できるので，特に「いいね」数の多い内容は参考にすることが大切だ。
ウ　時間が経《た》つにつれて過去のことを直接知る人は減ってしまうので，現地に足を運んで多くの人から話を聞くことが大切だ。
エ　昔の記録はだれかが何かしらの目的をもって残したものなので，だれがどのような立場でなぜ記録を残したか考えることが大切だ。

問６　下線部⑤に関連して，国家間での「対話」において重要とされることとして**適当でないもの**を，次の**ア～エ**から一つ選び，記号で答えなさい。

ア　国の状況は常に変わるため，相手国の立場や状況の変化に注意すべきだ。
イ　相手国を思いやり，お互いに利益をもたらす公平な意見をもつべきだ。
ウ　まとまりにくい多国間での対話はせず，二国間での対話を優先すべきだ。
エ　協力できる分野では積極的に手を取り合い，信頼関係を築くべきだ。

第3問　次の資料は令和5年4月に施行された「こども基本法」の条文の一部である。これを読み，各問いに答えなさい。

> 第一条　この法律は，①日本国憲法及び②児童の権利に関する条約の精神にのっとり，次代の社会を担う全てのこどもが，生涯にわたる人格形成の基礎を築き，自立した個人としてひとしく健やかに成長することができ，③心身の状況，置かれている環境等にかかわらず，その権利の擁護《ようご》が図られ，将来にわたって幸福な生活を送ることができる社会の実現を目指して，（略）④こども施策《しさく》を総合的に推進することを目的とする。

問1　「こども基本法」と同じ時期に内閣府に設置された組織として適当なものを，次の**ア**～**エ**から一つ選び，記号で答えなさい。

ア　こども家庭庁　　**イ**　こども庁
ウ　こども子育て庁　　**エ**　こども教育庁

問2　各法律は国会で制定されるが，国会のその他の役割として適当な組み合わせを，次の**ア**～**エ**から一つ選び，記号で答えなさい。

ア	国務大臣の任命	弾劾《だんがい》裁判所の設置	国勢調査
イ	予算の議決	弾劾裁判所の設置	条約締結の承認
ウ	国務大臣の任命	国勢調査	最高裁判所長官の指名
エ	予算の議決	条約締結の承認	最高裁判所長官の指名

問3　下線部①に関して，次の各問いに答えなさい。

（1）日本国憲法に関する文として**適当でないもの**を，次の**ア**～**エ**から一つ選び，記号で答えなさい。

ア　日本国憲法の三大原則は「国民主権」「基本的人権の尊重」「平和主義」である。
イ　日本国憲法で「基本的人権の尊重」が定められているが，「公共の福祉」によって「自由権」などが制限される場合がある。
ウ　時代の変化に伴い，新しい人権として「環境権」や「知る権利」，「プライバシーの権利」などが日本国憲法に新たに追加された。
エ　日本国憲法を改正するには，衆議院と参議院の総議員の3分の2以上の賛成と，国民投票で有効投票数の過半数の賛成が必要である。

（答えはすべて解答用紙に記入しなさい）

（2）日本国憲法では「内閣は，行政権の行使について，国会に対し連帯して責任を負ふ（う）」とされている。このことをめぐる記述として**適当でないもの**を，次の**ア～エ**から一つ選び，記号で答えなさい。

ア　内閣総理大臣は，国会議員の中から国会の議決で指名される。
イ　国務大臣の過半数は，国会議員の中から選ばれなければならない。
ウ　参議院で内閣不信任の決議案を可決したとき，10日以内に参議院が解散されない限り，内閣は総辞職をしなければならない。
エ　衆議院解散による衆議院議員の総選挙の日から30日以内に召集され，内閣総理大臣を指名する国会の種類は，特別会（特別国会）である。

問4　下線部②に関して，児童の権利に関する条約の実施にあたって専門的な助言を提供したり，実施状況の検討に参加したりする役割が与えられている唯一の機関について，その名称をⒶ～Ⓓから，その役割をⅠ～Ⅳからそれぞれ選び，その組み合わせとして適当なものを，**ア～ク**から一つ選び，記号で答えなさい。

【機関の名称】
Ⓐ　UNESCO　　Ⓑ　UNHCR　　Ⓒ　WHO　　Ⓓ　UNICEF

【機関の役割】
Ⅰ　世界の人々が健康な生活を送ることができるように，感染症のぼくめつや，公衆衛生の向上，医療・医薬品の普及などに努めている。
Ⅱ　難民に対して衣食住の支援を行い，各国に対しては，他国から逃れてきた難民の強制送還をせず，修業・教育・居住などの諸権利を守るよう働きかけている。
Ⅲ　おもに発展途上国や紛争地域の飢えで苦しむ子どもに食料や医薬品などを提供している。
Ⅳ　世界の人々が理解し合い，平和な社会を築いていくことを，教育・科学・文化を通して各国にうながし，戦争を防止する心を育てることを目的としている。

記号	名称	役割
ア	Ⓐ	Ⅰ
イ	Ⓐ	Ⅲ
ウ	Ⓑ	Ⅱ
エ	Ⓑ	Ⅳ
オ	Ⓒ	Ⅰ
カ	Ⓒ	Ⅱ
キ	Ⓓ	Ⅲ
ク	Ⓓ	Ⅳ

問5　下線部③に関して，次のイラストは蛇口《じゃぐち》付近に手を近づけるとセンサーが反応して自動的に水が出る仕組みをえがいている。このことで，手の不自由な人や力の弱い子ども・高齢者も無理なく水を出せるとともに，衛生的に使用できる工夫がなされている。このような障がいの有無にかかわらずだれもが使いやすいデザインのことを何というか，**カタカナ10文字**で答えなさい。

問6　下線部④に関して，日本の政治は国民主権の考え方にもとづき進められている。日本の政治に関する記述として**適当でないものを**，次の**ア～エ**から一つ選び，記号で答えなさい。

ア　国は，国民の願いを実現し国民生活の安定と向上を図るために国の法律に基づいて政治を行う。
イ　人々の意見が対立した場合，多数派の意見が尊重される。ただし，結論を出す前に，少数派の意見にも十分耳を傾ける必要がある。
ウ　国民が政治に関わる方法として選挙における投票のほか，国民投票や住民投票，署名活動，市民討議会への参加など様々な方法がある。
エ　国民は自分の意見を政治に反映させるために選挙で国会議員や公務員を選び，その選挙で選ばれた代表者によって政治が行われる。

（答えはすべて解答用紙に記入しなさい）

学校法人 仙台育英学園 秀光中学校

二〇二四年度 入学者選考試験（教科型） 解答用紙 国語

第一問

問一 ① ② ③ く

問二 ① ② ③ く

問三 ① ②

問四 ① める ② める

第二問

問一

問二 a b

問三 Ⅰ Ⅱ

受験番号

※100点満点
（配点非公表）

受験番号

(5)		
(6)		
(7)		
(8)		
9)	①	
	②	

第3問

(1) 完答	①	回以上
	②	回未満
(2) 完答	③	回以上
	④	回未満
(3)		

第４問

(1)	
(2)	下の解答欄《かいとうらん》に記入
(3)	
(4)	

第５問

(1)	
(2)	

第４問 (2) 解答欄《かいとうらん》

光中学校

解答用紙　社会

※50点満点
（配点非公表）

受　験　番　号

	問4	（1）

第2問

問1		問2		問3	

問4					問5	

第3問

問1		問2		問3	(1)

問5					

問6	

【解答

光中学校

解答用紙　理科

※50点満点
（配点非公表）

受　験　番　号

問 4

4	問 5	問 6
%	%	

	問 2	問 3

学校法人　仙台育英学

2024年度　入学者選考試験（教科型

第１問

問１	問２	問３

第２問

問１	問２	問

第３問

問１	問２	問３	
	g		

第４問

問１	問２	問３

第５問

第６問

問１		問２	問３		
(1)	(2)		(1)	(2)	

	（2）	問 6	

（2）	問 4	

学校法人　仙台育英学

2024年度　入学者選考試験（教科型

第１問

問１	（1）	（2）	問２	

問４	
	森の土にゆっくりとしみ込んだ雨

問５	（1）－ア	（1）－イ	（2）

第6問

(1)	
(2)	

第7問

(1)		
(2) 完答	①	分
	②	秒後
(3)	③	分後
	④	

学校法人　仙台育英学園　秀光中学校

2024年度　入学者選考試験（教科型）　**解答用紙　算数**　※10
（配点

第1問

(1)	
(2)	
(3)	
(4)	
(5)	

第2問

(1)		
(2)		
(3)		
(4) 完答	①	
	②	

問五

問六

問七

問八

第三問

問一

問二

A

B

C

問三

問四

問五

(1)

(2)

問六

第四問

問一

問二

問三

問四

問五

能力

2024(R6) 秀光中　教科型
K 教英出版

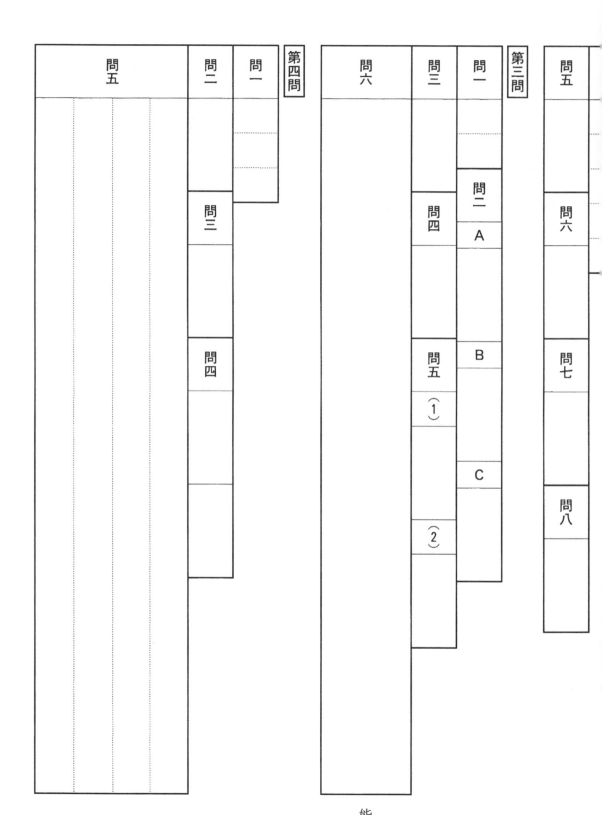

次のページより理科の問題です。

理科問題へ進む

理科

第1問　下の図は，冬のある日の南の空に見えた星や星座を表したものです。次の問いに答えなさい。

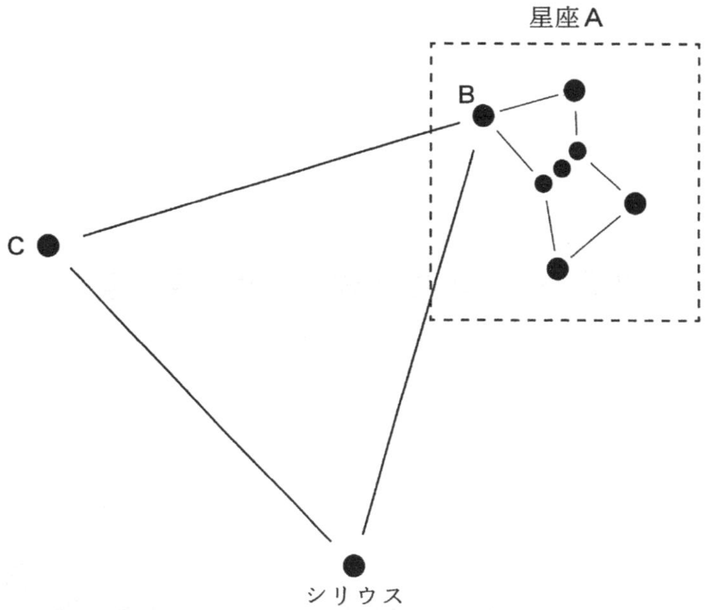

問1　星座Aの名前を答えなさい。

問2　星座Aは，この後どのように動きますか。次の**ア**～**エ**から一つ選び，記号で答えなさい。

ア　東へ動く　　**イ**　西へ動く　　**ウ**　北へ動く　　**エ**　動かない

問3　シリウスは，星座を形づくる星の中で一番明るい星です。シリウス，星B，星Cを結んでできる三角形を何というか答えなさい。

問4　星にはさまざまな色がありますが，星の色は何によって決まりますか。次の**ア**～**ウ**から最もふさわしいものを一つ選び，記号で答えなさい。

ア　星の大きさ　　**イ**　地球から星までの距離　　**ウ**　星の表面の温度

第２問　次の問いに答えなさい。

問１　崖《がけ》を観察をすると，下の写真のようなしま模様が見られることがあります。しま模様が見られるのは，色，形，大きさなどがちがう粒《つぶ》でできた物が層になって積み重なっているからです。このように，いろいろな粒が層になって重なった物を何というか答えなさい。

問２　しま模様をくわしく観察すると，大昔の生き物のからだや生き物がいた穴《あな》などが残った物が見つかることがありますが，これを何というか答えなさい。

問３　運ばれてきた土砂が水中で押《お》し固められてできた岩石の中で，２mm以上の大きさの粒が主に含まれている岩石を何というか。次の**ア**～**エ**から一つ選び，記号で答えなさい。

ア　砂岩　　**イ**　でい岩　　**ウ**　溶岩　　**エ**　れき岩

（答えはすべて解答用紙に記入しなさい）

第３問　下の表は100ｇの水に対して，硝酸《しょうさん》カリウム，塩化ナトリウムがそれぞれ最大で何ｇまで溶《と》けるかを示しています。水の温度が同じとき，水の量が２倍になると溶ける量も２倍になります。これをもとに次の問いに答えなさい。

水の温度 [℃]	硝酸カリウム [ｇ]	塩化ナトリウム [ｇ]
0	13.3	37.6
10	22.0	37.7
20	31.6	37.8
40	63.9	38.3
60	109.2	39.0
80	168.8	40.0
100	244.8	41.1

問１　20℃の水200ｇに60ｇの硝酸カリウムを加え，よくかき混ぜました。このとき，硝酸カリウムは水にどのくらい溶けましたか。次の**ア**～**ウ**から一つ選び，記号で答えなさい。

ア　すべて溶けた　　**イ**　一部溶けた　　**ウ**　全く溶けなかった

問２　40℃の水100ｇに90ｇの硝酸カリウムを加え，よくかき混ぜました。この硝酸カリウムは何ｇ溶けないで残りますか。

問３　80℃の水100ｇに，硝酸カリウムと塩化ナトリウムをそれぞれ溶けるだけ溶かした水溶液を作りました。これらの水溶液を20℃まで冷やしたとき，より多くの粒が出てくるのは硝酸カリウムと塩化ナトリウムのどちらですか。

問４　80℃の水100ｇに40ｇの塩化ナトリウムを加え，よくかき混ぜました。この塩化ナトリウム水溶液の濃度は何％になりますか。小数第一位を四捨五入し，整数で答えなさい。

問５　80℃の水100ｇに100ｇの硝酸カリウムを加え，よくかき混ぜました。この水溶液を10℃まで冷やし，よくかき混ぜたとき，この硝酸カリウムの水溶液の濃度は何％になりますか。小数第一位を四捨五入し，整数で答えなさい。ただし，溶け残ってしまった硝酸カリウムは水溶液の濃度には関係しないものとします。

問６　溶け残った硝酸カリウムや塩化ナトリウムを取り出す方法の一つにろ過があります。下の図のろ過の方法には間違いがあります。間違いを正しく直した文章として適切なものを，次の**ア**～**エ**の中から一つ選び，記号で答えなさい。

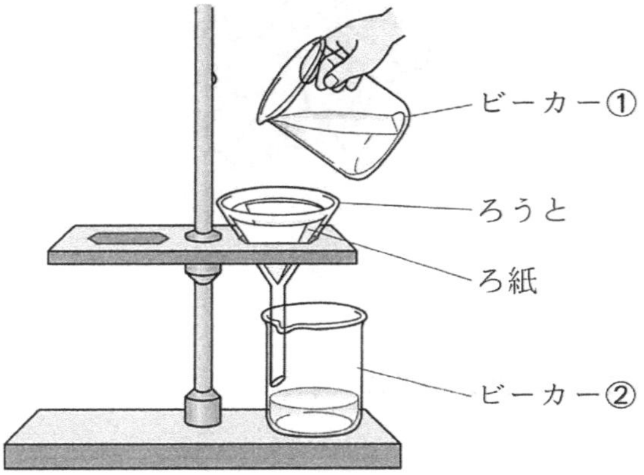

ア　勢いよく水溶液が飛び出ることを防ぐために，ビーカー①の代わりに試験管を用いる必要がある。

イ　水溶液をろうとに注ぐときは，ゆっくり注ぐ必要があるため，ガラス棒《ぼう》を伝わせながら注ぐ必要がある。

ウ　ろ紙は目が細かすぎることで水を通さないため，代わりにティッシュペーパーを用いる必要がある。

エ　ろ過後の水溶液を溜《た》めるビーカー②は容量が大きい方がよいため，代わりに大きな水そうを用いる必要がある。

（答えはすべて解答用紙に記入しなさい）

第 4 問　下の図はヒトの臓器の位置を示しています。次の問いに答えなさい。

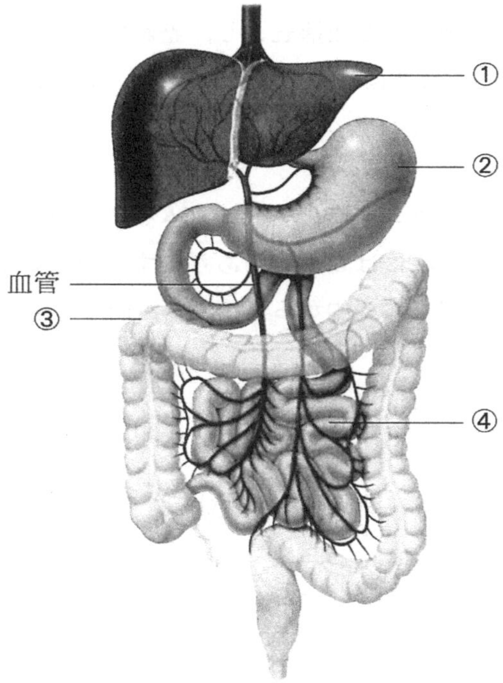

問 1　上の図の①の臓器の名前を答えなさい。

問 2　下の写真は上の図の臓器の内側のひだのようすを示したものです。関係のある臓器を上の図の①～④の中から一つ選び，記号で答えなさい。

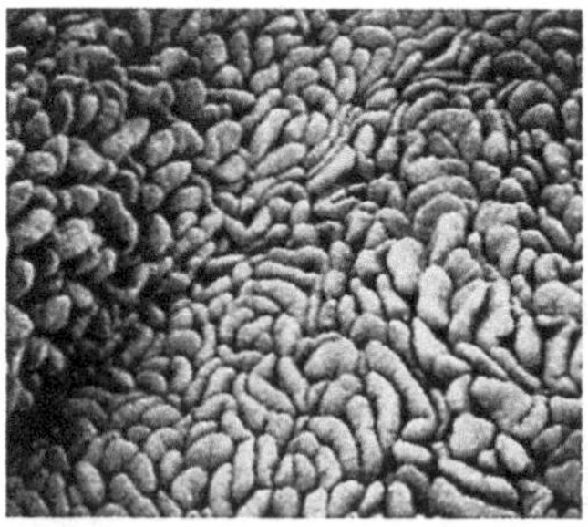

問 3　消化と吸収の説明として正しいものを次の**ア～エ**から一つ選び，記号で答えなさい。

ア　人では，食べたものは口から気管，胃，小腸へと運ばれながら消化される。
イ　食べ物は，だ液，胃液といった消化液によって消化される。
ウ　消化された食べ物の養分は，水とともに，主に大腸で吸収される。
エ　吸収された養分は，腸液《ちょうえき》に取り入れられ，全身に運ばれる。

第5問　下の図はヘチマのめばなとおばなの花のつくりを示しています。次の問いに答えなさい。

ヘチマのめばな　　　　**ヘチマのおばな**

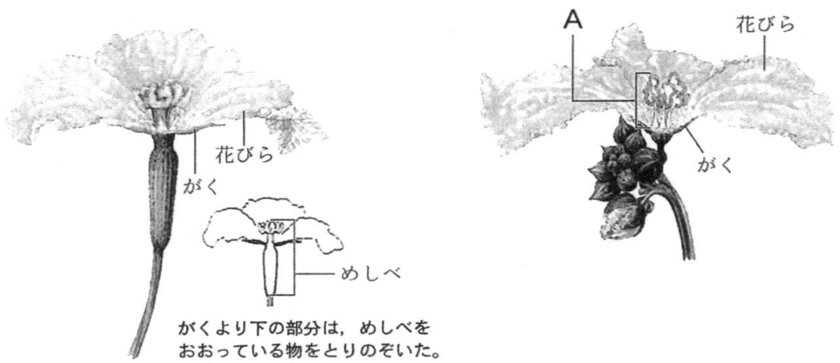

問1　上の図の**A**の部分の名前を答えなさい。

問2　**A**の部分の先にセロハンテープをつけて粉《こな》のようなものを取り，けんび鏡で観察すると下の写真のようなものが見えました。ヘチマの花のうち，おばなの**A**の部分には，この粉がたくさんついていましたが，めばなにはついているものとついていないものがありました。この結果から考えられる，この粉の特徴として正しいものを次の**ア**～**エ**の中から一つ選び，記号で答えなさい。

ア　写真の粉は，めばなでつくられ，おばなに運ばれる。
イ　写真の粉は，おばなでもめばなでもつくられる。
ウ　写真の粉は，めばなでもおばなでもつくられない。
エ　写真の粉は，おばなでつくられ，めばなに運ばれる。

問3　下の写真はヘチマの花に来たトラマルハナバチのようすを示したものです。このように，ヘチマの花にこん虫が来て，花の間を飛び回ることがあります。写真を参考に，植物の受粉《じゅふん》の仕組みについて「めしべ」「こん虫」という言葉を用いて説明しなさい。

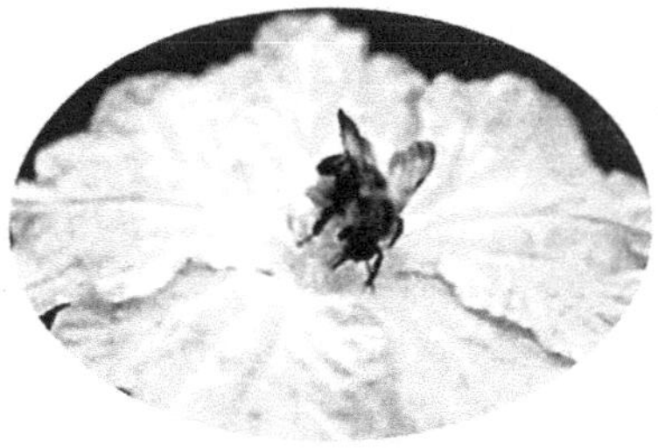

（答えはすべて解答用紙に記入しなさい）

第６問　まさつや空気抵抗の影響《えいきょう》はないものとして，次の問いに答えなさい。

問１　右の【**図１**】のように，天井の点Oから長さ50cmの細い丈夫《じょうぶ》なひもに，100ｇの鉄球を下げて「ふりこ」をつくりました。

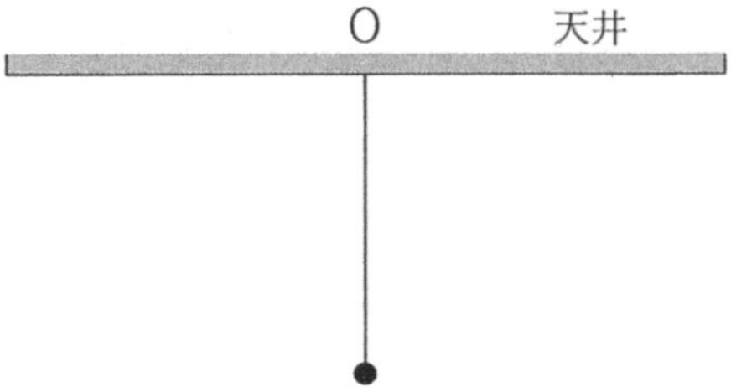

【**図１**】

（１）【**図２**】のように，ひもが天井と30°の角度になるまで鉄球を持ち上げて地点Ｐから静かに放すと，鉄球はどこまで動きますか。【**図３**】の**ア**～**オ**から一つ選び，記号で答えなさい。

（２）鉄球の速さが最も速いのは，鉄球がどこにあるときですか。【**図３**】の**ア**～**オ**から一つ選び，記号で答えなさい。

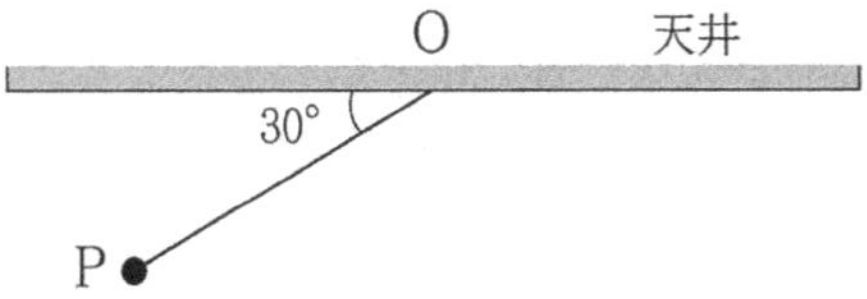

【**図２**】

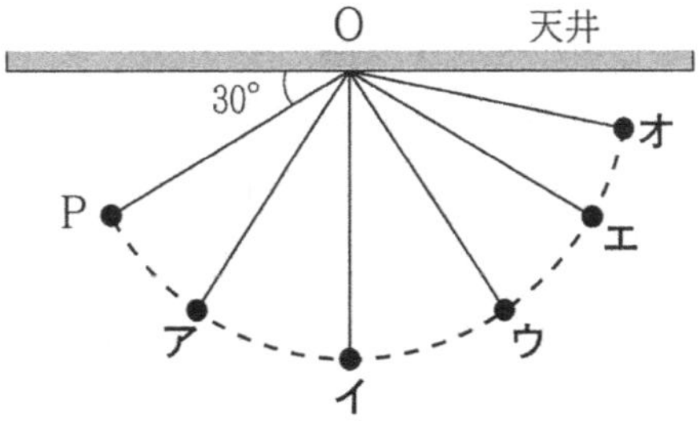

【**図３**】

問２　下の図のような形をした斜面上を，鉄球を地点Ｑから転がしました。鉄球はどこまで転がりますか。図の中の**Ａ**～**Ｆ**から一つ選び，記号で答えなさい。ただし，鉄球は斜面をなめらかに転がるとして考えなさい。

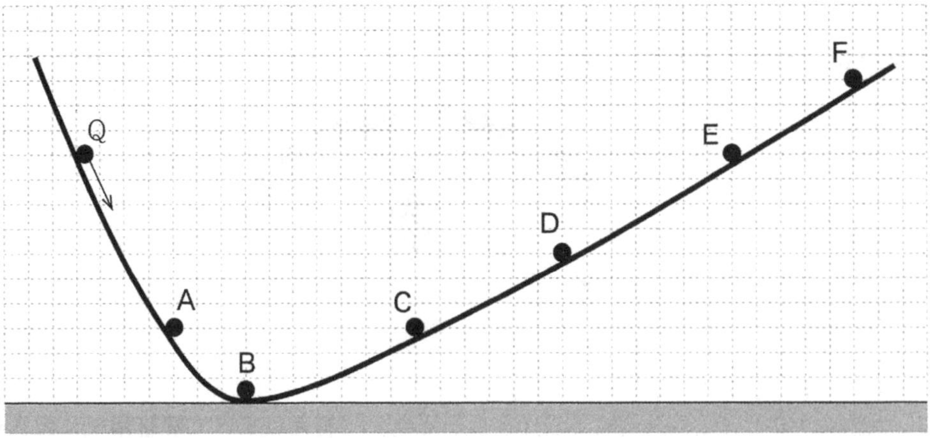

問 3　鉄球X，A，B，Cは，同じ材質・大きさの鉄球で，水平に置いた直線レールの上にあります。

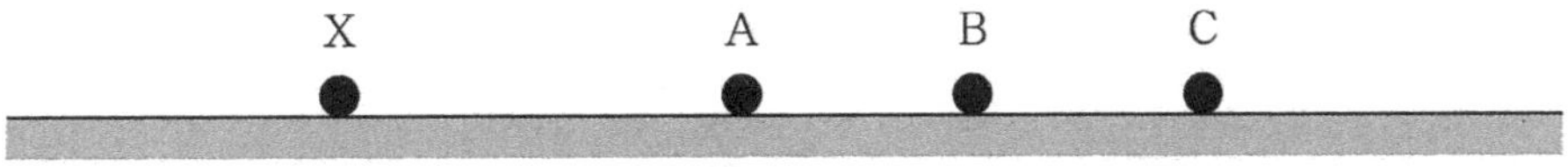

下の図のように，鉄球Xを鉄球Aに向かって，左から右の方向へ毎秒30cmの速さで転がして衝突《しょうとつ》させたところ，鉄球Xは鉄球Aがあったところに残り，鉄球Aは右の方向に毎秒30cmの速さで転がっていきました。

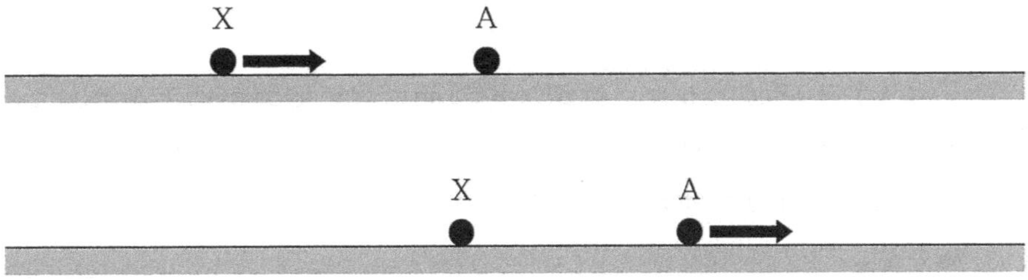

どの鉄球も，実験のときの衝撃《しょうげき》で割れたり変形したりすることはないものとします。

（1）下の図は，直線レールを曲げて斜面《しゃめん》をつくり，鉄球Xと鉄球Aを置いた図です。

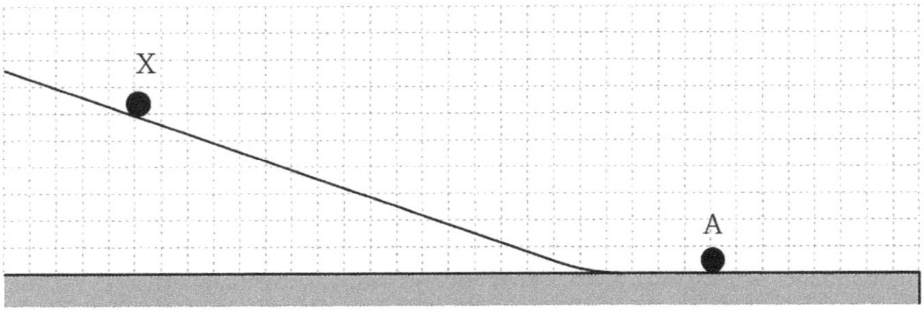

斜面に置いた鉄球Xから静かに手を離すと，鉄球Xは斜面を下っていき，毎秒30cmの速さで鉄球Aに衝突しました。衝突後，鉄球Xと鉄球Aはどのようになりますか。次の**ア**～**エ**から最も近いものを一つ選び，記号で答えなさい。

ア　鉄球Xと鉄球Aは，いっしょに右の方向に転がっていく。

イ　鉄球Aがあった衝突したところに鉄球Xが残り，鉄球Aだけが右の方向に転がっていく。

ウ　鉄球Xと鉄球Aは鉄球Aがあるところに2個とも残る。

エ　鉄球Xは左の方向へ，鉄球Aは右の方向へ転がっていく。

（答えはすべて解答用紙に記入しなさい）

（２）下の図のように，斜面を急な角度に変えて，鉄球A，B，Cの３個をレール上に密着させて並べました。

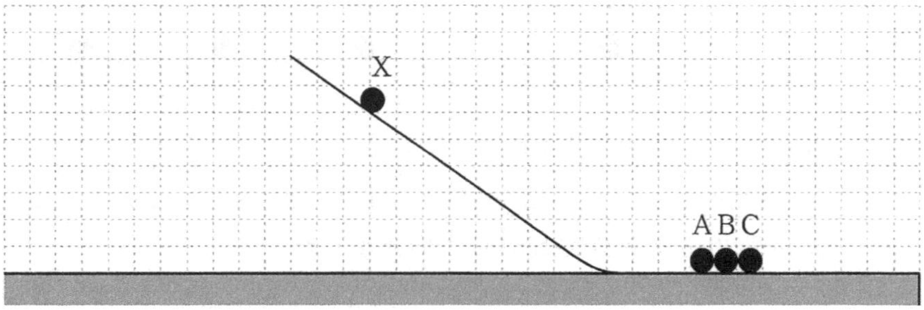

（１）と同じように，鉄球Xを斜面に置いて静かに手を離したところ，鉄球Xは斜面を下って鉄球Aに衝突しました。衝突後，鉄球Xと鉄球A，B，Cはどのようになりますか。次の**ア**～**オ**から最も近いものを一つ選び，記号で答えなさい。

ア　X，A，B，Cは，いっしょに右の方向に転がっていく。
イ　XがAに衝突したところで止まり，A，B，Cが右の方向に転がっていく。
ウ　XがAに衝突したところで止まり，B，Cが右の方向に転がっていく。
エ　XがAに衝突したところで止まり，Cだけが右の方向に転がっていく。
オ　A，B，Cは動かず，Xだけが左の方向に転がっていく。

問４　下の【図４】【図５】は，Ｏを回転の中心として，細いひもに結びつけた鉄球を矢印の方向に回転させているところを示した図です。ひもがゆるまない速さで鉄球を回転させていたところ，鉄球が地点Ｍに来たとき，ひもが突然切れました。ひもが切れた後，鉄球が転がっていく方向を**ア～エ**から一つ選び，記号で答えなさい。

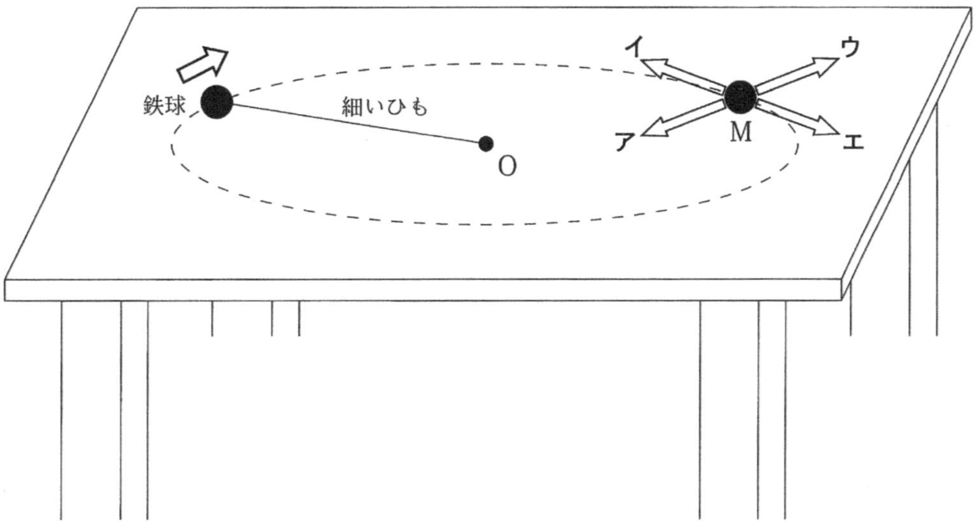

【図４】斜め上から見た図

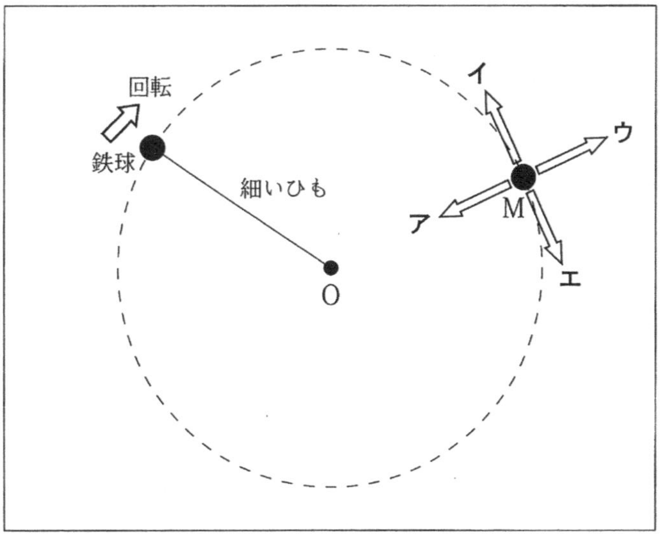

【図５】真上から見た図

（答えはすべて解答用紙に記入しなさい）

学校法人　仙台育英学園　秀光中学校

2023年度　入学者選考試験

（適性検査型）

総合問題

（60分）

（第１問～第６問）

注意

・試験開始の合図があるまで，問題用紙を開いてはいけません。
・この問題冊子は，14ページあります。
・答えはすべて問題の指示にしたがって，解答用紙に記入しなさい。

受験番号

★

第１問　**【聞きとり問題】**

※音声と放送原稿非公表

これから対話と質問を２回ずつ放送します。その答えとして最も適切なものを次の選択《せんたく》肢《し》A～Dから１つずつ選んで答えなさい。

No. 1

A　Today.
B　Yesterday.
C　On Saturday.
D　On Sunday.

No. 2

A　At 5:00.
B　At 5:30.
C　At 7:00.
D　At 7:30.

これで，**【聞きとり問題】**は終わりです。
引き続き，次のページ**第２問**　**【書く問題】**に進み，解答を始めてください。

第２問 【書く問題】

あなたが行ってみたい海外の国を１つ選び，**want to** を使って「私は～に行ってみたい。」という英文を１つ書きなさい。またその理由も英文で１つ書きなさい。

以上で英語の問題は終わりです。
引き続き，次のページに進み，解答を始めてください。

（答えはすべて解答用紙に記入しなさい）

昨年，仙台育英学園高等学校秀光コース１学年では「仙台市近郊《きんこう》の地域振興《しんこう》について」をテーマとして，遠田《とおだ》郡美里《みさと》町に関する調査・フィールドワークを行いました。リオンくんとレオナさんはそのレポートを見ながら話し合いをしています。会話文を読んで，あとの問いに答えなさい。

リオン

美里町は農業の魅力《みりょく》を発信し続けている町です。その魅力をさらに多くの人に伝えるために，美里町の特産物である米を利用した「aライスバーガー」の販売《はんばい》を提案したグループがありました。

レオナ

おもしろい提案ですね。別のグループでは，「福祉《ふくし》の充実《じゅうじつ》」「地域の魅力の再発信」「起業者への支援《しえん》」などの美里町の取り組みについてレポートにまとめていました。

美里町がこれらの取り組みを行っている背景には，少子高齢《れい》化，農業従事者の高齢化・担い手不足，観光客数の減少などの問題があります。このような問題は多くの地方に共通した課題ですね。

まず，少子高齢化について考えてみよう。右のグラフは日本の総人口とその年齢の３区分（14歳以下，15歳～64歳，65歳以上）の人口の割合を表しているグラフです。このグラフから，b日本の少子高齢化が進んでいることがわかります。

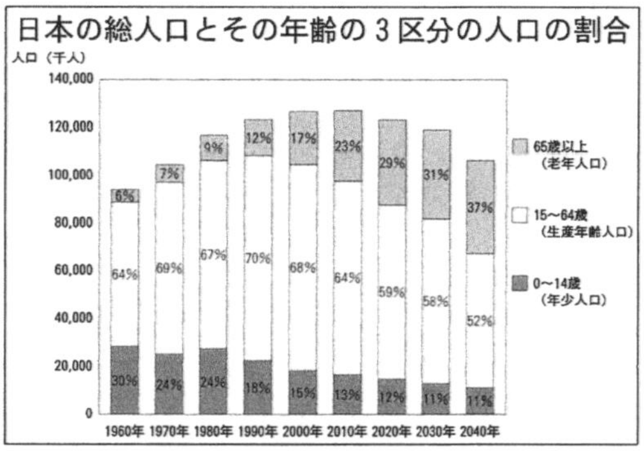

（令和２年度　高齢社会白書（内閣府）より作成）

高齢化率[※1]が最も高い都道府県は秋田県です。2012年には秋田県の総人口は約106万人でしたが，2021年には約94万人にまで減少し，現在の高齢化率は約40％です。
このように少子高齢化が進み，c地方に人が少なくなってしまうと，労働力が不足するだけでなく，d高齢者を支えるための労働者１人あたりの負担が大きくなることも考えられます。

これは大きな問題ですね。地方の人口減少を防ぐための対策を調べてみましょう。

現在，日本では「地方創生《ちほうそうせい》」という言葉をテーマに，少子高齢化や人口減少への対策として「まち・ひと・しごと創生法」が制定されました。この法律は，e地方での雇用《こよう》を増やし，若い人たちが首都圏《けん》から地方へと移り住む新しい人の流れをつくることで，日本全体が将来にわたって発展し続ける環境をつくりだそうというものです。

f美里町での取り組みは，まさに地方創生を目指していますね。

その他にも，地方創生の取り組みとして岡山県のg木質バイオマス発電が挙げられます。岡山県はh森林地域が多く，国内でも有数のi木材の産出地です。木材に適した木を育てるためには，木と木の幅《はば》を広く取る，いわゆる「j間引き」が必要です。このときに伐採《ばっさい》された木から作られた間伐材《かんばつざい》を電気エネルギーに変えるのが木質バイオマス発電です。

地方創生のために観光客を増やす取り組みもされています。例えば愛媛県のk大洲城《おおずじょう》や宮城県の白石城では「ℓ鉄砲《てっぽう》隊」の実演鑑《かん》賞などがあります。

木質バイオマス発電のようなm再生可能エネルギーの開発や地域の文化財の活用によって，働きに来る人や観光に訪れる人を増やして新しい人の流れをつくることが「地方創生」のカギになるということですね。

※1　総人口にしめる満65歳以上人口の割合

（答えはすべて解答用紙に記入しなさい）

第３問

下線部ａについて，下のイラストはあるグループが考案したライスバーガーで，使用する食材には牛肉などの外国から輸入されたものも使われています。そこで，日本の食料自給率について調べてみました。

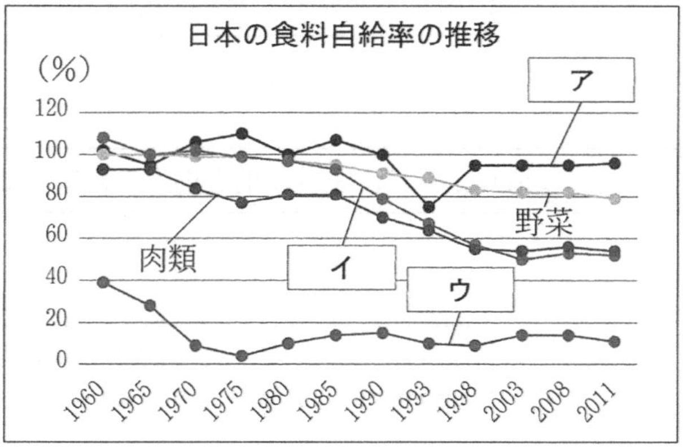

（「数字でみる日本の100年」より作成）

⑴　上のグラフは日本の食料自給率の推移を表したものです。
空欄《らん》［ア］［イ］［ウ］にあてはまる品名の組み合わせとして正しいものを，次の選択肢Ａ～Ｄから１つ選んで答えなさい。

Ａ　ア：小麦　　イ：魚介類　　ウ：米
Ｂ　ア：小麦　　イ：米　　ウ：魚介類
Ｃ　ア：米　　イ：小麦　　ウ：魚介類
Ｄ　ア：米　　イ：魚介類　　ウ：小麦

⑵　米の説明として**ふさわしくないもの**を，次の選択肢Ａ～Ｄから**すべて**選んで答えなさい。

Ａ　農作業の共同化や機械化によって負担が軽減され，農業従事者数は増え続けている。
Ｂ　現在，政府は米に関税をかけて輸入することを認め，市場の開放を進めている。
Ｃ　1965年ごろから米の生産量が消費量を上回り，米が余るようになって生産調整が行われるようになり，現在も続けられている。
Ｄ　日本の主な農産物（米・野菜・畜《ちく》産・果物）の生産額を比べると，米の生産額が一番多い。

(3) 米は単子葉類の植物の１つであるイネからつくられます。イネが単子葉類であるといえる理由を，下のイネの写真の**葉の部分に着目して**説明しなさい。

(4) リオンくんはイネの発芽に必要な条件を調べるために，いくつか異なる条件で実験を行い，次のような実験結果となりました。イネの発芽に水が必要かどうかを確認するためには，**どの実験とどの実験**を比べればよいでしょうか。選択肢Ａ～Ｄから**２つ**選んで答えなさい。

選択肢	実験条件		実験結果
	水	温度	
A	あり	25度	発芽した
B	あり	10度	発芽しなかった
C	なし	25度	発芽しなかった
D	なし	10度	発芽しなかった

（答えはすべて解答用紙に記入しなさい）

(5) レオナさんはレタスの生産について調べてみました。次の**資料1**は，令和３年度の豊洲《とよす》市場へのレタスの入荷量を月別に表したものです。**資料2**は各都道府県の平均標高を表しています。

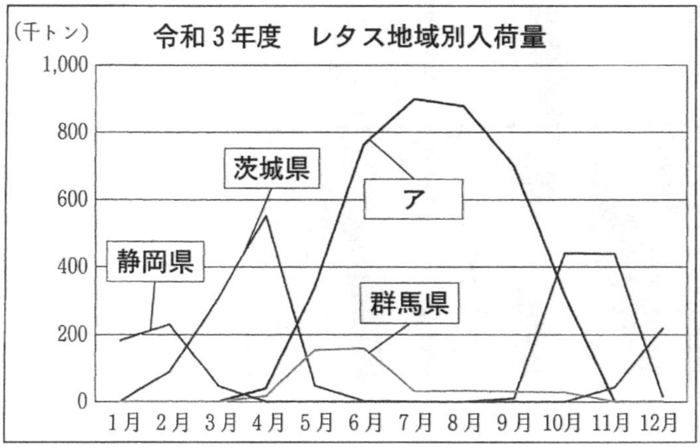

資料1（令和３年　豊洲市場月報より作成）

都道府県名	平均標高（m）
ア	1,132
群馬県	764
静岡県	500
茨城県	100

資料2（国土地理院より）

①　**資料1，2**の空欄［ア］には同じ都道府県名が入ります。この都道府県名を答えなさい。また，その都道府県の位置を下の地図中の選択肢**A**～**D**から１つ選んで答えなさい。

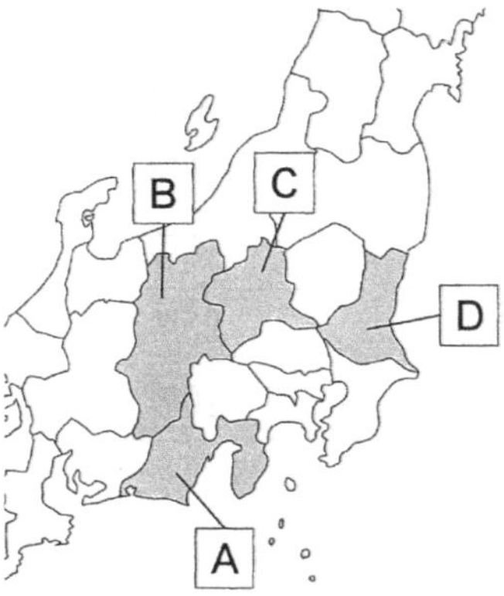

②　次の文章は［ア］の都道府県でのレタスの収穫《しゅうかく》についての説明です。空欄［イ］にあてはまる語句を答えなさい。

> **資料1**をみると，［ア］は夏場の出荷量が多いのが特徴《とくちょう》です。［ア］の農地のうち，約80％は標高500m以上の高地に位置しており，［イ］気候がレタスの栽培《さいばい》に適しています。
> さらに，昼夜の寒暖の差も激しいため，良質なレタスが収穫できます。

500字

400字

2023年度　入学者選考試験（適性検査型）

総合問題　解答用紙

問題番号		解		答	
第1問 6点	No. 1				
	No. 2				
第2問 4点					
第3問 26点	(1)				
	(2)				
	(3)				
	(4)	と			
	(5)	①	都道府県名	都道府県の位置	
		②			
	(6)	X	通り	Y	通り
第4問 27点	(1)				
	(2)				
	(3)				
	(4)				
	(5)				
	(6)	ア		イ	
	(7)				

問題

ＳＤＧｓは二〇三〇年までに持続可能でよりよい世界を目指す国際目標のことです。ＳＤＧｓのターゲットの一つに、十三番「気候変動に具体的な対策を」という目標があります。その対策として「温室効果ガス（二酸化炭素）」の排出《はいしゅつ》抑制《よくせい》に向けた取り組みが重要であると言われています。例えば、ある県では何度も足を運びたくなる交流の場を徒歩で移動できるエリアに集め、公共交通機関や徒歩で行き来できるようにしています。また、ある会社では照明を蛍光灯《けいこうとう》からＬＥＤ照明に交換《こうかん》しました。これらの努力により二酸化炭素の排出を削減《さくげん》しています。

そこで、「温室効果ガス（二酸化炭素）の削減」のために、あなたをふくめて一人一人がどのような行動をとっていくことが大切だと思いますか。あなたの考えを具体例を示しながら、四百字以上五百字以内で書きなさい。

注意

- 題名、氏名は書かずに一行目から書き始めること。
- 原稿《こう》用紙の正しい使い方にしたがい、文字やかなづかいも正確に書くこと。
- 漢字を適切に使うこと。

学校法人　仙台育英学園　秀光中学校

二〇二三年度　入学者選考試験（適性検査型　作文）

（50分）

問題用紙

注意

一　試験開始の合図があるまで、問題用紙を開いてはいけません。

二　作文の問題用紙には、表紙に続き「問題」があります。「解答用紙」は別に一枚あります。

三　「始め」の指示で「問題用紙」と「解答用紙」に受験番号を書きなさい。その後に「問題」に取り組みなさい。

受験番号	

教英出版

(6) あるグループでは，ライスバーガーを使ったセットメニューを考案しました。
　このセットメニューでは，ライスバーガーに加えてサイドメニューとサラダとドリンクをそれぞれ１品ずつ注文することにします。フライドポテト，ミックスサラダ，オレンジジュースを選んだ場合のセットメニューの代金は800円です。

サイドメニュー

フライドポテト

ナゲット（＋50円）

オニオンリング（＋100円）

サラダ

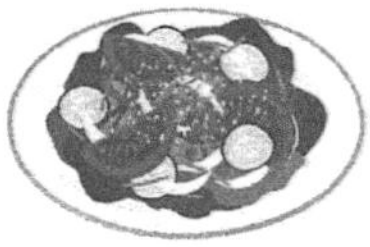
ミックスサラダ

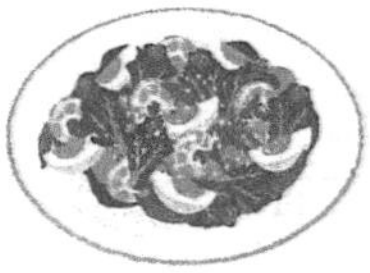
シーフードサラダ（＋120円）

ドリンク

オレンジジュース

メロンソーダ（＋80円）

① セットメニューの選び方は全部で［ X ］通りあります。
　このとき，空欄［ X ］にあてはまる整数を答えなさい。

② 選んだメニューによっては追加料金が発生します。
　例えば，ナゲット（＋50円），ミックスサラダ，オレンジジュースを選んだ場合のセットメニューの代金は850円となります。
　レオナさんがセットメニューを注文するとき，代金が980円以下になるような選び方は全部で［ Y ］通りあります。
　このとき，空欄［ Y ］にあてはまる整数を答えなさい。

（答えはすべて解答用紙に記入しなさい）

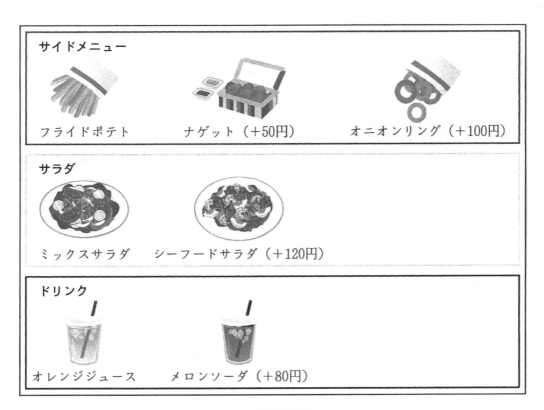

第４問

(1)　「b日本の少子高齢化が進んでいることがわかります。」とありますが，そのように言えるのはなぜですか。下のグラフから**2000年と2020年の人口の割合を比べて**説明しなさい。

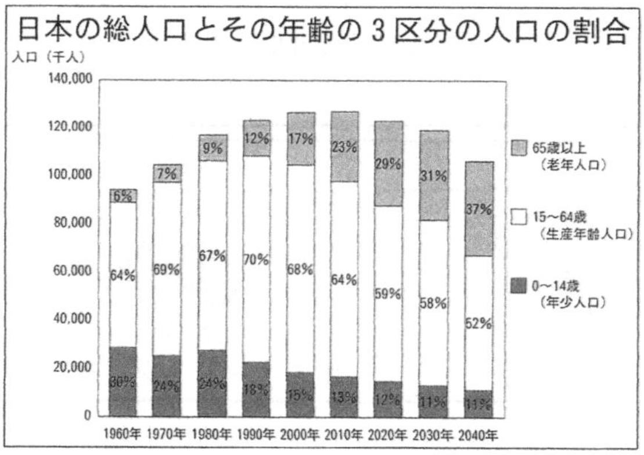

日本の総人口とその年齢の３区分の人口の割合

（令和２年度　高齢社会白書（内閣府）より作成）

(2)　下線部ｃについて，地方を活性化するためのアイデアとして**ふさわしくないもの**を，次の選択肢Ａ～Ｄから１つ選んで答えなさい。

Ａ　山や河川などの豊かな自然や温泉などの地元の観光資源を開発し，多くの観光客に来てもらう。
Ｂ　計画的に商店や道の駅をつくって，地域の特産物を販売して大きな利益を上げる。
Ｃ　廃《はい》校になった校舎を利用して，さまざまな自然体験や生活体験ができる山村留学を企《き》画し子供たちに来てもらう。
Ｄ　広報活動を積極的に行い，消費者の声だけを拾って，届けたい人々に情報を発信して地域の活性化を図る。

(3)　下線部ｄについて，下の図は65歳以上の高齢者１人を15歳～64歳の人口で支える割合を示しています。1985年と2060年を比べると，15歳～64歳の人口の負担は何倍になるといえますか。次の選択肢Ａ～Ｄから**最もふさわしいもの**を選んで答えなさい。
ただし，2030年と2060年の数値は予測の通りに推移するものとします。

Ａ　２倍　　Ｂ　３倍　　Ｃ　４倍　　Ｄ　５倍

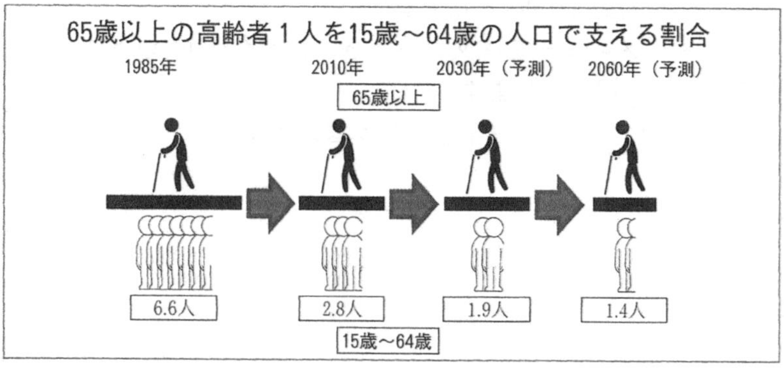

65歳以上の高齢者１人を15歳～64歳の人口で支える割合

（令和２年度　高齢社会白書（内閣府）より作成）

(4) 「e地方での雇用を増やし，若い人たちが首都圏から地方へと移り住む新しい人の流れをつくる」とありますが，東京都と秋田県の**人口密度**がそれぞれどのように変化しているかを，下のグラフを参考に説明しなさい。

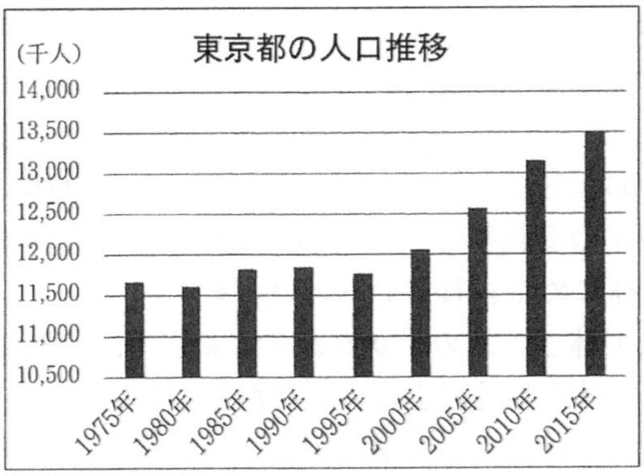

（「東京都政策企画局」より作成）

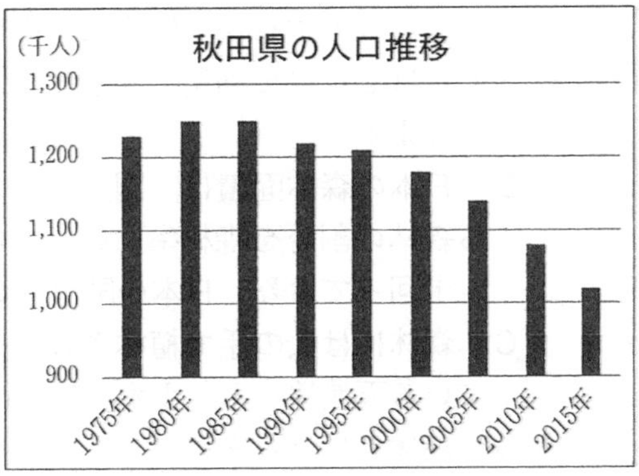

（「美の国あきたネット」より作成）

(5) 下線部fについて，美里町で実際に行われている地方創生の取り組みを，**リオンくんとレオナさんの会話文から3つ**書き抜きなさい。

(6) 下線部gについて，次の文章は木質バイオマス発電についての説明です。空欄 ア にあてはまる語句を**漢字五文字**，空欄 イ にあてはまる語句を**漢字三文字**でそれぞれ答えなさい。

木質バイオマス発電は，間伐材などの燃料を燃やすことで火力発電と同じ原理で発電をする方法であり，水と ア が排出されます。 ア が排出されるにもかかわらず，木質バイオマス発電は環境にやさしい発電とされています。その理由は，植物が イ によって ア を吸収するためです。

(7) 岡山県のバイオマス発電所では，１年間で7,920,000kWh（キロワット時）の電力を発電します。この電力は，一般家庭22,000世帯の１年分の電力に相当します。

このとき，一般家庭１世帯では１日あたり $\frac{\boxed{X}}{73}$ kWhの電力が必要であると言えます。

空欄 X にあてはまる整数を答えなさい。ただし，１年間は365日とします。

（答えはすべて解答用紙に記入しなさい）

第５問

(1)　下線部ｈについて，レオンさんは「日本の森林」をテーマに新聞をつくりました。森林の説明として**ふさわしくないもの**を，次の選択肢Ａ～Ｄから１つ選んで答えなさい。

Ａ　まわりの木を切る間伐は木の育ちをよくするために行われ，間伐された木材はわりばしなどに利用できます。木材を有効活用することが森林を守ることにつながります。

Ｂ　日本の森林面積は，国土全体のおよそ３分の２にあたります。国土全体にしめる森林の割合を森林率といい，日本の森林率は全世界の平均である約３割を大きく上回っており，日本の国土は森林にめぐまれているといえます。

Ｃ　森林には人の手で植林された人工林と，人の手がかかっておらず，自然に生えている天然林があります。日本の森林の半分以上は人工林がしめています。

Ｄ　森林のはたらきには，「木材を生み出す」「災害を防ぐ」「水をたくわえる」「生き物のすみかになる」といったものがあります。

(2)　下線部ｉについて，スギは木材として使われる植物の一種で，裸《ら》子植物に分類されます。裸子植物の説明として**最もふさわしいもの**を，次の選択肢Ａ～Ｄから１つ選んで答えなさい。

Ａ　種子を作らない植物である。

Ｂ　胚珠《はいしゅ》がむき出しになっている。

Ｃ　子葉が２枚である。

Ｄ　花びらが離れている。

(3)　下線部ｊについて，木材に適した木を育てるために「間引き」が必要な理由として**最もふさわしいもの**を，次の選択肢Ａ～Ｄから１つ選んで答えなさい。

Ａ　若い芽や木のほうが，栄養がたくさんあるため。

Ｂ　１本１本の木が受け取る栄養を多くするため。

Ｃ　成長のおそい木だけに，しっかりと栄養を与えるため。

Ｄ　木の本数を少なくすることで，管理しやすくするため。

(4) 下線部kについて，リオンくんは分速70m，レオナさんは分速50mの速さで歩きます。リオンくんが大洲城の周囲を１周するには５分12秒かかりました。

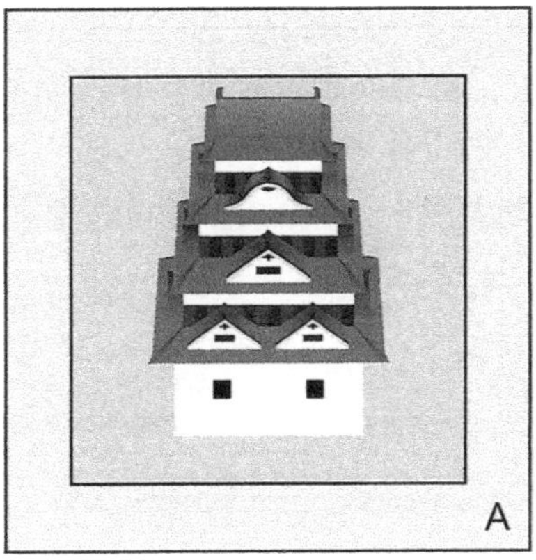

① 大洲城の周囲は[X]mです。このとき，空欄[X]に当てはまる数値を答えなさい。

② リオンくんとレオナさんが同時にA地点を出発して大洲城の周りを反対方向に歩くとき，２人が初めて出会うのは[Y]分[Z]秒後です。
このとき，空欄[Y][Z]に当てはまる数値を答えなさい。

(5) 下線部ℓについて，織田信長は鉄砲を使って全国統一を目指した武将です。
織田信長が行った政策について説明した文章として**最もふさわしいもの**を，次の選択肢A～Dから１つ選んで答えなさい。

A 強い力をもっていた仏教勢力をおさえ，キリスト教を保護した。誰《だれ》でも商売ができるようにして（楽市・楽座），商業や工業を盛んにした。

B 全国の有力な大名を倒して大阪城を築き，検地と刀狩によって武士と百姓・町人の身分を区別し，武士が世の中を支配する仕組みをつくった。

C 大名を親藩《しんぱん》，譜代《ふだい》，外様《とざま》と分けて配置し，一国一城令を出して大名の住む城以外の城の破壊《はかい》を命じ，大名の軍事力を弱めた。

D 武家諸法度により大名を統制し，参勤交代の制度や外交のありかたをさだめて将軍権力を確立し，武士による安定した政治を行うようになった。

（答えはすべて解答用紙に記入しなさい）

第６問

下線部ｍについて，再生可能エネルギーに関する次の文章を読んで，あとの問いに答えなさい。

お詫び：著作権上の都合により，掲載しておりません。
ご不便をおかけし，誠に申し訳ございません。
教英出版

（牛山泉『未来に生かす自然のエネルギー』）

(1) 波線部①～⑥のカタカナは漢字で，漢字はその読みをひらがなで答えなさい。

① ベンリ　　　② 尊い　　　③ シゲン
④ ニンシキ　　⑤ ハイケイ　　⑥ 欠かせません

(2) 「環境の [ア] ・経済の開発・社会の [イ] 」の空欄 [ア] [イ] にあてはまる言葉の組み合わせとして**最もふさわしいもの**を，次の選択肢A～Dから１つ選んで答えなさい。

A　ア：開拓《たく》　　イ：完成
B　ア：保全　　イ：発展
C　ア：保護　　イ：減退
D　ア：管理　　イ：負担

(3) 次の文章はSDGs（持続可能な開発目標）について説明したものです。「ユニバーサル」の意味として**最もふさわしいもの**を，次の選択肢A～Eから１つ選んで答えなさい。

> 「SDGsは発展途上国のみならず，先進国自身が取り組むユニバーサルなものであり，日本としても積極的に取り組んでいます。」

A　個人的　　B　環境が特殊　　C　多種多様
D　希望や遊び心　　E　すべてに共通

（答えはすべて解答用紙に記入しなさい）

学校法人　仙台育英学園　秀光中学校

二〇二三年度　入学者選考試験問題（教科型）

国語

（50分）

（第一問～第四問）

注意

・試験開始の合図があるまで、問題用紙を開いてはいけません。
・この問題冊子は、十四ページあります。
・答えはすべて問題の指示にしたがって、解答用紙に記入しなさい。

第一問　次の問いに答えなさい。

問一　次の――線の読みをひらがなで書きなさい。

①　貴重な経験をする。

②　電車内は混雑している。

③　期待に応える。

問二　次の――線のカタカナを漢字になおしなさい。

①　この先の道はキケンが多い。

②　新聞のホウドウで事件を知る。

③　近所の神社にサンパイする。

問三　次の――線は同音異義語です。カタカナを漢字になおしなさい。

①　芸術にふれてカンセイをみがく。

②　作品をカンセイさせて提出する。

問四　次の――線は同訓異字です。カタカナを漢字になおしなさい。

①　紙がヤブれる。

②　試合にヤブれる。

第二問　次の文章を読んで、後の問いに答えなさい。

「ね、千鶴《ちづる》は部活どうするの」

しほりんからそう聞かれたときも、だから千鶴は少し……

いや、だいぶ無理をして、告白した。

「できれば……だけど、わたし、野球部のマネージャーとか、やってみたいなって」

「え」

「甲子園《こうしえん》とか観て、憧《あこが》れてたの。マネージャー。マネージャー」

①言ったとたんに、ほおがほてった。マネージャーなんて似あわないって笑われる？

しかし、返ってきたのは意外な声だった。

「ほんと？　あたしもマネージャー、憧れてたんだ」

「え、しほりんも？」

「うん、ずっとやってみたかった。ボール磨《みが》いたり、試合中に祈《いの》ったり、ベンチ入りできない選手を励《はげ》ましたり」

「ね、やってみたいよね。やろうよ、ふたりで、マネージャー」

「そうだね。ひとりじゃ勇気が出なかったけど、千鶴が一緒《いっしょ》なら」

「わたしも、しほりんが一緒なら」

ふたりはすっかり舞《ま》いあがり、［A］と［A］をとりあってマネージャーになることを誓《ちか》いあった。そして、その日の放課後に早速《さっそく》、野球部の注1偵察《ていさつ》にくりだした。

（中略）

ふたりの予想に反して、グラウンドの空気はなごやかだった。先輩《せんぱい》にしごかれている後輩《こうはい》もいないし、「走れ！」「もう一本！」なんて怒鳴《どな》り声もしない。先輩も後輩も半分ふざけながら練習を楽しんでいる様子。そのまったりとした輪のなかに、男もののジャージをだっぽりとはおった三人の女子もまじっていた。

「あれ、マネージャー……かな」

「ん。先輩……だよね」

彼女たちの姿を追うにつれ、千鶴としほりんは伏《ふ》し目がちになった。

長い髪《かみ》をなびかせた三人はとてもかわいくて、活発そうで、スタイルもよくて、自信満々で、中学生じゃないみたいに[注2]垢《あか》ぬけていた。マネージャー、と呼ばれるために生まれてきたような女の子。部員たちから代わるがわるにちょっかいを出されては、キャアキャアと黄色い声をあげている。

②千鶴は胸のときめきが急速にしぼんでいくのを感じた。バックネットごしに広がる緑色がかった世界が、あれよあれよと自分から遠のいていくような。

ぴたりと口を閉ざしたしほりんの瞳《ひとみ》にも、千鶴と同様のこわばりがある。

「どうしよっか」

「帰ろっか」

以降、ふたりのあいだでマネージャーの話が再燃することはなかった。

（中略）

陸上部は練習がきびしそう。水泳部は水着がはずかしい。考えるほどに、千鶴は自分にぴたっとくる部活なんてどこにもない気がしてきた。運動自体、もともとあまり得意ではないのだ。

それでも千鶴が体育系の部活にこだわったのは、「変わりたい」の一心からだった。ここで文化系の部活を選んでしまったら、③この先もずっと、自分はこれまでとおなじレールの上を走りつづけることになる。

新しいわたし。今までとはちがうわたし。部活は、そんな自分に生まれ変われる最大のチャンスなのだ。

そう思いながらも、足をふみだす方向が定まらずにいたある日の放課後、吹奏楽部《すいそうがくぶ》の見学につきあってほしいと、千鶴はしほりんにたのまれた。

「ひとりじゃ行きづらくて。お願い」

「もちろん」

北見二中の音楽室は、本校舎からはなれた別棟《べっとう》の北校舎にある。渡りろうかの窓ごしに中庭を見おろしながら足を運ぶと、本校舎の[注3]喧噪《けんそう》や床《ゆか》の震動《しんどう》が次第に遠のいて、しんとした静けさに包まれていく。

（答えはすべて解答用紙に記入しなさい）

　音楽室の戸を開けた瞬間《しゅんかん》、その静寂《せいじゃく》をゆさぶる音がした。足もとからはいあがってくる低音。それがクラリネットの音色であることに、千鶴は室内を見まわしてから気がついた。

　クラリネットだけじゃない。机を前方に積みあげてスペースを空けた室内には、想像以上に多くの部員がいた。トランペット。フルート。打楽器。それぞれのパートごとに練習している。教室のあちこちから響《ひび》く多彩《たさい》な音。その音と音とが絡《から》みあい、もつれあい、[注4]不協和ながらも重層的な音のかたまりを生んでいる。

「見学？」

　教室の隅《すみ》で新入部員の指導をしていた顧問《こもん》の先生が、千鶴としほりんに気がついた。

　ベートーヴェンみたいな髪の男の先生。でも、顔はあそこまでやばくない。

「あ、はい」

「よろしくお願いします」

　あわてて頭をさげたふたりに、「入っておいで」と手招きする。ふたりが足を踏みいれるなり、先生はぱんと両手を打って部員たちに呼びかけた。

「一年生が来たから、ちょっと聴《き》かしてやって」

　[a]たちまち、パートごとの小さなかたまりがほぐれ、教室の中心に全員が集合した。先生の指揮棒《ぼう》にたぐられて、その大きなかたまりから蒸気のようにメロディが立ちのぼる。最初はふんわりと。ひとつ、またひとつと音が増え、メロディが膨《ふく》らむ。膨らむ。膨らむ。ひとりひとりの奏《かな》でる楽器が、重なることでその音色を深め、引きたて、美しいハーモニーを育てていく。

　砂浜《すなはま》の波が引いたあとで足もとの砂がすっと動くみたいに、千鶴の心は音のほうへと引きよせられた。曲が終わったときにはすっかり感動していた。

　なんの曲かもわからない。上手な感想だってひと言も言えなかったけれど、ベートーヴェン先生は「またおいで」と笑ってくれた。

「なんか、すごかったよね」

「うん。すごいよね、吹奏楽部。っていうか、中学生ってすごい！」

「ほんと、レベル高かった。小学校の鼓笛《こてき》隊なんて目じゃないね」

「目じゃない、目じゃない」

「うちらも練習したらあんなふうになれるのかな」

　帰り道、野球部のときとは打ってかわって、ふたりのテンションは高かった。千鶴の感動がしほりんに、しほりんの興奮が千鶴に乗りうつり、ふたりして無制限に高まっていくみたいに。

「決めた。あたし、吹奏楽部に入る。千鶴も一緒にやろうよ」

　しほりんにさそわれるまでもなく、千鶴の気持ちも吹奏楽部へ傾いていた。
　放課後の音楽室にいる自分を、千鶴はたやすく想像できた。すぐに上達するほど器用じゃなくても、まじめに練習を積んで、着実に成長していく自分。仲間や先輩たちともそれなりにうまくやっていく。ありありとイメージできる。できすぎる。
「あのね、わたし……中学生になったら、変わりたいって思ってたんだ」
　千鶴は初めてしほりんに打ちあけた。
「 B 自分になりたくて。吹奏楽部は、すごくいいと思うし、すごくやってみたい。でも、それじゃ、今までのわたしと一緒って気もして……」
　うまく言えない。bじれったく黙《だま》りこむ千鶴の横顔を、しほりんがじっと見つめている。千鶴が本気のとき、しほりんはいつもおなじくらいの本気さで何かを返そうとしてくれる。ちょうどいい言葉が見つからなくても、見つけだすまであきらめない。
　けれど、この日は早かった。
「うん」
　胸もとのスカーフをのぞきこむように、しほりんはこっくりうなずいて言ったのだ。
「わかるよ。千鶴の気持ち」
「え」
「あたしも、そんなふうに思うことあるし」
「しほりんも？」
「うん。でも、それでもあたし、千鶴は④千鶴らしいことをしたほうがいいと思う」
「そうかな」
「わざと自分らしくないことをするより、千鶴は千鶴らしいことをして、今までの千鶴以上にそれをがんばって、その先に、今までとちがう千鶴がいるんじゃないのかな」
　千鶴は千鶴らしいことをして、今まで以上にそれをがんばって、その先に、今までとちがう千鶴がいる——。
　千鶴はその言葉を吸いこんだ。とたん、道のむこうに広がる夕焼け空が朝焼けみたいに光り方を変えた。
「うん。そうかも。そうならいいな」
⑤すうっと肩《かた》から力がぬけた。
「ありがとう、しほりん。わたし、決めた。明日《あした》、仮入部届けもって、ヴェンに会いにいくよ」
「あたしもヴェンに会いにいく」
「わたしのヴェンに？」
「あたしのヴェンだよ」
　顔を見合わせたふたりの笑いがはじける。勢いあまって千鶴が駆《か》けだすと、しほりんが「待てーっ」と追ってきた。
⑥だいぶ足になじんできた通学路に響く、スタッカートの足音。

（答えはすべて解答用紙に記入しなさい）

ふたりのスカートをなびかす風は、いつしか五月の山吹《やまぶき》色に香っていた。

（森　絵都「鈍行列車はゆく」
『クラスメイツ〈前期〉』所収　ＫＡＤＯＫＡＷＡ）
（問題の都合上本文を一部省略しました。）

注１　偵察……相手の様子・動きなどをひそかに探ること
注２　垢ぬけて……容姿や態度《たいど》などが洗練されていること
注３　喧噪……人の声や物音がやかましいこと
注４　不協和……互《たが》いに混じり合ったりとけこんだりしていないこと

問一　――線①「言ったとたんに、ほおがほてった」とは、千鶴のどのような気持ちを表していますか。最もふさわしいものを次の**ア～エ**から選び、記号で答えなさい。

ア　ほっとしている
イ　はずかしがっている
ウ　腹を立てている
エ　こわがっている

問二　［Ａ］に入る言葉として最もふさわしいものを次の**ア～エ**から選び、記号で答えなさい。

ア　手　**イ**　肩　**ウ**　足　**エ**　指

問三　――線②「千鶴は胸のときめきが急速にしぼんでいくのを感じた」とありますが、このときの千鶴の様子を説明したものとして最もふさわしいものを次の**ア～エ**から選び、記号で答えなさい。

ア　予想に反してグラウンドの空気が重々しく感じられ、このようなきびしい練習にはついていけそうにないと思っている様子。
イ　部員たちが練習中にふざけており、期待していたマネージャーとしての活動ができそうにないと不安を感じている様子。

ウ　三人の女子マネージャーの姿がかがやいているのを見て、自分はこんなふうにはなれないのではないかと気おくれしている様子。

エ　部員たちもマネージャーも団結していて、今から自分がその輪の中に入ることはむずかしいとあきらめている様子。

問四　――線③「この先もずっと、自分はこれまでとおなじレールの上を走りつづけることになる」とはどういうことですか。その説明として最もふさわしいものを次の**ア～エ**から選び、記号で答えなさい。

ア　体育系の部活動に入らなければ、新しい自分に生まれ変わることはできないということ。

イ　体育系の部活動に入らなければ、周りの友達との会話についていけなくなるということ。

ウ　文化系の部活動に入ることで、きらいな運動を無理にやらなくてもよいということ。

エ　文化系の部活動に入ることで、これまでの自分の経験をいかすことができるということ。

問五　～～線**a**の言葉の意味として最もふさわしいものを次の**ア～エ**から選び、記号で答えなさい。

a　たちまち

ア　ゆっくりと
イ　すぐに
ウ　ようやく
エ　だんだん

問六　[B] に入る言葉として最もふさわしいものを、[B] より後の本文中から七字で書きぬきなさい。

問七　～～線**b**の言葉の意味として最もふさわしいものを次の**ア～エ**から選び、記号で答えなさい。

b　じれったく

ア　もどかしく
イ　いつまでも
ウ　とつぜん
エ　しばらく

問八　――線④「千鶴らしいことをしたほうがいいと思う」とありますが、ここではどうすることを指していますか。「～こと。」に続くように答えなさい。

（答えはすべて解答用紙に記入しなさい）

問九　――線⑤「すうっと肩から力がぬけた」のはなぜですか。その理由として最もふさわしいものを次の**ア**～**エ**から選び、記号で答えなさい。

ア　不得意なことを得意になるまでがんばるよりも、今の自分にできることを大切にして、さらに上達させるべきだと理解したから。

イ　自分らしくないことに挑戦《ちょうせん》するよりも、今までがんばってきたことを途中《とちゅう》で投げ出さずに、その先も続けていこうと決心したから。

ウ　未知の世界に一人で飛びこむよりも、自分のことをよく理解してくれる友達と一緒なら、何があっても大丈夫《だいじょうぶ》だと安心したから。

エ　無理に新しいことを始めるのではなく、自分らしさの中でがんばることで、新しい自分を見つけることができそうだと思えたから。

問十　――線⑥「だいぶ足になじんできた通学路に響く、スタッカートの足音」が表していることとして**ふさわしくないもの**を次の**ア**～**エ**から一つ選び、記号で答えなさい。

ア　期待　　**イ**　活気　　**ウ**　不安　　**エ**　軽快

第三問　次の文章を読んで、後の問いに答えなさい。

Ⅰ

ものの本質を見ることは、そんなに大事なことなのか、という疑問を持つ人もいらっしゃるかもしれない。本質を見ることは、自身にとって有利である。本質が見えていない場合には、なにかを見せられているだけで、つまり他者に拘束《こうそく》[注1]されているような不自由な状態だから、思うように自分をいかせない。自分をいかすとは、簡単にいえば、「自在」に生きることだ。これは、僕の定義では、「自由」と同じ意味である。

言い方をかえると、本質を見ている状態が「自由」である。不自由になっているのは、本質が見えない状態のことだ。知りたいことを知ることができず、やりたいことができない。それが不自由というもの。なにかにとらわれていると、不自由になるけれど、①現代における他者からの支配というのは、実にわかりにくく巧妙《こうみょう》になっている。警戒《けいかい》していて、ちょうど良いくらいだ。

世間の人は、[a]宣伝[注2]におどらされ、大勢の空気に流され、数々のきずなでがんじがらめにしばられている。自分が望む道を進んできたはずなのに、知らないうちに不自由な思いをしている。つまり、本質が見えなくなっている。誰かの意図で、隠《かく》されているからだ。

Ⅱ

そもそも、どうして自分で自分の自由にブレーキをかけるようになったのか。

　それは、周囲の目を気にしたからだ。俗《ぞく》にいう、「②空気を読んだ」からだ。

　人間は、社会を作る動物である。群生《ぐんせい》する動物である。なぜ、集団になるのか。それは、集団の方が有利な点が多々あるからだ。獲物《えもの》を取るのにも、身を守るのにも、集団の方が強力である。一般に、人間をおそってくるような動物は、集団で行動しない。だから、集団で立ち向かえば、有利になる。力を合わせるから、一人よりも強い。

　ところが、思考では協力することがむずかしい。知恵《ちえ》を出し合い、議論をする程度しかできない。力は二人いれば二倍になるが、思考力は二人いても、二倍にならないのだ。

　集団の場合、決断力はむしろ低下する。一人ならすぐに決断できるけれど、集団ではそうもいかない。また、誰《だれ》か一人がすばらしい思いつきをしても、周囲の大勢が関心を示さなければ、そのアイデアは無視される。特に、前例のない新しい方向性は、大勢には容易に認められない。数が多いだけで見かけ上、保守的になる。判断はおくれ、集団としては鈍感《どんかん》な行動を取る。

　集団になれば、同じ議論を避《さ》けるために、しだいにしきたりができ、前例ができ、一方では人間の序列《じょれつ》ができるから、個人の自由な発想はいかされにくい。集団としてのこだわりのようなものが形成されてしまうからだ。

Ⅲ

　自由な発想にブレーキをかける環境《かんきょう》が弱まった、といえる。個人の内でも、自身にブレーキをかけるのは、古来のものを引きずっている価値観だ。みんなにきっと認められない、自分だけちがうことはできない、これまでそんなことをした人はいない、ということでブレーキをかけたがる、そんな古い人間が、まだ個人の中に意識として残っているのではないか。

　A、支配され拘束されている状態よりも、自由の方が良いのはどんな点だろうか。実は、これは難しい問題で、なかなか文章にしにくい。まず、B、支配されている状態は、省エネで考えなくて良くて、もし良質な支配であれば、ある程度の安心も得られる。身を任せるような状態といえる。最近の豊かな社会は、みんなが支配されていて、安心とは国からもらうものだ、と考える人がたくさんいるようである。

　自由というのは、このような安心がない。自分のことは自分で考えなければならないから、ちょっとめんどうだ。ただ、唯一《ゆいいつ》ともいえる利点は、「楽しい」ことだろう。これは、自由になってみないとわからない。

　なにしろ、支配する側も、「楽しいですよ」とさそって、大勢を拘束しているのだ。手軽に楽しめるものを見せて、その代わり金を取る。たしかに、金を払えば、一時の楽しさは

(答えはすべて解答用紙に記入しなさい)

得られる。でも、その金をかせぐために、時間と労力を失い、つかれ果てるほど働かなければならない。一時の楽しさはたちまち消えてしまい、金も消えてしまう。結果として、時間と労力が失われた分、個人の未来は注3目《め》減《べ》りすることになる。

用意された商品としての楽しさとは、たとえば「塗《ぬ》り絵」のようなものだ。指定の色を塗っていけば、整った絵ができあがる。絵を自分で描《か》いた気分が一時的に味わえるかもしれない。でも、作品が完成しても、なにも残らない。それはあなたの作品ではない。

それに比べて、③自分で絵を描くことは大変だ。失敗する可能性もある。ただ、作品ができあがったとき、そこにあるのは、bまぎれもない世界唯一の作品であり、さらに、あなたは、その絵を描いたことで確実に成長するだろう。次に描く絵は、もっと良いものになるはずである。

現代人は、容易に楽しめるものへと流れがちである。そうしてもらえれば、商売になるので、楽しさを強調して、たくさんのお楽しみセットが売り出されている。そんな支配を受けていることを、ときどき思い出した方が健全である。

言葉は悪いが、金というのは、自由を作る可能性を持っている。これを自分のために使えば、自分が自由になる。できるかぎり、売り出されている楽しさを買わないこと。自由になれば、それとは比べ物にならないほど大きな楽しさを味わうことができる。そして、自分で作り出した楽しさは、あなたが生きている間、消えることがない。

（森　博嗣「なにものにもこだわらない」ＰＨＰ研究所）

〈問題の都合上本文を一部省略した。〉

注1　拘束されて……とらえられて自由を制限されていること
注2　がんじがらめ……まったく身動きのとれない状態
注3　目減りする……価値が低くなること

問一　——線①「現代における他者からの支配」として**ふさわしくないもの**を次の**ア〜エ**から一つ選び、記号で答えなさい。

ア　ネットの情報で評価が高いものはいいものだと思うこと。
イ　テレビ番組で専門家が言っていることは正しいと思い込むこと。
ウ　自分ではあまり考えず大勢の人が言っていることに流されること。
エ　自分で望んだ道が正しいと信念をもってつき進むこと。

問二 〰〰線**a**・**b**の表現の意味として最もふさわしいものを次の**ア**〜**エ**から選び、記号で答えなさい。

a 宣伝におどらされる

ア 多くの宣伝を聞く
イ 宣伝にのせられて動く
ウ まわりが宣伝であふれている
エ 宣伝だけを信用する

b まぎれもない

ア 自分だけの
イ 気づかれない
ウ まちがいなく
エ まぎらわしい

問三 ——線②「空気を読んだ」ことで「自分の自由にブレーキをかける」ことにつながるのはなぜですか。その理由として**ふさわしくないもの**を次の**ア**〜**エ**から一つ選び、記号で答えなさい。

ア 集団になれば同じ議論を避《さ》けるために、しだいにしきたりができるから。
イ 人間の序列ができ、個人の自由な発想はいかされにくいから。
ウ 集団としてのこだわりのようなものが形成されてしまうから。
エ 身分をこえてのし上がれるようになったから。

問四 [A]・[B]に当てはまるのに最もふさわしいものを次の**ア**〜**エ**から選び、それぞれ記号で答えなさい。

A

ア そして
イ では
ウ しかし
エ つまり

B

ア 同じことだが
イ くり返しにはなるが
ウ 逆のことを書くと
エ 話題をかえると

(答えはすべて解答用紙に記入しなさい)

問五 Ⅰ ～ Ⅲ に当てはまる小見出しとしてふさわしいものを**ア**～**エ**からそれぞれ選び、記号で答えなさい。

ア 自由な発想の大切さ
イ 本質を捉《とら》えることの大切さ
ウ 用意された楽しさに支配される
エ 新しい思いつきを大切にする

問六 ――線③「自分で絵を描くこと」とはどういうことを表現していますか。最もふさわしいものを次の**ア**～**エ**から選び、記号で答えなさい。

ア 何にもこだわらないで自由な発想で考え自分で楽しみを作り出すこと。
イ 集団をこえてのし上がり、自分でかせいだお金を自由に使って楽しみを買うこと。
ウ すでにある楽しみを自分で選択して生活に取り入れることによって楽しみを得ること。
エ 集団としての空気に支配されていることを時々思い出しながら健全に生きること。

第四問 次の文章を読んで、後の問いに答えなさい。

（毎日新聞「余録」二〇二二年六月二十七日掲載）

注1　稼働……機械を動かして仕事をすること

注2　宿痾……長く治らない病気。ここでは、ずっと解決できないでいる問題という意味

注3　環境（に）負荷……人の活動が環境に与えるマイナスの影響

問一　――線①「ウィットマイヤさんは、工場を訪れて考え込んだ」とありますが、ウィットマイヤさんは、製品開発の過程でどのようなことを目指し、それがどのような結果を招いたと考えたのですか。このことが書かれた一文をぬき出し、初めの五字を書きなさい。ただし句読点も字数に含みます。

問二　［Ⅰ］に入る接続語として最もふさわしいものを次の**ア**～**エ**から選び、記号で答えなさい。

ア　だが
イ　つまり
ウ　また
エ　あるいは

問三　――線②「ジレンマ」と同じような意味を持つ慣用句として最もふさわしいものを次の**ア**～**エ**から選び、記号で答えなさい。

ア　立て板に水
イ　板につく
ウ　まな板にのせる
エ　板ばさみになる

問四　［Ⅱ］に入る言葉として最もふさわしいものを次の**ア**～**エ**から選び、記号で答えなさい。

ア　エコを進めて利益を上げる
イ　エコをよそおって利益を上げる
ウ　エコをあきらめ利益を求める
エ　エコを求めて利益をあきらめる

（答えはすべて解答用紙に記入しなさい）

問五　――線③「そうした自覚」とはどのような自覚ですか。次の文の［　　　　］に合う言葉を文章中から十七字で書きぬきなさい。

・私たちの暮らしは［　　　　］という自覚。

問六　Aさんのクラスでは、――線④「必要ないのに買わないで。そんなにいらないでしょ」というウィットマイヤさんの言葉に注目して、「私たちにできる環境問題への取り組み」というテーマで発表することにしました。あなたならばどのような発表をしますか。後の**「環境省のウェブページにある資料の一部」**を用いて、発表原稿《げんこう》を次の**条件**にしたがって書きなさい。

【条件】

1「ある服飾メーカー社員のウィットマイヤさんは、衣服を売る立場でありながら『必要ないのに買わないで。そんなにいらないでしょ』と語っています。」に続けて書くこと。

2「**環境省のウェブページにある資料の一部**」から必要な情報を引用して書くこと。その際、数値を一か所は引用すること。

3　引用する部分は、かぎかっこ（「　　」）でくくること。

「環境省のウェブページにある資料の一部」

サステナブル……持続可能な

#SUSTAINABLEFASHION
買わないことも
サステナブルファッション
2019年に約35億着の衣服が供給されました。
買わないだけでも
大量生産を見直すアクションとなります。
環境省

#SUSTAINABLEFASHION
一着を長く着て
サステナブルファッション
今ある服を今年捨てずにもう1年長く着れば、
日本全体で約4万tの廃棄削減《さくげん》につながります。
環境省

#SUSTAINABLEFASHION
1年間1回も着られていない服が
一人あたり25枚もあります。
循環《じゅんかん》型ファッションの推進《すいしん》には
家庭にしまい込まれている
服の活用が課題です。
環境省

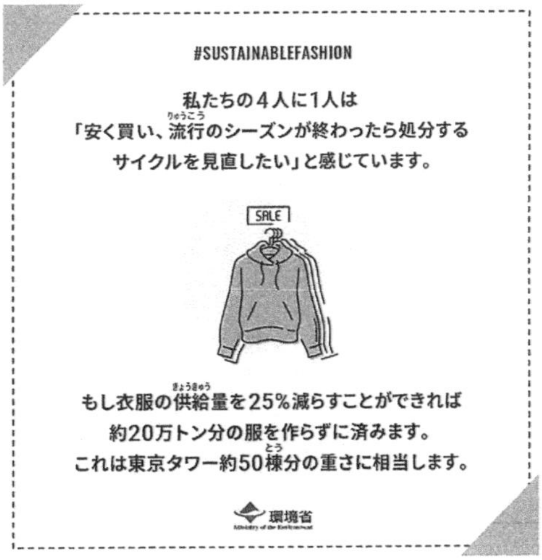
#SUSTAINABLEFASHION
私たちの4人に1人は
「安く買い、流行《りゅうこう》のシーズンが終わったら処分する
サイクルを見直したい」と感じています。
SALE
もし衣服の供給《きょうきゅう》量を25%減らすことができれば
約20万トン分の服を作らずに済みます。
これは東京タワー約50棟《とう》分の重さに相当します。
環境省

https://www.env.go.jp/policy/sustainable_fashion/index.htm
環境省―サステナブルファッション　(env.go.jp)

（答えはすべて解答用紙に記入しなさい）

秀光中学校　二〇二三年度　入学者選考試験

作文　解答用紙

受験番号

（評価基準非公表）

受験番号

※100点満点

問題番号		解答			
第5問 19点	(1)				
	(2)				
	(3)				
	(4)	X	m		
		Y	分	Z	秒後
	(5)				
第6問 18点	(1)	①		②	い
		③		④	
		⑤		⑥	かせません
	(2)				
	(3)				

学校法人　仙台育英学園　秀光中学校

2023年度　**入学者選考試験問題（教科型）**

算　　　　数

（50分）

（第１問～第７問）

注意

- 試験開始の合図があるまで，問題用紙を開いてはいけません。
- この問題冊子は，８ページあります。
- 答えはすべて問題の指示にしたがって，解答用紙に記入しなさい。

問題は第１問から第７問まであります。

第１問　次の $\square$ にあてはまる数をそれぞれ答えなさい。

(1)　$24 - 3 \times 5 + 18 \div 6 = \square$

(2)　$7.5 : 6 = 10 : \square$

(3)　$6 + 10 \times \square = 2 \times \square + 30$　（$\square$ には同じ数が入ります）

(4)　$(6 \times 255 - 5 \times 240) \div (5 \times 6) = \square$

(5)　$\left\{ \frac{3}{20} + \frac{5}{2} \times \left(44.1 - \frac{37}{10} \right) \right\} \div \frac{1}{20} = \square$

（答えはすべて解答用紙に記入しなさい）

第2問　次の □ にあてはまる数や文字をそれぞれ答えなさい。ただし，円周率は3.14とします。

(1)　半径5cmの円の周の長さは □ cmです。

(2)　下の形の中で点対称の文字は㋐～㋔の選択肢《せんたくし》のうち □ です。

㋐ S　㋑ U　㋒ G　㋓ A　㋔ K

(3)　1円玉，5円玉，10円玉，50円玉，100円玉，500円玉の6種類の硬貨《こうか》が1枚ずつあります。このうち，2種類を組み合わせてできる金額は □ とおりあります。

(4)　長さ2mのひもがあります。このひもを 3：2 の比になるように分けると，長い方のひもの長さは □ cmになります。

(5)　2，5，8，11，14・・・のように数がある規則にしたがってならんでいます。初めから20番目の数は □ です。

(6)　5,000円で仕入れた品物を □ %の利益を見こんで定価をつけました。しかし売れ残ってしまったため，定価の1割引の5,400円で売ることにしました。

(7)　下の図の五角形ABCDEは正五角形です。また，三角形AEFは正三角形です。このとき，角㋐の大きさは □ 度です。

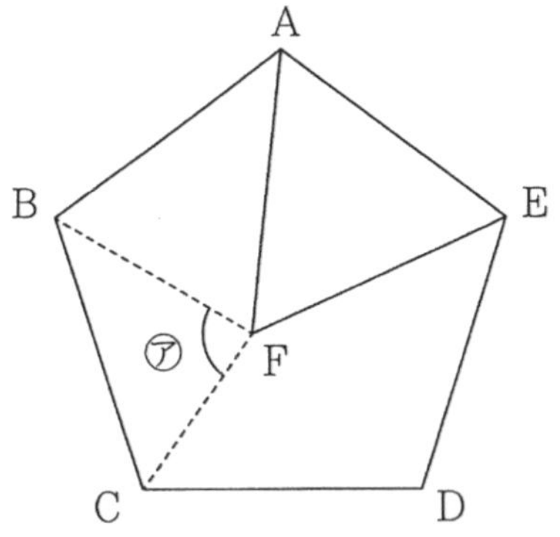

（答えはすべて解答用紙に記入しなさい）

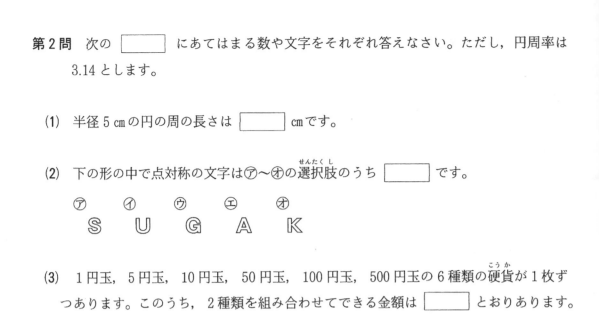

(8)　コンパスと定規《じょうぎ》を使って下の図の斜線《しゃせん》部分のように花の形を書きました。小さい正方形は１辺が２cm，大きい正方形は１辺が４cmです。赤色と緑色にぬられた部分の面積の合計は［　　］cm²です。

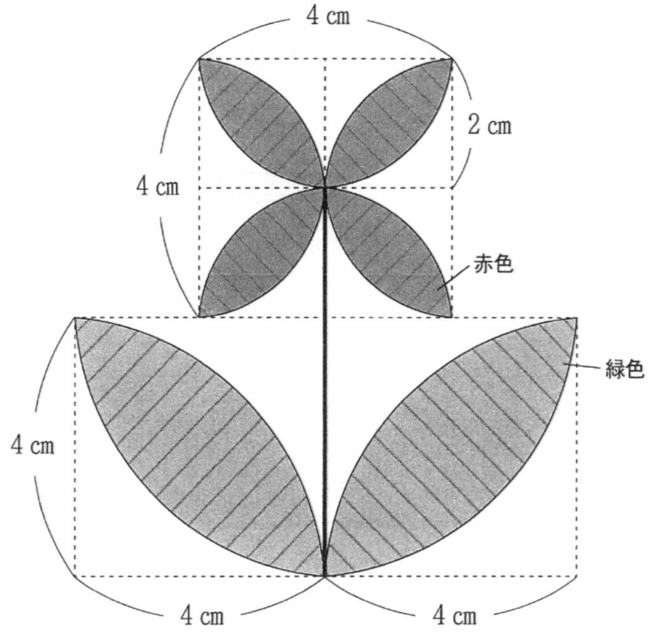

(9)　下の図のように４つに区切られた長方形の紙を，オレンジ，緑，青，黄の４色を使ってぬります。このとき，全部で［　①　］通りのぬり方があります。また，緑と黄がとなり合わないぬり方は［　②　］通りあります。

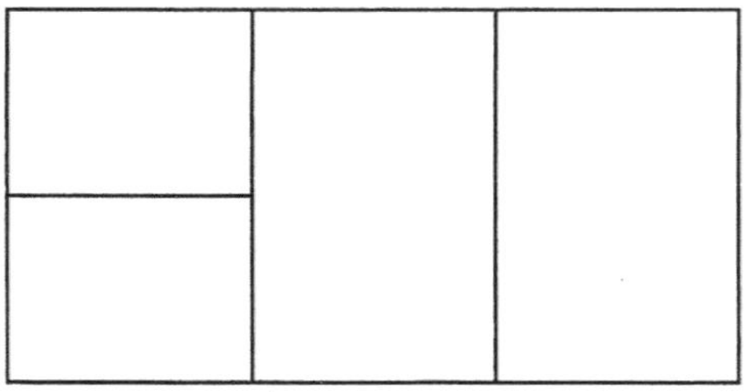

（例）

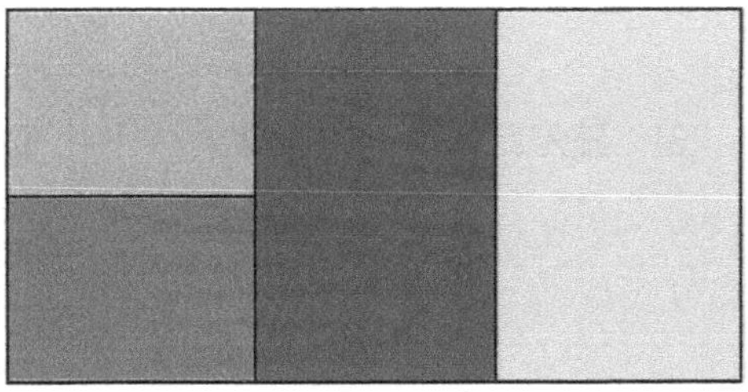

（答えはすべて解答用紙に記入しなさい）

第3問　下のグラフは，あるクラスの児童 25 人が半年間に読んだ本の冊数をヒストグラム（柱状グラフ）にまとめたものです。このとき，次の □ にあてはまる数をそれぞれ答えなさい。

読んだ本の冊数（半年間）

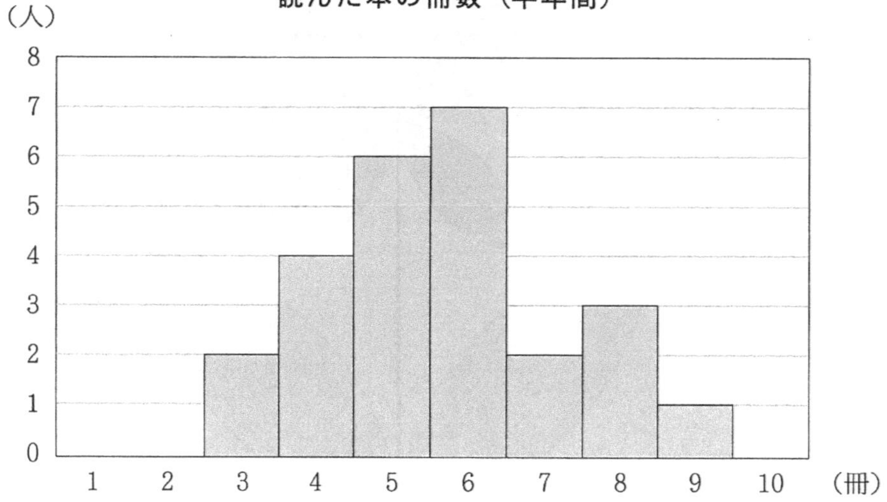

(1)　読んだ本の冊数の中央値は □ 冊です。

(2)　5冊以上読んだ児童の割合は □ パーセントです。

(3)　読んだ本の平均値は □ 冊です。

（答えはすべて解答用紙に記入しなさい）

第4問　下の図のように正三角形を規則的に組み合わせてできる図形について，次の問いに答えなさい。

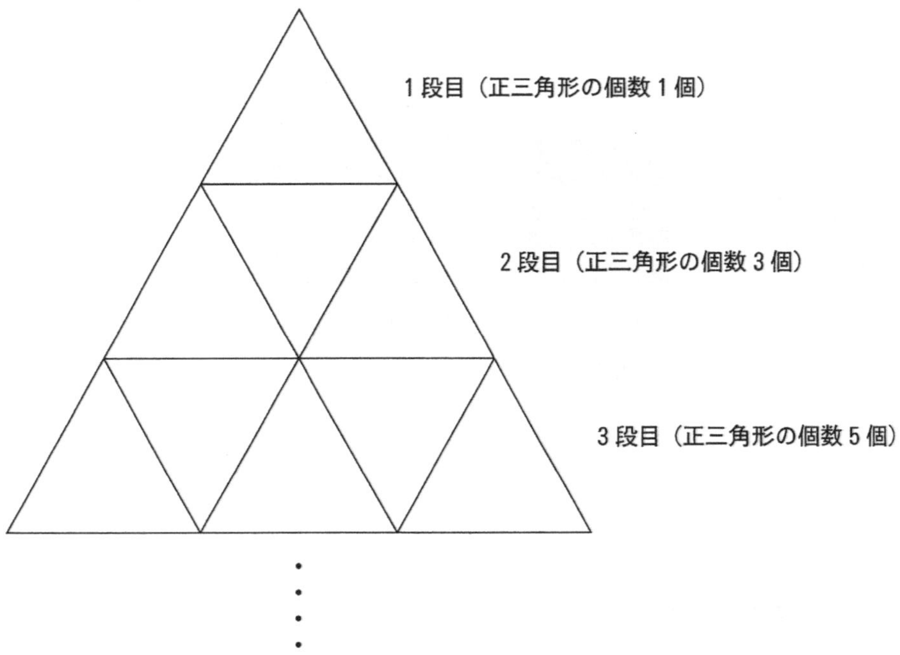

(1)　5段目にある正三角形の個数は ① 個です。また，1段目から5段目までの正三角形の個数の和は ② 個です。

(2)　28段目にある正三角形の個数は ③ 個です。また，正三角形の個数の和が900個のとき，正三角形を規則的に組み合わせてできる図形は ④ 段あります。

（答えはすべて解答用紙に記入しなさい）

第５問　下の図のように，全ての辺の長さが同じになるように，４種類の多角形を切り取った図形の紙が何枚かあります。このとき，次の問いに答えなさい。

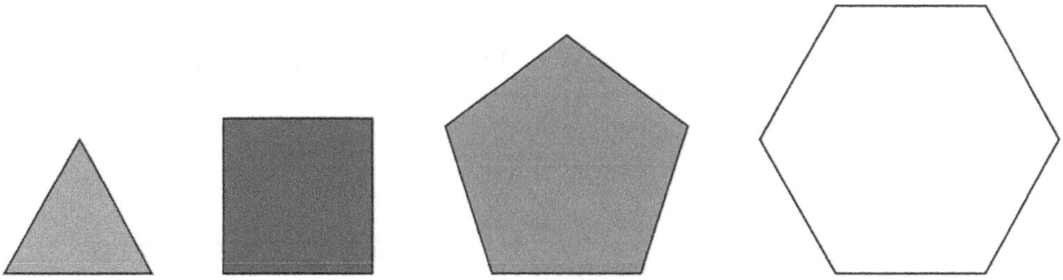

［正三角形］　［正四角形］（正方形）　［正五角形］　［正六角形］

(1)　次の □ にあてはまる数を漢字で答えなさい。

同じ種類の正多角形を平らな面にすき間なくしきつめていくとき，すき間なくしきつめることができない多角形は 正□角形 です。

(2)　(1) で答えた理由を，説明しなさい。

(3)　次の □ にあてはまる数を漢字で答えなさい。

同じ種類の正多角形をすき間なく使い立体の図形を作るとき，すき間なく作ることができない多角形は 正□角形 です。

（答えはすべて解答用紙に記入しなさい）

第６問　長さ 150 m，速さが時速 90 ㎞の列車が 1000 m の橋を通るとき，次の □ にあてはまる数をそれぞれ答えなさい。

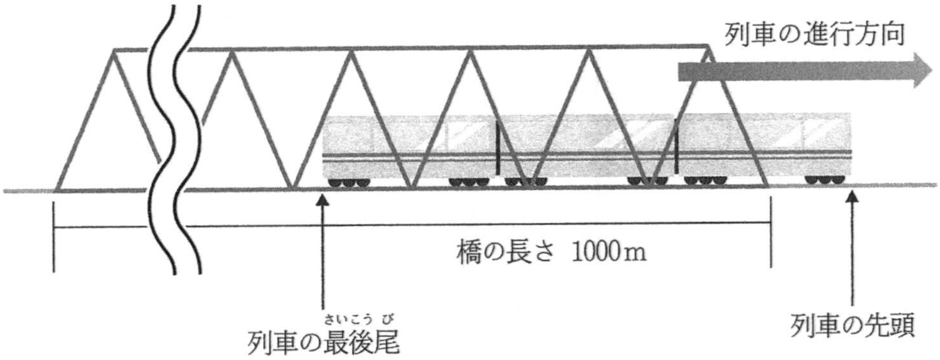

(1)　この列車の速さは秒速 □ m です。

(2)　この列車が橋を渡り出してから渡り切るまでの時間は □ 秒です。

（答えはすべて解答用紙に記入しなさい）

第７問　仙台駅（点Ａ）から秀光中学校（点Ｂ）までの道のりは，$\frac{1}{25,000}$の縮尺の地図では下の図の青線で示したように 7.2 cmありました。このとき，次の □ にあてはまる数をそれぞれ答えなさい。ただし，図は正確な長さではありません。

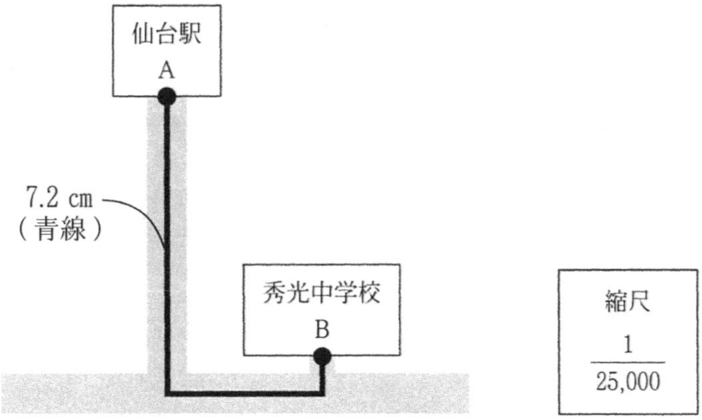

(1)　仙台駅（点Ａ）と秀光中学校（点Ｂ）までの距離は □ kmです。

点Ａと点Ｂの地点の間を，兄は仙台駅から秀光中学校に，弟は秀光中学校から仙台駅に向かって同時に出発しました。兄は向かう途中で何分か休けいした後，それまでと同じ速さで秀光中学校に向かいました。下のグラフはそのときの様子を表したものです。

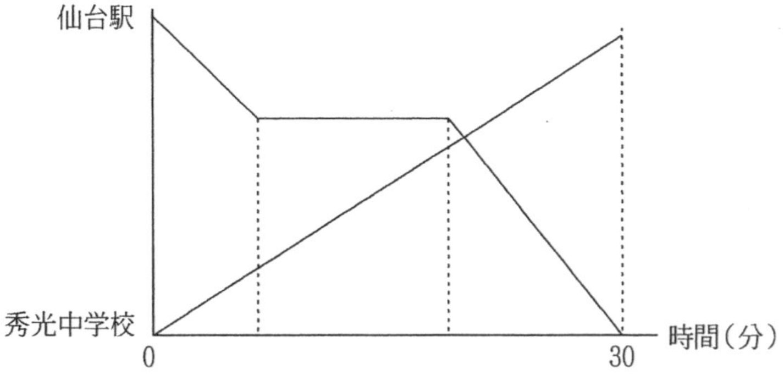

(2)　弟の速さは分速 □ kmです。

(3)　兄の速さが分速 0.09 kmであり，二人が出会った時間が出発してから 18 分後でした。そのとき，二人が出会った場所は秀光中学校から ① kmのところにある場所です。また，兄が休けいした時間は ② 分です。

（答えはすべて解答用紙に記入しなさい）

学校法人　仙台育英学園　秀光中学校

2023年度　入学者選考試験問題（教科型）

社会・理科

（60分）

社会（第１問～第３問）
理科（第１問～第４問）

注意

・試験開始の合図があるまで，問題用紙を開いてはいけません。
・この問題冊子は，社会12ページ・理科９ページ，合計21ページあります。
・答えはすべて問題の指示にしたがって，解答用紙に記入しなさい。

社 会

第１問　次の文章は中学生の兄と小学生の妹との会話を示したものである。これを読んで，あとの問いに答えなさい。

妹：お兄ちゃんの中学校では室内で野菜を育てているって聞いたけど，本当なの？

兄：そうだよ。「植物工場」と言って自動で管理する栽培方法なんだ。「植物工場」では，栽培はもちろんのこと，洗浄から袋づめまですべての作業が一つの教室で完結するんだよ。

妹：すごいね。でも，野菜は外で育てたほうが元気に美味しく育つ気もするけど…。

兄：たしかに自然の中で育てるのもひとつの方法かもしれないけど，「植物工場」だと天候や病害虫《びょうがいちゅう》の発生に左右されずに作物を安定的に供給できるというメリットがあるんだ。近年，気候変動や①自然災害も多いことから，注目されている栽培方法なんだよ。

妹：なるほど。今ちょうど学校で②日本の農業について勉強しているんだけど，その中で③日本の食料自給率が低いって話を聞いたよ。その問題も解決できるのかな？

兄：現段階ではまだそこまでいかないかもしれないけど，④ＳＤＧｓで提唱されている食の安全確保という意味で果たす役割は大きいと思うよ。また，日本では食料自給率だけでなく，⑤エネルギーも諸外国からの輸入に頼っていることが問題として取り上げられることも多いよ。このこともＳＤＧｓに関連しているね。

妹：ＳＤＧｓについては私も学校で調べたよ。ＳＤＧｓって国際連合が採択した「2030年までに持続可能でより良い世界を目指す国際目標」のことだよね。

兄：そのとおり。よく勉強しているね。グローバル社会の中で，各国が協力して持続可能な未来を築いていく必要があるんだ。

妹：各国が協力したら，すぐに解決できそうな気もするんだけど…。

兄：国家間には，歴史的背景による対立や⑥領土問題等，⑦各国の関係性によって様々な問題を抱えているから，すぐに理想通りには進まないんだ。だからこそ，こうした目標を掲げて取り組んでいくことに大きな意味があるんだと思うよ。

妹：そうなんだ。私ももう少し世界のことについて調べてみるよ。

問１　下線部①について，冷害の原因になる東北地方の太平洋側特有の初夏から夏に吹く冷たくしめった北東風を何というか，**ひらがな３文字**で答えなさい。

問 2　下線部②について，以下の 2 つの問いに答えなさい。

（ｉ）日本の農業の説明として**適当でないもの**を，以下の**ア**～**エ**からひとつ選び記号で答えなさい。

ア　農家の多くは小規模な家族経営であり，１人あたりの耕地面積も日本はアメリカやフランスなどの諸外国に比べるとせまくなっている。

イ　米の生産は都道府県別にみると，新潟県や北海道のほか，秋田県をはじめとする東北地方の各県で生産量が多い。

ウ　大都市周辺で近郊《きんこう》農業が盛んな理由は，大消費地が近くにあり，安い輸送費で新鮮《しんせん》な野菜をすぐに届けることができるからである。

エ　都道府県別の生産でみると2019年の統計で，りんごは青森県，さくらんぼは山形県，ももは宮城県，ぶどうは山梨県がそれぞれ１位である。

（ii）次の**ア**～**エ**は，たまねぎ・レタス・みかん・さとうきびの生産量が最も多い都道府県の県庁所在地における雨温図をそれぞれ示したものである。みかんの生産量が最も多い都道府県の雨温図として適当なものを，以下の**ア**～**エ**からひとつ選び記号で答えなさい。

ア

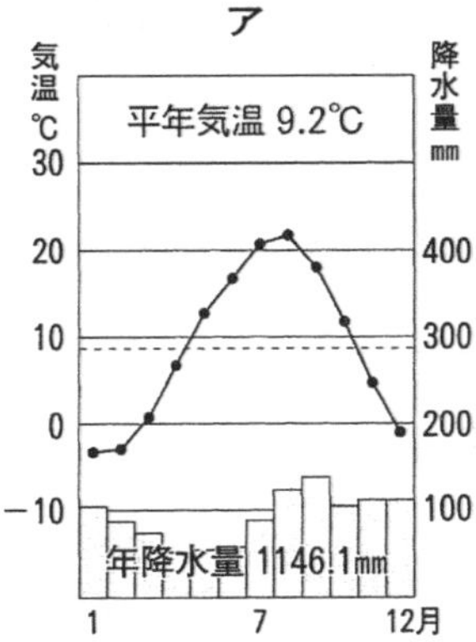

イ

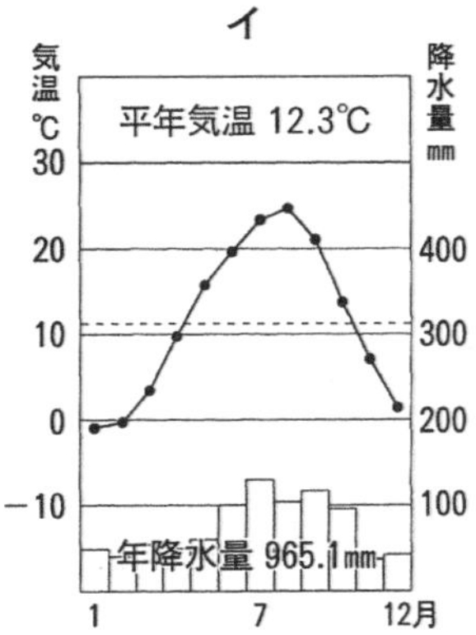

ウ

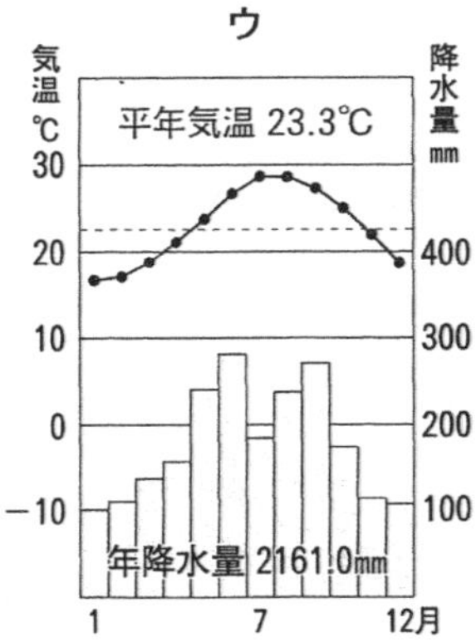

エ

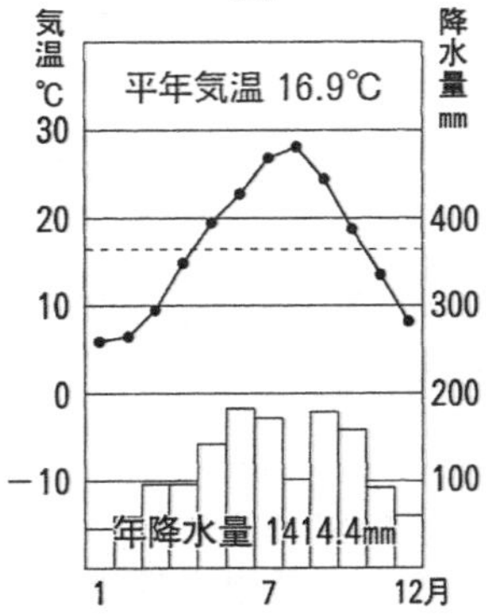

（2022年『理科年表』より作成）

（答えはすべて解答用紙に記入しなさい）

問 3　下線部③について，以下の 2 つの問いに答えなさい。

（ i ）1960年以降，日本は食料の多くを輸入に頼るようになってきたが，その理由として**適当でないもの**を，以下の**ア〜エ**からひとつ選び記号で答えなさい。

ア　日本人の食生活が欧米化したため。
イ　地震や台風などの自然災害により，耕作されない土地が増加したため。
ウ　アメリカなどから，貿易の自由化を求められたため。
エ　外国から輸入したほうが，価格を安く抑《おさ》えられる農産物が増えたため。

（ ii ）次のグラフは，2021年における小麦・大豆・牛肉・とうもろこしの国別輸入割合を示したものである。**A〜D**に当てはまる国の組み合わせとして適当なものを，以下の**ア〜エ**からひとつ選び記号で答えなさい。

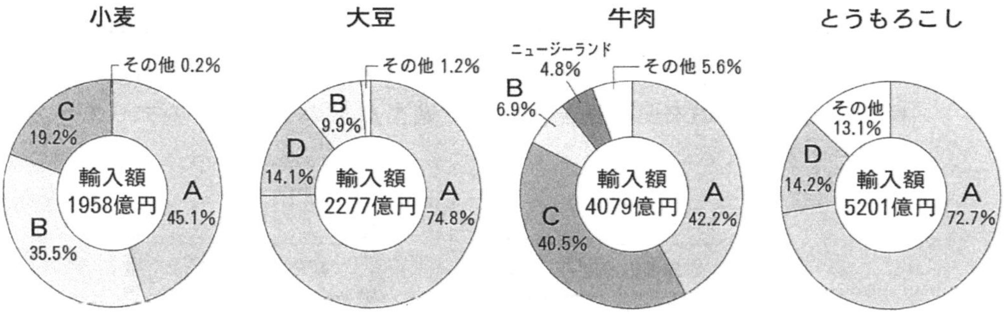

（農林水産省『農林水産物輸出入概況2021年』より作成）

	A	B	C	D
ア	アメリカ	オーストラリア	カナダ	ブラジル
イ	オーストラリア	アメリカ	ブラジル	カナダ
ウ	アメリカ	カナダ	オーストラリア	ブラジル
エ	オーストラリア	ブラジル	アメリカ	カナダ

問 4　下線部④について，以下の 2 つの問いに答えなさい。

（ i ）ＳＤＧｓの17の目標として**適当でないもの**を，以下の**ア〜エ**からひとつ選び記号で答えなさい。

ア　平和と公正をすべての人に
イ　すべての人に健康と福祉を
ウ　持続可能な宇宙開発を
エ　気候変動に具体的な対策を

（ii）世界経済フォーラムが2021年３月，各国における男女格差を測るジェンダーギャップ指数（Gender Gap Index：GGI）を発表した。この指数（スコア）は，０が完全不平等，１が完全平等を示し，**資料２**に示された「経済」「政治」「教育」「健康」の４つの分野別スコアから算出《さんしゅつ》されたものである。ＳＤＧｓの目標５「ジェンダー平等を実現しよう」に関連して，**資料１・２**から読み取ることのできることとして**適当でないもの**を，以下の**ア**～**エ**からひとつ選び記号で答えなさい。

資料１

ジェンダーギャップ指数（2021）上位国及び主な国の順位

順位	国名	スコア	前年のスコア	前年の順位
1	アイスランド	0.892	0.877	1
2	フィンランド	0.861	0.832	3
3	ノルウェー	0.849	0.842	2
79	タイ	0.71	0.708	75
87	ベトナム	0.701	0.7	87
101	インドネシア	0.688	0.7	85
102	韓国	0.687	0.672	108
107	中国	0.682	0.676	106
120	日本	0.656	0.652	121

資料２

ジェンダーギャップ指数（2021）日本の分野別スコア

分野	スコア	前年のスコア
経済	0.604	0.598
政治	0.061	0.049
教育	0.983	0.983
健康	0.973	0.979

（資料１・２ともに『The Global Gender Gap Report 2021』より作成）

ア　アイスランドやフィンランドなど，北欧《ほくおう》の国々のジェンダーギャップ指数（スコア）は前年と比べて上がっており，安定して高い順位に位置している。

イ　中国のジェンダーギャップ指数（スコア）は前年と比べて上がっているものの，順位をみると，韓国などがスコアを伸ばした影響をうけて下がっている。

ウ　日本のジェンダーギャップ指数（スコア）は前年と比べて上がっているものの，順位をみると，韓国や中国などのアジア諸国より低いものとなっている。

エ　日本のジェンダーギャップ指数（スコア）が前年と比べて上がったのは，分野別スコアにおいて，健康分野でのスコアが上がったことが一つの要因である。

（答えはすべて解答用紙に記入しなさい）

問５　下線部⑤について，**資料３・４**を読み取り，**Ｅ～Ｈ**に当てはまる国の組み合わせとして適当なものを，以下の**ア～エ**からひとつ選び記号で答えなさい。

資料３

主要国の国別の発電構成比（2018）

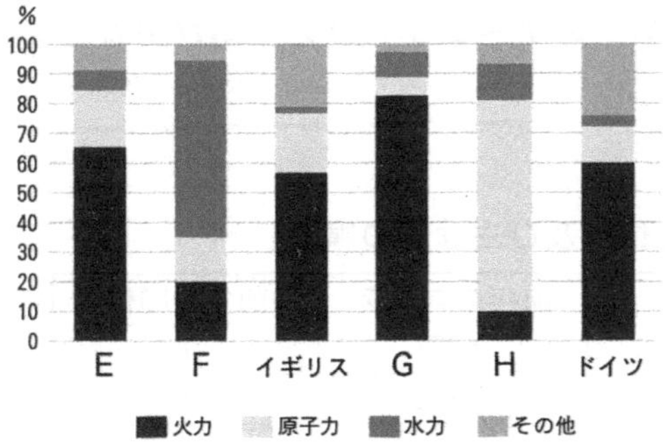

（2021-22年『世界国勢図会』より作成）

資料４

主要国のエネルギー自給率（2018）

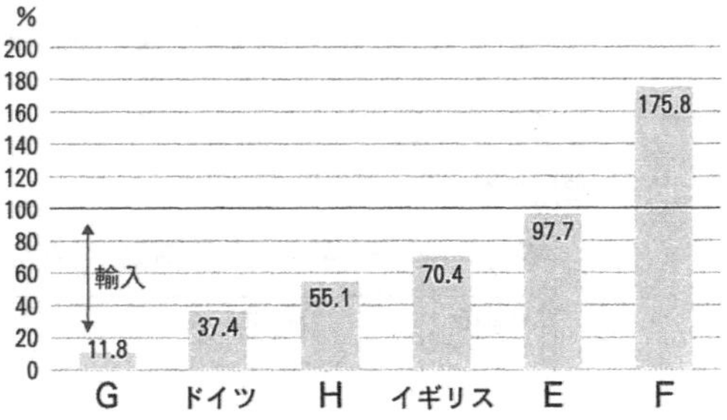

（資源エネルギー庁
『日本のエネルギー2020』より作成）

	Ｅ	Ｆ	Ｇ	Ｈ
ア	アメリカ	カナダ	フランス	日本
イ	カナダ	アメリカ	日本	フランス
ウ	フランス	日本	アメリカ	カナダ
エ	アメリカ	カナダ	日本	フランス

問６　下線部⑥について，韓国が領有権を主張している島根県の島を何というか，**漢字２文字**で答えなさい。

問７　下線部⑦について，日本と他国との関係性を述べた文として**適当でないもの**を，以下の**ア～エ**からひとつ選び記号で答えなさい。

ア　日本の輸入総額に占める割合が最大の国は，1950年代後半から長くアメリカであったが，2002年より中国となった。

イ　2017年７月に国連で採択された核兵器禁止条約に，核保有国をはじめ日本も現時点で不参加を表明している。

ウ　日本は，アジア太平洋地域で関税をなくした自由な貿易を目指す環太平洋経済連携協定（TPP）を2017年１月に締結した。

エ　2022年５月，日本・アメリカ・オーストラリア・インドの４か国の枠組みであるクアッドの首脳会合がアメリカの首都ワシントンで行われた。

第2問　次の**図1**は，日本の歴史について学ぶことができる博物館の館内図である。入り口から入ったあとは，展示スペースの番号順に展示物を見ていくことになる。それぞれの展示スペースのテーマは館内図の下に記されたとおりである。これをみて，あとの問いに答えなさい。

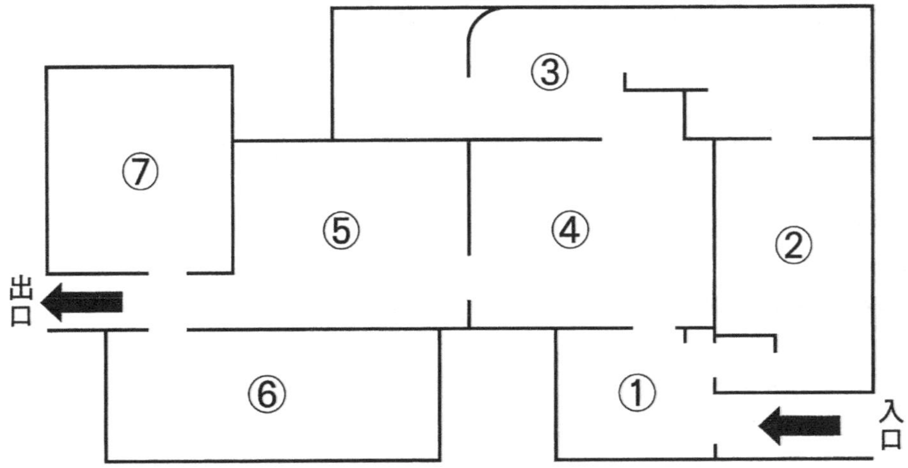

図1

展示スペース①／縄文から古墳へ
展示スペース②／天皇中心の国づくり・貴族のくらし
展示スペース③／武士の世の中
展示スペース④／江戸幕府と政治の安定
展示スペース⑤／明治時代と世界
展示スペース⑥／特集「世界で活やくした日本人」
展示スペース⑦／長く続いた戦争と人々の暮らし

問1　次の資料は，展示スペース①に設置されている説明パネルの一部を抜き出したものである。（　A　）に当てはまる遺跡名として適当なものを，**漢字4文字**で答えなさい。

> ･･･代表的な遺跡として，令和3年7月27日に「北海道・北東北の縄文遺跡群」の一部として世界遺産登録が決定した，青森県青森市の（　A　）遺跡があります。･･･今から約5500年前の人々は，野生の動物や木の実，山菜，魚や貝などを手に入れて生活していたと考えられています。･･･

問2　展示スペース②で国風文化について学んだ太郎さんは，日本独自の文化が発展した背景を次のようにまとめた。（　B　）に当てはまる用語として適当なものを，**漢字3文字**で答えなさい。

「大陸との交流はその後も続いたが，894年に（　B　）の派遣が停止された影響が大きいと考えられる」

（答えはすべて解答用紙に記入しなさい）

問 3　次の資料は，展示スペース③でパネル展示されている，ある人物の演説（現代語訳）の一部を抜き出したものである。この内容について説明した文として**適当でないもの**を，以下の**ア～エ**からひとつ選び記号で答えなさい。

・・・今は亡き頼朝どのが平氏をほろぼして幕府を開いてから，皆の地位も上がり，領地も増えた。そのご恩は，山よりも高く，海よりも深い。ご恩に感謝して報いようという志がどうして浅いことがあろうか。・・・名誉を大切にする武士ならば，早く秀康《ひでやす》・胤義《たねよし》[*1]らをうちとり，三代将軍[*2]の跡《あと》を守るべきである。・・・

*1 秀康《ひでやす》・胤義《たねよし》・・・藤原秀康と三浦胤義のこと。いずれも朝廷《ちょうてい》に味方し，幕府に敵対した武士。

*2 三代将軍・・・頼朝・頼家・実朝の源氏三代の将軍。

ア　平清盛を中心とした平氏は朝廷で強い権力をもっていたが，不満をもった武士たちをまとめあげた源頼朝によって壇ノ浦の戦いでほろぼされた。

イ　この演説をおこなった人物は源頼朝の妻・北条政子であり，夫であった頼朝の家来になった武士（御家人）たちに団結をうったえたものである。

ウ　鎌倉幕府の将軍と御家人たちとの関係は，領地を中心とした「ご恩と奉公」の関係によって支えられていた。

エ　演説にみられる「秀康《ひでやす》・胤義《たねよし》ら」とは，朝廷による応仁の乱で幕府をたおそうとした西国の武士たちのことである。

問 4　展示スペース④の最後に展示されている次の **図 2**は，何を描いたものか。「何年にだれが何を決めた」のかを明らかにしながら，**30字以内**で簡潔《かんけつ》に説明しなさい。句読点や数字も１字として数えるものとする。

図 2

問 5　展示スペース⑤に関連して，明治時代の代表的な文学作品とその作者の組合せとして適当なものを，以下の**ア～エ**からひとつ選び記号で答えなさい。

	文学作品	作者
ア	『こころ』	福沢諭吉
イ	『舞姫《まいひめ》』	夏目漱石
ウ	『たけくらべ』	樋口一葉
エ	『人間失格』	芥川龍之介

問 6　展示スペース⑦に関連して，戦後の日本のあゆみに関する説明として**適当でないもの**を，以下の**ア～エ**からひとつ選び記号で答えなさい。

ア　沖縄はサンフランシスコ平和条約を結んだ後もアメリカに占領されたままだったが，のちに返還され2022年に本土復帰50周年を迎えた。

イ　1964年にはアジアで初となる東京オリンピックが開かれ，日本の復興を世界に伝えることができた。2021年には再び東京でオリンピックが開かれた。

ウ　ソビエト連邦とは1956年に国交を回復させ，1978年に平和友好条約が結ばれて北方領土問題が解決した。

エ　アイヌの伝統文化を守るため，2008年には「アイヌ民族を先住民族とすることを求める決議」が国会で可決され，2020年には国立アイヌ民族博物館が開館した。

問 7　次の 4 枚のパネルは，この博物館を見学した小学生が感想をまとめたものである。**本来の順路とは異なるかたちで見学をした**と思われる学生のパネルを，以下の**ア～エ**からひとつ選び記号で答えなさい。

ア
入場してすぐのスペースで見た土器がきれいでした。早く徳川家光について知りたかったのですが，次のスペースでは法隆寺のレプリカを見ました。

イ
太平洋戦争でたくさんの人々が亡くなったことを知りました。そのスペースを出て正面にあるスペースで，最後に新渡戸稲造や野口英世について知りました。

ウ
特集では世界で活やくした日本人について学びました。明治期を通じた日本の成長を実感できただけに，最後の展示スペースでは特攻隊員の日記に心が痛みました。

エ
貴族の時代から武士の時代への移り変わりを，二つの展示スペースで学ぶことができました。それらは次の江戸時代のスペースでも役立ちました。

（答えはすべて解答用紙に記入しなさい）

第3問　次の文章はリオンとレオナの会話を示したものである。これを読んで，あとの問いに答えなさい。

リオン：2022年７月には参議院議員選挙があったね。国会議員は①日本国憲法の改正や法律の制定に関わる人たちだから，きちんと責任をもって選ばないといけないね。調べてみると，通常国会では毎年100～150くらいの法律案が提出されて話し合われているみたいだよ。

レオナ：国会では国民の生活にかかわる法律や，②税金の使い方としての予算などを多数決で決めているんだよね。予算は内閣で作成されるはずだけど，法律案も内閣から提出されるんだったかな？

リオン：うーん，半分正解だね。③法律案を作成するのは内閣だけでなく，国会議員も作成するんだ。それらを法律として成立させるのが国会の重要な役目だよ。

レオナ：主権者である国民が選んだ代表者によって構成され，重要な役割をもっているからこそ，国会が国権の最高機関とされているんだね。

リオン：その通りだよ。そして，国会と内閣，④裁判所が三権分立のもとで権力の暴走を防ぐとともに，お互いに補い合っているんだ。

レオナ：ところで，最近はいろいろな物の値段が上がっているよね。３年前の参議院議員選挙時点では１ドル107円くらいだった円ドル相場が，今回の参議院議員選挙時点では１ドル136円くらいだったから，円（　X　）が進んでいることになるね。

リオン：そうだね。⑤ロシアによるウクライナ侵攻《しんこう》などもあり，世界経済は大きな影響を受けたね。でも円（　X　）は，日本にとって（　Y　）の際に有利だよ。

レオナ：政治や経済など様々に変化する時代だからこそ，一つ一つ政治・外交で対応していく必要があるよね。実際に日本においても，⑥様々な政策や制度が決まったり，見直されたりしているね。何か問題に直面した際には，その都度改善していく必要があることがわかったよ。

問１　下線部①に関連して，以下の２つの問いに答えなさい。

（ⅰ）日本国憲法の公布を記念して制定された国民の祝日として適当なものを，以下の**ア～エ**からひとつ選び記号で答えなさい。

ア　昭和の日　　**イ**　文化の日　　**ウ**　憲法記念日　　**エ**　建国記念の日

（ⅱ）日本国憲法の三つの原則のうち，二度と戦争をしないことを誓ったものは何か，**漢字４文字**で答えなさい。

問 2　下線部②について，税金に関する次の 2 つの説明Ⅰ・Ⅱの正誤の組み合わせとして適当なものを，以下の**ア～エ**からひとつ選び記号で答えなさい。

Ⅰ　税金を納めること（納税）は，日本国民の義務である。
Ⅱ　税金の一部は，道路や公園，河川の整備などに使われている。

	Ⅰ	Ⅱ
ア	正	正
イ	正	誤
ウ	誤	正
エ	誤	誤

問 3　下線部③に関連して，次の**資料 1** から読み取ることのできることとして適当なものを，以下の**ア～エ**からひとつ選び記号で答えなさい。

資料 1

通常国会	内閣による法律案の提出件数	内閣が提出した法律案の成立件数	議員による法律案の提出件数	議員が提出した法律案の成立件数
2021年度	63	61	82	21
2020年度	59	55	57	8
2019年度	57	54	70	14

（内閣法制局HPより作成）

ア　2020年度の通常国会においては，2021年度と比べて議員が提出した法律案の成立割合が高かった。
イ　2021年度の通常国会においては，議員が提出した法律案の成立割合が，内閣が提出した法律案の成立割合の 3 分の 1 以下であった。
ウ　2019年～2021年度の 3 か年では，内閣によって提出された法律案の方が，議員によって提出された法律案に比べて成立割合が低い。
エ　2019年～2021年度の 3 か年で，議員による法律案の提出件数が，内閣による法律案の提出件数よりも少なくなったことはない。

（答えはすべて解答用紙に記入しなさい）

問４　下線部④に関連して，裁判所に関する説明として**適当でないもの**を，以下の**ア～エ**からひとつ選び記号で答えなさい。

ア　地方裁判所の数が最も多い都道府県は東京都であり，日本には合計47の地方裁判所が設置されている。

イ　令和４年４月から裁判員になることのできる年齢が「20歳以上」から「18歳以上」に引き下げられた。

ウ　裁判で勝ち負けを決めるのではなく，話し合いによって合意をはかり，問題の解決を図る「調停《ちょうてい》」制度は令和４年10月に100周年を迎える。

エ　第一審の判決の内容に不服がある場合に備え，控訴《こうそ》・上告《じょうこく》を経て，最大で３回まで裁判を受けることのできる「三審制《さんしんせい》」が採用されている。

問５　会話文中の（　Ｘ　）・（　Ｙ　）に当てはまる語句の組み合わせとして適当なものを，以下の**ア～エ**からひとつ選び記号で答えなさい。

	Ｘ	Ｙ
ア	高	輸出
イ	高	輸入
ウ	安	輸出
エ	安	輸入

問６　下線部⑤に関連して，2022年２月以来のウクライナをめぐる国際社会の動きとして**適当でないもの**を，以下の**ア～エ**からひとつ選び記号で答えなさい。

ア　国際連合では，総会において，ウクライナの主権《しゅけん》を尊重《そんちょう》し，ロシアに対して軍を退《ひ》くよう求める決議が繰り返し採択《さいたく》されたが，大きな効果はなかった。

イ　国際連合の機関であるUNICEF《ユニセフ》（国連児童基金）などに加え，国境なき医師団などのNGO《エヌジーオー》（非政府組織）が，支援活動をおこなっている。

ウ　日本では，2022年３月に，ウクライナのゼレンスキー大統領による国会演説がオンライン形式でおこなわれた。

エ　日本では，2022年10月までに合計で5,000人を超える人々が，ウクライナからの「難民」として国に認定され，入国を認められた。

学校法人 仙台育英学園 秀光中学校

二〇二三年度 入学者選考試験（教科型）解答用紙 国語

※100点満点

受験番号

第一問 20点

問一 ① ② ③ える

問二 ① ② ③

問三 ① ②

問四 ① れる ② れる

第二問 32点

問一

問二

問三

問四

問五

問六

問七

問八 こと。

受験番号

(6)		
(7)		
(8)		
	①	
	②	

第3問 3点×3

(1)	
(2)	
(3)	

第4問 3点×4

(1)	①	
	②	
(2)	③	
	④	

第５問　３点×２＋５

(1)	正　　　　角形
(2)	下の解答欄《かいとうらん》に記入
(3)	正　　　　角形

第６問　３点×

(1)	
(2)	

第５問　(2) 解答欄《かいとうらん》　５点

光中学校

解答用紙　社会

※50点満点

受験番号

)	(ii)	問3	(i)	(ii)

		問7	

			問3	

第３問　問１．２点×２　問２．２点　問３．２点　問４．１点　問５．２点　問６．２

問１	（ｉ）	（ii）			
問２		問３		問４	
問６		問７			

光中学校

解答用紙　理科

※50点満点

受験番号

問2	
(2)	(3)

問2		
(1)	(2)	(3)

問2		問3	
(2)	(3)	(1)	(2)

問4	問5
	g

学校法人　仙台育英学

2023年度　入学者選考試験（教科型）

２点×25

第１問

問１		
(1)	(2)	(3)

第２問

問１	
(1)	(2)

第３問

問１		
(1)	(2)	(1)

第４問

問１	問２	問３
		(1)
cm^3	cm^3	cm

2点

問5	

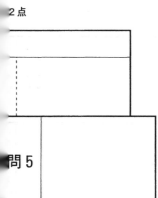

学校法人　仙台育英学

2023年度　入学者選考試験（教科型）

第１問　２点×10

問１				問２	
問４	（ｉ）	（ii）	問５		

第２問　問１．２点　問２．２点　問３．２点　問４．３点　問５．２点　問６．２点　問

問１					問２	
問４						
問５		問６		問７		

第７問　３点×４

(1)		
(2)		
(3)	①	
	②	

学校法人　仙台育英学園　秀光中学校

2023年度　入学者選考試験（教科型）　**解答用紙　算数**　※100点満

第1問　3点×5

(1)	
(2)	
(3)	
(4)	
(5)	

第2問　3点×10

(1)	
(2)	
(3)	
(4)	
(5)	

第三問 30点

問一

問二
a
b

問三

問四
A
B

問五
Ⅰ
Ⅱ
Ⅲ

問六

第四問 18点

問一

問二

問三

問四

問五

という自覚。

問六

ある服飾メーカー社員のウィットマイヤさんは、衣服を売る立場でありながら「必要ないのに買わないで。そんなにいらないでしょ」と語っています。

問7　下線部⑥に関連して，2021年～2022年に日本で行われたことの説明として適当なものを，以下の**ア～エ**からひとつ選び記号で答えなさい。

ア　コロナウイルスの流行が続く中，質の高いオンライン授業等を行うためであれば，一切の著作物を自由に使用してよいという法改正がなされた。

イ　民法の改正によって成年年齢が18歳に引き下げられたことを受け，選挙権年齢を18歳以上に引き下げる法改正がなされた。

ウ　家族のあり方の多様化や女性の社会進出などが進む中，希望すれば，夫婦で別の氏《うじ》（「姓」や「名字」）を名乗ることができるという法改正がなされた。

エ　育児や介護をしながらはたらく人が増えていることを受け，育児・介護休業法が改正されて，育児休業の分割取得などが可能となった。

（答えはすべて解答用紙に記入しなさい）

次のページより理科の問題です。

理科問題へ進む

理 科

第１問　次の各問いに答えなさい。

問１　地震《じしん》や火山について，次の（１）～（３）の問いに答えなさい。

（１）次の文の①～④にあてはまる言葉の正しい組み合わせを，次の**ア～エ**から一つ選び，記号で答えなさい。

地震が発生した所を（　①　）といい，①の真上の地表の地点を（　②　）という。地震の規模《きぼ》は，（　③　）という値で示し，各地点でのゆれの大きさを（　④　）という。

	①	②	③	④
ア	震央	震源	震度	マグニチュード
イ	震央	震源	マグニチュード	震度
ウ	震源	震央	震度	マグニチュード
エ	震源	震央	マグニチュード	震度

（２）2007年から本格的に運用が開始された，「地震が起きたとき，各地のゆれの到達時刻や大きさを予想し，できる限りすばやく知らせる情報」のことを何というか。

（３）日本は火山の多い国です。７月には，鹿児島県の桜島が大規模な噴火をし，大量の火山灰を降らせました。火山のはたらきでできた地層の特徴《とくちょう》について，次の**ア～カ**から正しいものをすべて選び，記号で答えなさい。

ア　地層の中に，ごつごつした角ばった石や小さなあながたくさんあいた石が混じっていることがある。
イ　地層の中に，ごつごつした角ばった石や小さなあながたくさんあいた石が混じっていることはない。
ウ　火山灰のつぶは，丸みがある。
エ　火山灰のつぶは，角ばっている。
オ　火山灰と溶岩が積み重なって，層のようになっていることがある。
カ　火山灰と溶岩が積み重なって，層のようになっていることはない。

問2　天気のようすについて，次の（**1**）～（**3**）の問いに答えなさい。

（**1**）下の図は，**春のある日の雲**の画像である。日本付近にある雲は，このあと次の**ア**～**エ**のどちらに動くと考えられるか。一つ選び，記号で答えなさい。

ア　東　　**イ**　西　　**ウ**　南　　**エ**　北

（**2**）夏のある日，高く広がる雲が出ていました。この雲が出ると，雨の降る地域は広くないが，短い時間にたくさんの雨が降ることがあります。この雲の名前を書きなさい。

（**3**）近年，大雨による災害を伝えるニュースが多く報道されています。（**2**）の雲が，線状に次々発生して同じ地域に長時間強い雨を降らせたり，台風に伴う雲が大雨を降らせたりすることもあります。大雨に備えて避難する場合，どのようなことに注意して避難すればよいか，簡潔に書きなさい。

（答えはすべて解答用紙に記入しなさい）

第2問　次の各問いに答えなさい。

問1　20℃で100ｇの水の入ったビーカーにミョウバンを入れてとかしました。よくかき混ぜましたがビーカーの底にミョウバンが残りました。次の（1）～（2）の問いに答えなさい。

（1）とけ残ったミョウバンや食塩を取り出す方法にろ過があります。正しい方法はどれですか。次の**ア～エ**から一つ選び，記号で答えなさい。

ア　　**イ**　　**ウ**　　**エ**

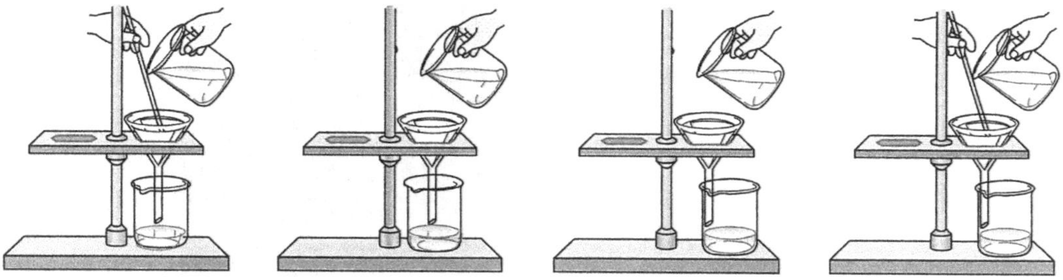

（2）とけ残ったミョウバンをとかす方法を**2つ**書きなさい。

問2　右の図のような集気びんに酸素を入れて，その中に火のついたろうそくをすばやく入れてふたをしました。ろうそくは激しく燃えました。次の（1）～（3）の問いに答えなさい。

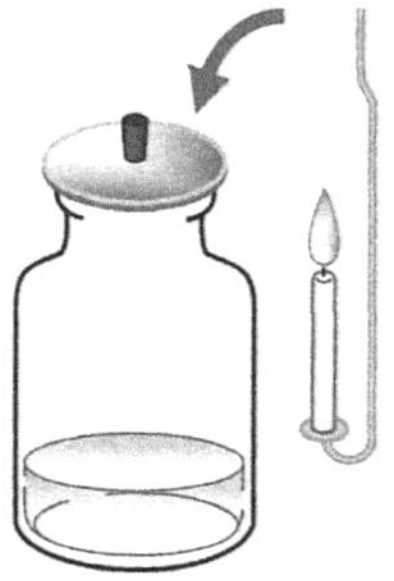

（1）中に入れた酸素の性質としてあてはまるものはどれですか。次の**ア～エ**からすべて選び，記号で答えなさい。

ア　無色でにおいがない。

イ　鼻をさすようなにおいがする。

ウ　水にとけやすい。

エ　空気中にふくまれる割合がもっとも大きい 。

（2）ろうそくが激しく燃えたあと集気びんに石灰水を入れると白くにごりました。このことからは，集気びんの中に何という気体ができましたか。

（3）激しく燃えた集気びんを観察すると内側がくもっていました。（2）の気体以外に新たにできた物質は何ですか。

第３問　次の各問いに答えなさい。

問１　種子の発芽の条件について調べるために，以下のようにインゲンマメの種子を条件を変えて実験を行いました。次の（１）～（２）の問いに答えなさい。

実験１：インゲンマメの種子の発芽と温度，水，空気の関係

	温度	水	空気	結果
A	5℃	○	○	発芽しない
B	25℃	○	○	**発芽した**
C	25℃	×	○	発芽しない
D	25℃	○	×	発芽しない

※○：ある　×ない

（１）**実験１**の結果からわかる，インゲンマメの発芽の条件として正しいものはどれですか。次の**ア**～**エ**の中から一つ選び，記号で答えなさい。

ア　発芽には，温度が25℃，水が必要で，空気は必要ない。
イ　発芽には，温度が25℃，空気が必要で，水は必要ない。
ウ　発芽には，水，空気が必要で，温度が５℃でも発芽できる。
エ　発芽には，温度が25℃，水，空気，全て必要である。

（２）インゲンマメの種子をヨウ素液にひたすと，種子の中の子葉が青むらさき色に変化しました。この結果から，子葉には何が含まれているといえますか。

子葉

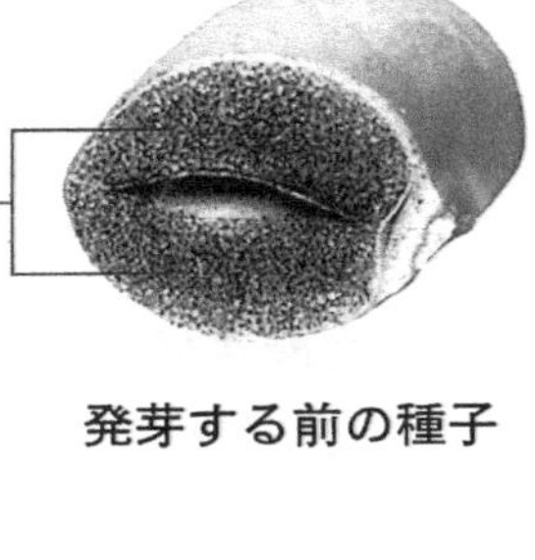

発芽する前の種子

（答えはすべて解答用紙に記入しなさい）

問 2　ポリエチレンのふくろに息を吹き込み，ふくろの中の空気とまわりの空気にふくまれる酸素と体積の割合を酸素センサーで調べました。実験結果は以下の通りです。次の（**1**）～（**3**）の問いに答えなさい。

はき出した空気　　　　吸う空気（まわりの空気）

（**1**）実験結果より，はき出した空気の酸素は，まわりの空気の酸素よりも何％減っていましたか。

（**2**）はき出した空気に二酸化炭素が含まれていることをたしかめるために適切なものはどれですか。次の**ア**～**エ**の中から一つ選び，記号で答えなさい。

ア　石灰水
イ　食塩水
ウ　塩酸
エ　炭酸水

（**3**）ヒトの呼吸についての説明として正しいものはどれですか。次の**ア**～**エ**の中から一つ選び，記号で答えなさい。

ア　鼻や口から入った空気は，食道を通って左右の肺に入る。
イ　肺にはリンパ管が通っていて，空気中の酸素の一部がリンパ管に取り入れられる。
ウ　心臓は，肺から受けとった酸素が少ない血液を全身へ送る。
エ　二酸化炭素を多くふくんだ空気は鼻や口からはき出される。

問3　メダカの生活について，次の（**1**）～（**2**）の問いに答えなさい。

（**1**）下の図は，メダカのメスがたまご（卵）をうみ，オスが精子をだすところの写真と，実際の卵の写真です。卵と精子が結びつくことを何といいますか。

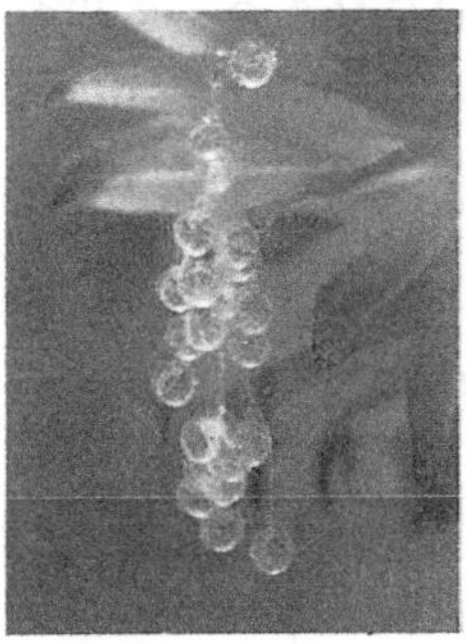

（**2**）野生のメダカは，以前は身近な生き物でしたが，現在ではあまり見られなくなってしまいました。野生のメダカが減ってしまった原因として**間違っているもの**はどれですか。次の**ア～エ**の中から一つ選び，記号で答えなさい。

ア　外来生物が増えたことで，メダカを食べる生物が増えた。
イ　生活はい水や工業はい水などによって水がよごれてしまった。
ウ　都市の開発によって，流れがゆるやかな川が減ってしまった。
エ　地域の住民が，ホタルを救おうと河川をきれいにした。

野生のメダカ

（答えはすべて解答用紙に記入しなさい）

第４問　次の　　内の【情報】を元に各問いに答えなさい。

【情報】

〔１〕お風呂に入ったり，水泳でプールに入ったりしたときに，体が軽く感じたり浮いたりすることがあります。

そこで，３種類の金属のかたまりＡ，Ｂ，Ｃの重さを，ばねばかりを使って，下の図の【１】，【２】の方法ではかってみました。すると，下の表のような結果になりました。

【１】そのままはかる　　【２】金属のかたまりを水の中に入れてはかる

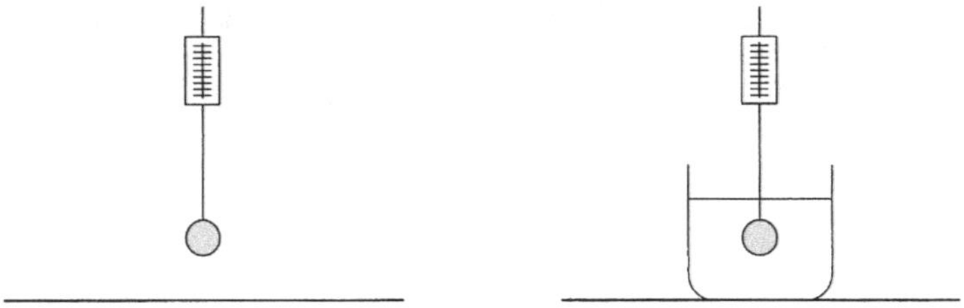

重さをはかった結果		金属のかたまり		
		Ａ	Ｂ	Ｃ
重さのはかりかた	【１】	50g	80g	120g
	【２】	40g	60g	80g

〔２〕水の重さは１㎤あたり１ｇ（グラム）とします。

※以下の問題では，「金属のかたまり」を「金属」とだけ表現します。

問１　右の図のように，水の入ったビーカーを傾けて，ビーカーのふちの〔**ア**〕から水がこぼれそうになるぎりぎりのところで止めて置きました。

このビーカーの水の中に，金属Ａ（50ｇ）を静かに入れて沈めたところ，〔**ア**〕から小さなビーカー〔**イ**〕に水がこぼれました。ビーカー〔**イ**〕に入った水の重さをはかると，ちょうど10ｇでした。金属Ａの体積を答えなさい。

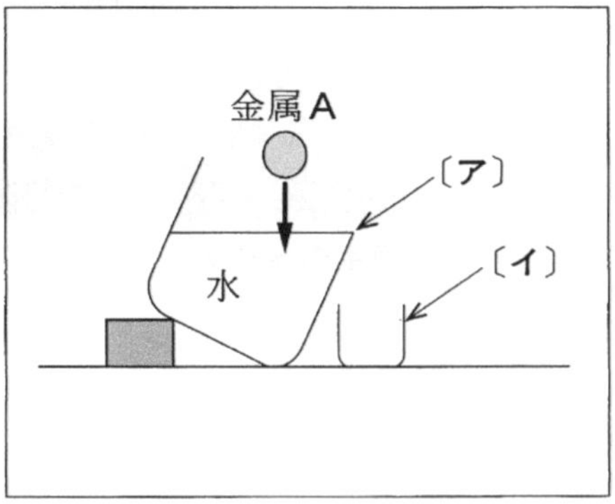

問２　問１を参考にして，金属Ｂの体積を答えなさい。

問 3　金属**A**，金属**C**と同じ材料で，体積が等しくなるように作った 2 つの金属A（200 g）と金属C（120 g）があります。下の図はこの 2 つの金属A，Cがつり合うように支点の位置を調節したてんびんの様子です。

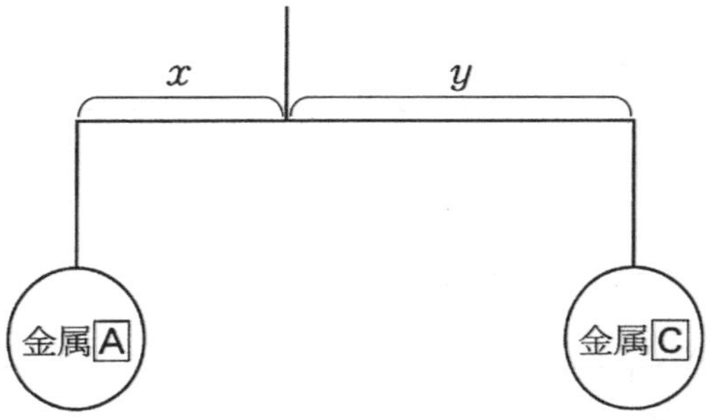

（**1**）支点から金属Aがつり下げられているところまでの長さxを12cmとしたとき，支点から金属Cがつり下げられているところまでの長さyは何cmか答えなさい。

（**2**）このてんびんを下の図のように大きな水そうに入れたら，つり合いはどうなりますか。次の**ア**～**ウ**の中から一つ選び，記号で答えなさい。

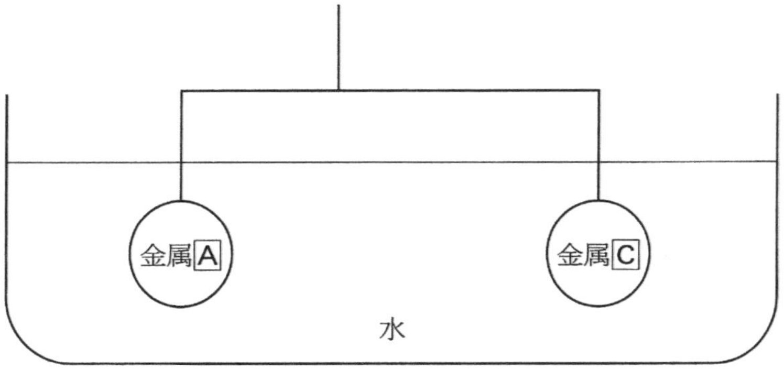

ア　金属Aの方が上がる
イ　つり合いは変わらない
ウ　金属Cの方が上がる

問 4　3 種類の金属**A**，**B**，**C**を等しい重さになるように大きさを調節したとき，最も体積が大きくなるのは**A**，**B**，**C**のどれか答えなさい。

（答えはすべて解答用紙に記入しなさい）

問5　下の〔**図1**〕のように，台ばかりに水を入れたビーカーをのせて重さをはかったところ，ちょうど300 gでした。

次に，〔**図2**〕のように，このビーカーの水の中に金属**B**（80 g）を静かに入れました。このとき，はかりの目盛りは何 gを示すか答えなさい。

〔**図1**〕

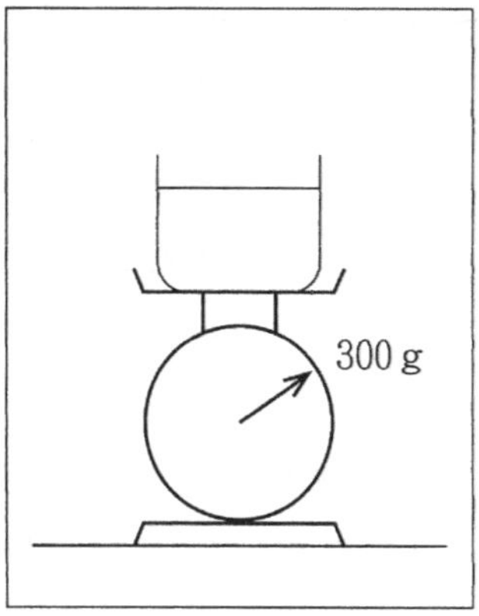

〔**図2**〕

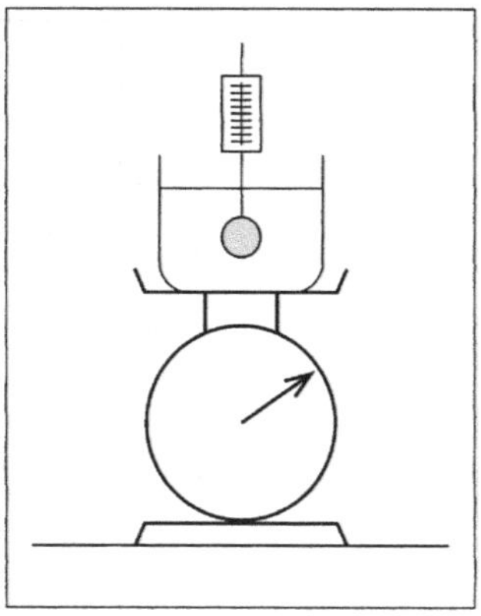

学校法人 仙台育英学園 秀光中学校

2022年度 入学者選考試験

（適性検査型）

総合問題

（50分）

（第１問～第11問）

注意

・試験開始の合図があるまで，問題用紙を開いてはいけません。
・この問題冊子は，12ページあります。
・答えはすべて問題の指示にしたがって，解答用紙に記入しなさい。

受験番号

リオン君とレオナさんは夏休みの自由研究を「エネルギー」について調べることにしました。会話文を読みあとの問いに答えなさい。

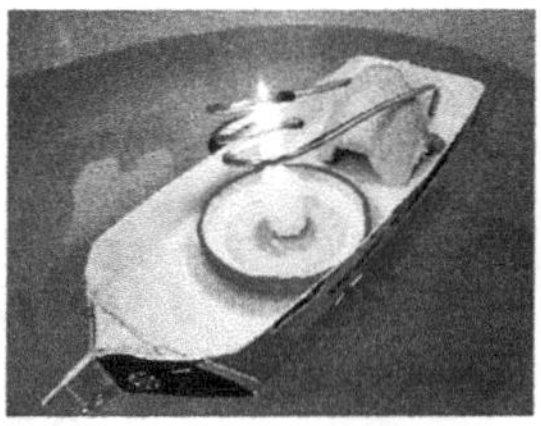

ポンポン船

リオン君

「a手回し発電機でハンドルをぐるぐる回して電気をつくったり，理科クラブで牛乳パックを使ってポンポン船をつくったりして『エネルギー』について考えてみました。」

レオナさん

「ポンポン船の構造は**図1**のようになります。ろうそくの火で管の中のb水を温めて水蒸気をつくり，水を押《お》し出します。その時，管の圧力が下がり，管に水が入ってきて，その水がろうそくの火でまた温められ水蒸気をつくって水を押し出します。そのくり返しで前に進みます。」

「このポンポン船の構造は火力発電の構造に似ていますね。c火力発電の構造は**図2**のようになります。**図2**からもわかるように火力発電はLNG（液化天然ガス）や石炭を燃料とするボイラーという機械の中で火をおこし，たくさんの電気をつくります。」

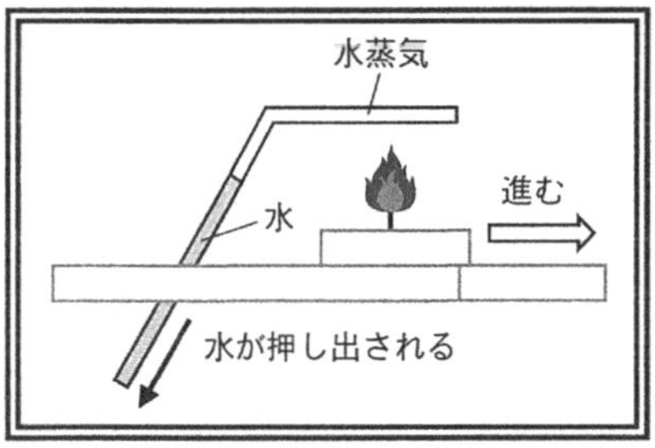

図1　ポンポン船の構造

「ただ，日本の火力発電の問題はその燃料となるdLNGや石炭・石油を輸入にたよっていることです。それと地球温暖化の原因と言われているe二酸化炭素が燃料から発生することです。」

「私たちは毎日電気を使っています。電気がない生活は考えられません。」

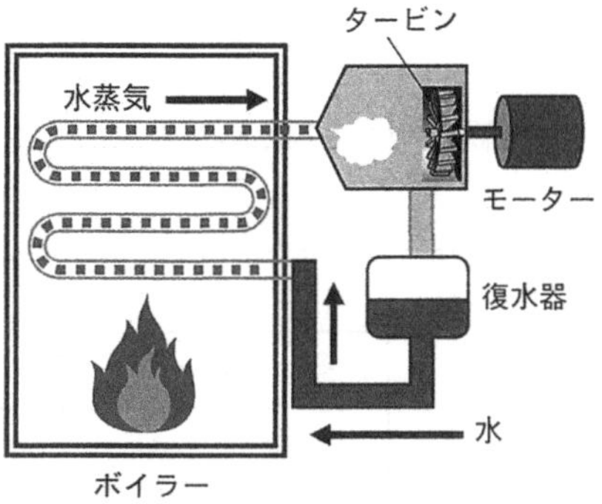

図2　火力発電の構造

「次のページの**グラフ1**を見てください。夏場と冬場は電気をたくさん使っています。また電気を使う量が年々増えています。夏場に多くの電力が使われている理由は［ X ］の普及《ふきゅう》が考えられます。」

「電気を使う量が年々増えているから，f火力発電所だけでなく，水力，原子力，再生可能なエネルギーを使った発電所が必要になってくるんですね。」

「今，2011年の東日本大震災からgエネルギー問題を考えたり，地球温暖化についていろいろなことが議論されたりしています。地球温暖化については2015年に国際会議が開かれ，2020年以降の地球温暖化対策の国際的な枠《わく》組みが決まり，各国で対応しているところです。」

「h再生可能なエネルギーも研究・開発がすすんでいます。持続可能な社会の実現に向けて私たちも一歩を踏《ふ》み出さないといけないですね。」

月別最大電力量の推移

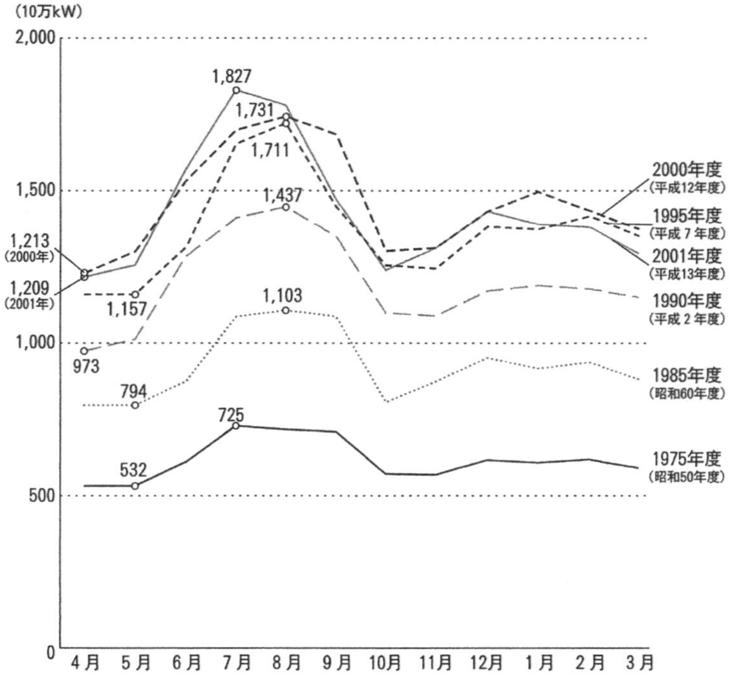

「電気事業連合会調べ」より

グラフ1

(答えはすべて解答用紙に記入しなさい)

第1問

会話文中の空欄《らん》［ X ］にあてはまる語句を答えなさい。

第2問

下線部aについて，手回し発電機の構造は**図3**のようになり，ハンドルを回転させると中のモーターが回り，電気をつくります。

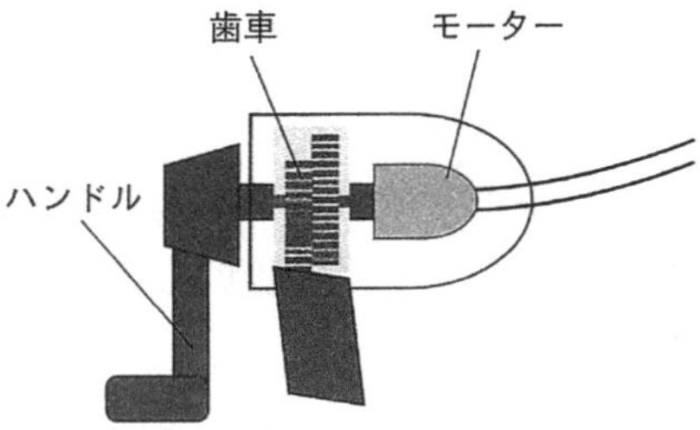

図3　手回し発電機の構造

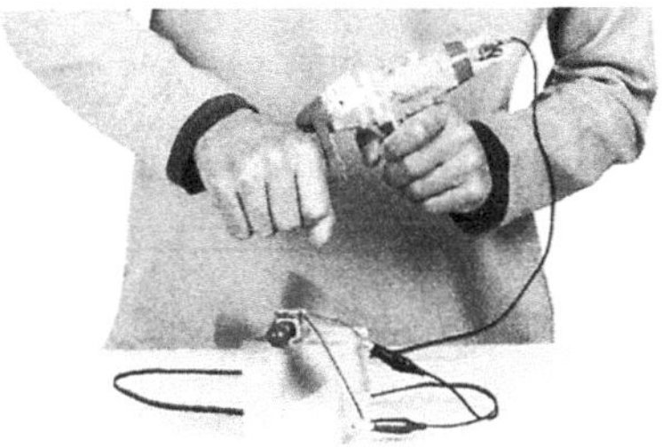

(1)　手回し発電機を写真のようにプロペラをつけたモーターにつなぎました。ハンドルをゆっくり時計回りに回すときと，速く時計回りに回すときを比べて変化するものを次の選択肢《せんたくし》A～Cから**すべて**選んで答えなさい。

A　ハンドルの手ごたえ
B　プロペラの回転する方向
C　プロペラの回転する速さ

(2)　モーターを回すことで電気がつくられる仕組みを利用して，ペットボトルとモーターを使って右の図のような風力発電機を作りました。この風力発電機は羽の回転する速さが速いほど発電する電気の量が増えます。この風力発電機の羽を改良し，発電量を増やす方法として**もっともふさわしいもの**を次の選択肢A～Cから１つ選んで答えなさい。ただし，実験中は風速が一定の強い風が吹《ふ》くものとします。

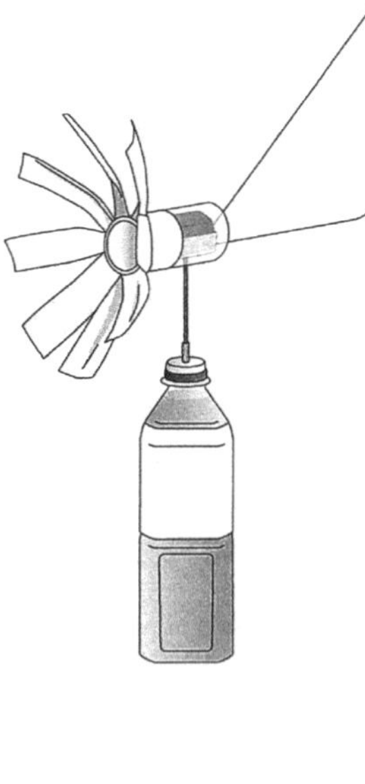

A　羽の長さを半分にする。
B　羽をモーターの軸《じく》に対して垂直にする。
C　羽の数を少なくする。

第３問

下線部**b**について，右のグラフは 25℃ の水に常に一定の熱を加えて加熱したときの経過時間と水の温度の変化を表しています。

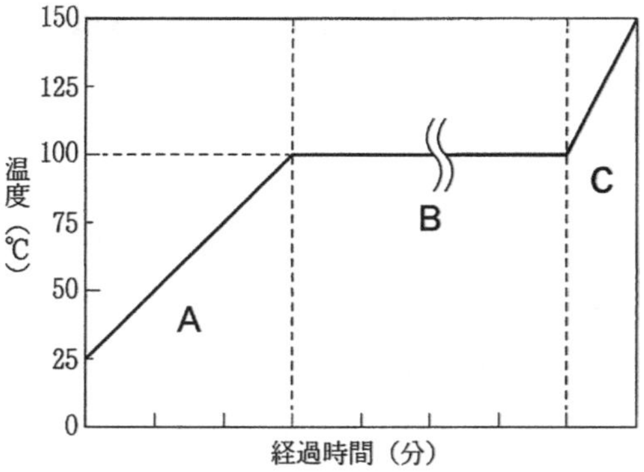

⑴　グラフの**A**～**C**のうち水蒸気が存在するのはどの部分ですか。**すべて**選んで答えなさい。

⑵　この水に熱を３分間加えると，**A**の区間には 25℃ から 50℃，**C**の区間には 100℃ から 150℃ にそれぞれ変化しました。このとき，**A**と**C**ではどちらの方が温まりやすいか答え，その理由も説明しなさい。

第４問

下線部**c**について，**図２**の火力発電の構造を見ると，火力発電はどのような仕組みで発電していると考えられますか。「水蒸気」「タービン」「回転」という言葉をすべて用いて，手回し発電機の構造と比べながら説明しなさい。

（答えはすべて解答用紙に記入しなさい）

第５問

次のコラム「自転車こいで，機械をうごかしてみよう」を読み，あとの問いに答えなさい。

> 私たちがふだん，当たり前のように使っている電気は，発電所でつくられています。しかし，［　X　］。身近な例としては，自転車のライトがそうですね。最近の自転車は発電機（ダイナモ）が隠《かく》されてしまい構造がわかりにくいものもありますが，前輪のタイヤに接触《しょく》させて回転するタイプのものは，まさに発電機そのものです。ライトをつけるとペダルが重たくなりますが，これは電気を発生するための①負荷がペダルにかかっているからです。自転車のライトの場合，iダイナモは豆電球を点灯させるわけですが，この発電力を他に利用することはできないのでしょうか？　自転車をこいで家電製品を動かしてみよう！　とj試行錯《さく》誤をする例もいくつかあるようです。
>
> 家電製品の電力として使うためには，電気の専門的な知識が必要だったり，多大な②労力が必要とされます。自転車を使った人力発電の効率を測定すると，人間の力のわずか1.5%しか電気に変換《かん》されていないという結果も出ています。それでも，人力発電によって家電製品を動かすことができた瞬《しゅん》間の感動は③いちじるしく，ふだん意識することのない電気のありがたみを実感するkデモンストレーションとしても大成功を収めている様子がうかがえます。
>
> （EICネット－エネルギーに関するエコライフガイドより）

(1) コラムの空欄の［　X　］にあてはまる文を，次の選択肢A～Cから１つ選んで答えなさい。

A　人力で電気をつくることもできるのです。
B　自然の力を利用するしかありません。
C　発電所以外ではどこで作られるのでしょう。

(2) 波線部①～③のひらがなは漢字に直し，漢字はその読みをひらがなで答えなさい。（送り仮名もつけること。）

①　負荷　　　②　労力　　　③　いちじるしく

(3) 下線部 i について，豆電球による電流と電圧を調べる実験をしました。同じかん電池と同じ豆電球を使って下のような回路を作りました。このとき，矢印で示している豆電球**ア**～**オ**について明るさが同じになる組み合わせを次の選択肢A～Eから**2つ**選んで答えなさい。

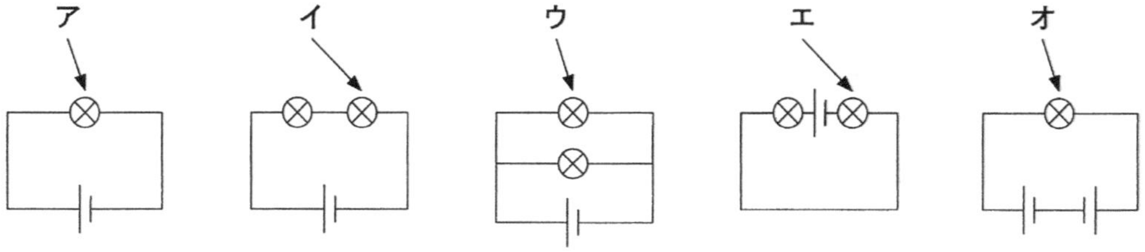

選択肢	豆電球の組み合わせ
A	**ア**と**ウ**
B	**ア**と**エ**
C	**イ**と**エ**
D	**イ**と**オ**
E	**エ**と**オ**

(4) 下線部 j，k の言葉は文章の中でどのような意味で使われていますか。**もっともふさわしいもの**を選択肢A～Cからそれぞれ選んで答えなさい。

j　試行錯誤

A　いろいろな方法をくり返し，適切な方向を見い出すこと。
B　手がかりも無いままに夢中であれこれ捜《さが》し求めること。
C　その人が思っていることと客観的事実が合わないこと。

k　デモンストレーション

A　競技大会で，正式な競技種目のほかに公開される競技・演技のこと。
B　宣伝のために実物に即《そく》して本物の機能を示すために実演すること。
C　抗《こう》議や主張を掲《かか》げて集会や行進を行い，団結の勢いを示すこと。

(答えはすべて解答用紙に記入しなさい)

第６問

「ポンポン船」は人を乗せて走ることができ，ディズニーランドのアトラクション「蒸気船マークトウェイン号」もその１つです。ポンポン船に関する次の文章を読み，あとの問いに答えなさい。

一定の速さで流れている川に沿って，川上のＰ市から川下のＱ市に向かいます。今，Ａ，Ｂの２つの蒸気船が同時にＰ市を出発して，Ａは一定の速さで水を押し出しながら進み，Ｂは途《と》中《ちゅう》まで流れにまかせて下った後，一定の速さで水を押し出しながら進みました。次のグラフはその様子を表したものです。

このグラフを見て，空欄［　Ｗ　］～［　Ｚ　］にあてはまる数をそれぞれ答えなさい。

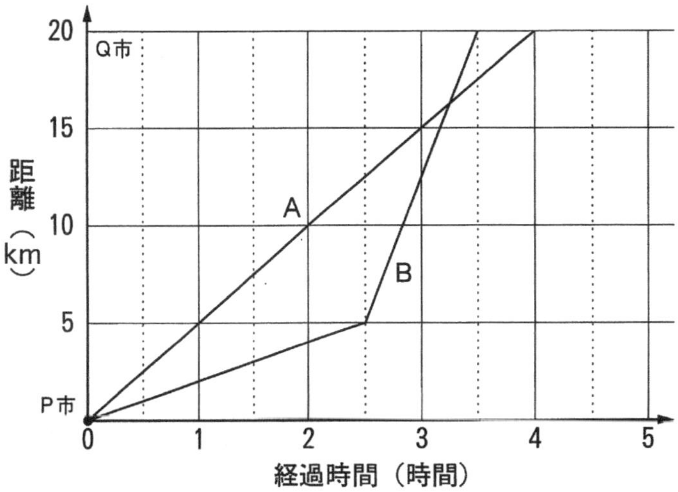

(1)　この川の流れの速さは，毎時［　Ｗ　］kmです。

(2)　ＢがＡを追い越《こ》すのは，出発してから［　Ｘ　］時間［　Ｙ　］分後です。

(3)　ＢがＱ市に到《とう》着した時，ＡはＱ市の［　Ｚ　］km手前にいます。

第7問

下線部dについて，日本は資源に乏《とぼ》しい国です。以下の円グラフは燃料の輸入相手国を表しています。

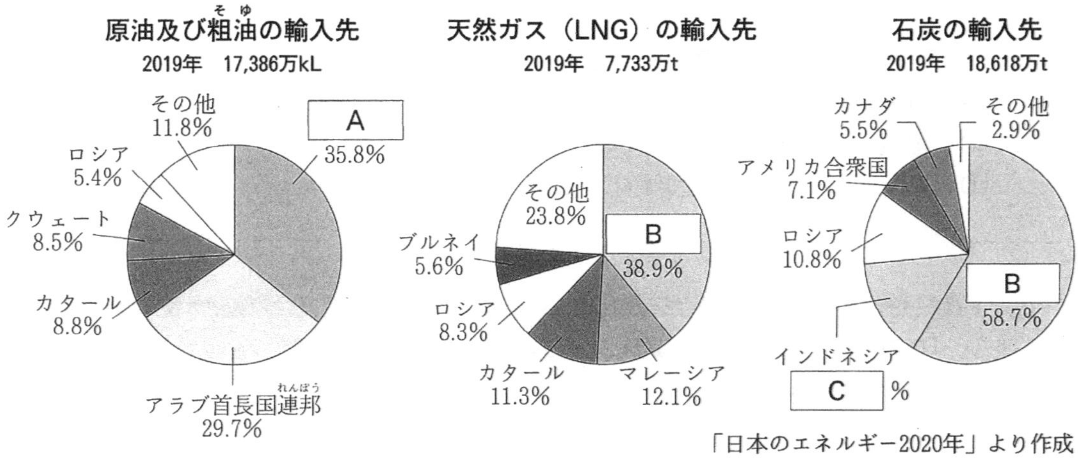

「日本のエネルギー2020年」より作成

グラフ2

(1)　円グラフの空欄［ A ］，［ B ］にあてはまる国名をそれぞれ答えなさい。

(2)　「石炭の輸入先」の円グラフにおいて，インドネシアの占《し》める割合は［ C ］%です。空欄［ C ］にあてはまる数を答えなさい。

（答えはすべて解答用紙に記入しなさい）

第8問

下線部eについて，以下の問いに答えなさい。

(1)　二酸化炭素の説明として**ふさわしくないもの**を次の選択肢A～Dから１つ選んで答えなさい。

A　水に少しとける性質をもっている。
B　うすい塩酸に水酸化カルシウムを溶《と》かすと発生する。
C　酸素と炭素で構成されている。
D　空気中に約 0.04% 含《ふく》まれている。

(2)　植物が光合成をすることで二酸化炭素を減らしていることを確認するためには選択肢A～Dの実験のうち，**どの実験とどの実験**を比べればよいでしょうか。選択肢A～Dから**2つ**選んで答えなさい。

A　ビニール袋《ふくろ》の中に息をふきこみ，そのビニール袋を植物の葉にかぶせる。
　　日がよく当たる場所に一日放置した後，ビニール袋にうすい塩酸を加えてよくふる。
B　ビニール袋の中に息をふきこみ，そのビニール袋を植物の葉にかぶせる。
　　日がよく当たる場所に一日放置した後，ビニール袋に石灰水を加えてよくふる。
C　ビニール袋の中に息をふきこみ，そのビニール袋を植物の葉にかぶせる。
　　日かげに一日放置した後，ビニール袋にうすい塩酸を加えてよくふる。
D　ビニール袋の中に息をふきこみ，そのビニール袋を植物の葉にかぶせる。
　　日かげに一日放置した後，ビニール袋に石灰水を加えてよくふる。

第９問

下線部ｆについて，次の**図４**は主な火力発電所の設置場所を示した地図です。以下の問いに答えなさい。

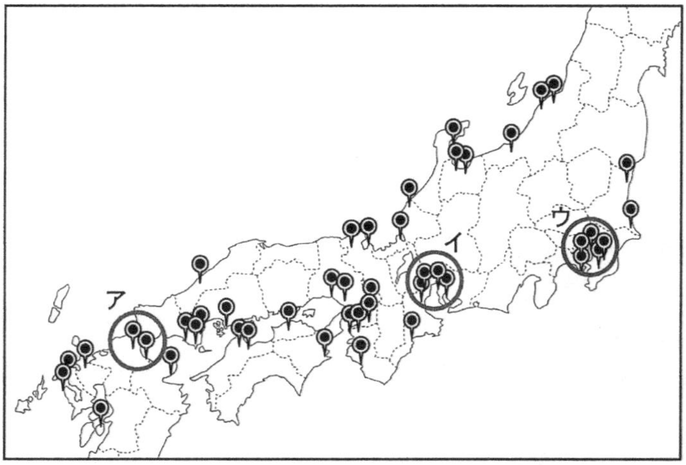

「電気事業連合会の火力発電所一覧」より作成

図４　主な火力発電所の設置場所
（九州南部・東北地方・北海道・沖縄を除く）

⑴　**図４**をみると，火力発電所はどのような場所に設置されていると考えられますか。その理由もあわせて答えなさい。

⑵　**図４**の**ア**～**ウ**を結んだ地域は，工業地帯や工業地域が帯のように広がっています。この地域のことは何と呼ばれていますか。

⑶　**グラフ３**は各工業地帯の製造品出荷額等の構成を表しています。**図４**の**イ**の工業地帯のグラフを次の選択肢**Ａ**～**Ｄ**から１つ選んで答えなさい。

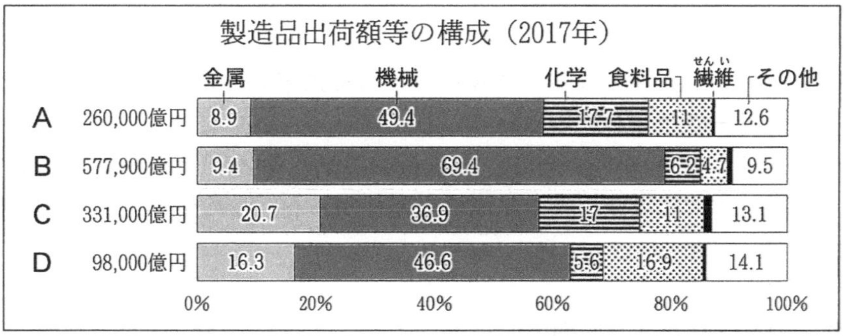

「日本国勢図絵 2020/2021」より作成

グラフ３

⑷　**グラフ３**の**Ｃ**の工業地帯について，金属の出荷額を計算して求めなさい。

（答えはすべて解答用紙に記入しなさい）

第10問

下線部ｇについて，次の**写真１**は**図４**の**ウ**の海岸です。この**タンクＡ**，**Ｂ**にはLNG（液化天然ガス）が入っています。石油や石炭，LNG，ウランなどを一次エネルギーと言います。

⑴　**グラフ４**は，1960年から2016年の国内の一次エネルギーの供給割合の変化を表しています。このグラフの説明として**ふさわしくないもの**を次の選択肢**Ａ**～**Ｅ**から１つ選んで答えなさい。

「Google マップ」より

写真１

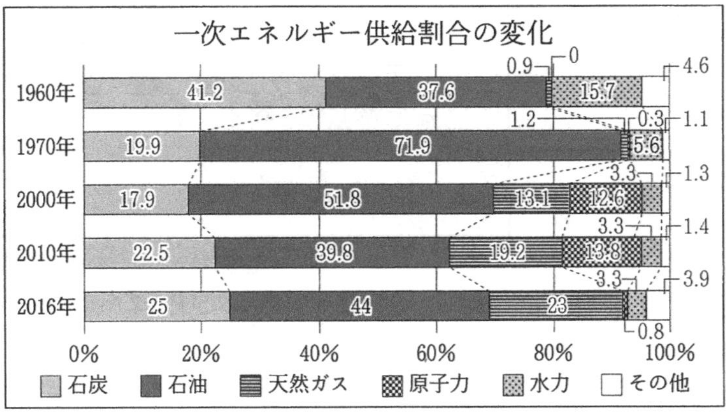

「数字で見る日本の100年」より作成

グラフ４

Ａ　1960年からエネルギー源の中心は石炭から石油に変わっていった。中東での安価な原油が大量に使われるようになり，1970年での石油への依存《いぞん》度はかなり高くなっている。

Ｂ　原子力発電は2011年の東日本大震災による福島第一原子力発電所の大事故を受け，安全性に対する信頼《しんらい》が揺《ゆ》らぎ，原子力発電の供給割合が激減《げきげん》している。

Ｃ　2010年には化石燃料エネルギーへの依存度が 95% を超《こ》え，なお水力発電の供給割合が減少している。

Ｄ　2000年と2016年のグラフを比べてみると石油への依存度が低くなってきている。その分，石油の代替《だいたい》エネルギーとして太陽光発電や風力発電などの再生可能エネルギーの開発が進められている。

Ｅ　一次エネルギーの供給に占める石油の割合は1970年以降大幅《はば》に減少してきたが，東日本大震災後，火力発電の必要性から石油への依存度が再び増した。

⑵　**写真１**の**タンクＡ**は，底面の直径が 80m ，高さが 54m のLNGタンクです。この**タンクＡ**の容積を求めなさい。ただし，円周率は 3.14 とします。

(3) 天然ガスは一般《いっぱん》家庭においても利用されています。LNGを気体に戻《もど》した天然ガスは無臭《むしゅう》ですが，「付臭《ふしゅう》」という作業によってにおいが付けられてから各家庭に送られます。この「付臭」の作業が必要な理由を説明しなさい。

(4) **写真1**の**タンクA**に対して，**タンクB**は直径が40mで高さは32mです。**タンクA**に30mの高さまで入っているLNGをいくらか取り出し，空の**タンクB**に移して液面の高さを同じにしました。このとき，液面の高さを求めなさい。ただし，円周率は3.14とします。

第11問

下線部**h**について，**グラフ5**は太陽光発電と風力発電の1日の発電量イメージです。2つの発電方法に共通する問題点をグラフから読み取り説明しなさい。

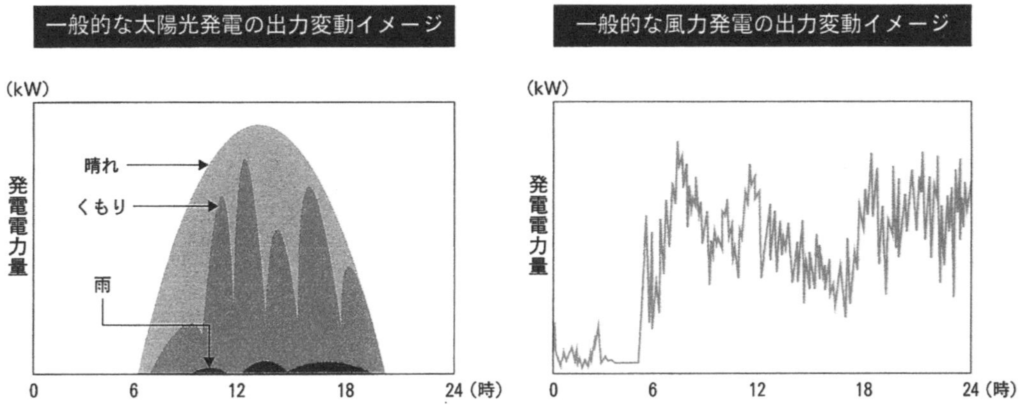

「EETimes Japan」より

グラフ5　太陽光発電（左）と風力発電（右）の1日の発電量イメージ

（答えはすべて解答用紙に記入しなさい）

学校法人　仙台育英学園　秀光中学校

2022年度　入学者選考試験

（適性検査型）

外国語（英語）問題

（10分）

（第１問～第２問）

注意

- 試験開始の合図があるまで，問題用紙を開いてはいけません。
- この問題は，すべて放送の指示によって行います。
- この問題冊子は，２ページです。
  第１問は**【聞きとり問題】**です。第２問は**【書く問題】**です。
- 答えはすべて問題の指示にしたがって，解答用紙に記入しなさい。

受　験　番　号

第１問　**【聞きとり問題】**

※音声と放送原稿非公表

これから対話と質問を２回ずつ放送します。その答えとして最も適切なものを次の選択肢《せんたくし》**１**～**４**から１つ選び，**番号で**答えなさい。

No. 1

1　＄12

2　＄15

3　＄18

4　＄20

No. 2

1　In France.

2　In Italy.

3　In Australia.

4　In Spain.

これで，**【聞きとり問題】**は終わりです。

引き続き，次のページの第２問**【書く問題】**に進み，解答を始めてください。

受験番号

※90点満点

問題番号		解答
第8問 5点	(1)	
	(2)	
第9問 11点	(1)	（場所）　　　　　　　　　　に設置されている。
		（理由）
	(2)	
	(3)	
	(4)	億円
第10問 15点	(1)	
	(2)	m^3
	(3)	
	(4)	m
第11問 4点		

秀光中学校　二〇二二年度　入学者選考試験

作文　解答用紙

受験番号

（評価基準非公表）

受　験　番　号

※10点満点
（評価基準非公表）

2022年度　入学者選考試験（適性検査型）

外国語（英語）　解答用紙

第１問

No. 1（　　　　　　）　　No. 2（　　　　　　）

第２問

【解答

500字

400字

2022年度　入学者選考試験（適性検査型）

総合問題　解答用紙

問題番号		解答					
第1問 2点		X					
第2問 5点	(1)						
	(2)						
第3問 7点	(1)						
	(2)						
第4問 4点							
第5問 19点	(1)	X					
	(2)	①		②		③	
	(3)						
	(4)	j		k			
第6問 10点	(1)	W	km				
	(2)	X	時間	Y	分後		
	(3)	Z	km 手前				
第7問 8点	(1)	A		B			
	(2)	C	%				

第2問　【書く問題】

次の3つの内容を入れて，あなたの自己紹介《しょうかい》文を英語で書きなさい。

- 名前
- 住んでいる場所（ **live** を使って）
- 得意なこと（ **can** を使って）

2022(R4) 秀光中　適性検査型
K 教英出版

問題

私たちが暮らす「まち」には子ども、大人、お年寄り、体の不自由な人、言葉や文化の違《ちが》う人など、いろいろな人たちが暮らしています。そのすべての人々にとって使いやすい形や機能を考えたデザインのことをユニバーサルデザインといいます。

あなたは、すべての人が使いやすくて安心して暮らせる「ユニバーサルデザインのまち」とは、どのような「まち」だと考えますか。さらに、あなたの考えた「ユニバーサルデザインのまち」をみんなでつくっていくために、あなたを含《ふく》めた「まち」の人々は、どのような行動をとっていくことが大切だと思いますか。あなたの考えを、四百字以上五百字以内で書きなさい。

注意

- 題名、氏名は書かずに一行目から書き始めること。
- 原稿《こう》用紙の正しい使い方にしたがい、文字やかなづかいも正確に書くこと。
- 漢字を適切に使うこと。

学校法人　仙台育英学園　秀光中学校

二〇二二年度　入学者選考試験（適性検査型　作文）

(50分)

問題用紙

注意

一　試験開始の合図があるまで、問題用紙を開いてはいけません。

二　作文の問題用紙には、表紙に続き「問題」があります。「解答用紙」は別に一枚あります。

三　「始め」の指示で「問題用紙」と「解答用紙」に受験番号を書きなさい。その後に「問題」に取り組みなさい。

受験番号	

2022(R4) 秀光中　適性検査型
K 教英出版

学校法人　仙台育英学園　秀光中学校

二〇二二年度　入学者選考試験問題（四教科型）

国語

（50分）

（第一問〜第四問）

注意

・試験開始の合図があるまで、問題用紙を開いてはいけません。
・この問題冊子は、十三ページあります。
・答えはすべて問題の指示にしたがって、解答用紙に記入しなさい。

第一問　次の問いに答えなさい。

問一　次の――線の読みをひらがなで書きなさい。

① 背景に空が描かれている。

② 勇気を奮う。

③ 寒さで身が縮まる。

問二　次の――線のカタカナを漢字になおしなさい。

① カンゴ師になりたい。

② ぶつかるスンゼンで止まった。

③ 鏡に顔をウツす。

問三　次の――線は同音異義語です。カタカナを漢字になおしなさい。

① カイカから声が聞こえる。

② 桜のカイカ時期が話題になる。

③ 文明カイカによって西洋化が進んだ。

第二問　次の文章を読んで、後の問いに答えなさい。

中学校二年生の春、吉峯大吾《よしみねだいご》は、共働きの両親のもとを離れ、祖母の家で暮らすことになり、東京から田舎《いなか》の中学校へ転校してきた。転校先では、交通事故で両親を亡くしている宮脇悟《みやわきさとる》と出会い、自然と仲良くなる。吉峯は宮脇に誘《さそ》われ、二人で園芸部として活動することになった。

お詫び

著作権上の都合により、文章は掲載しておりません。
ご不便をおかけし、誠に申し訳ございません。

教英出版

お詫び

著作権上の都合により、文章は掲載しておりません。
ご不便をおかけし、誠に申し訳ございません。

教英出版

（答えはすべて解答用紙に記入しなさい）

お詫び

著作権上の都合により、文章は掲載しておりません。
ご不便をおかけし、誠に申し訳ございません。

教英出版

お詫び

著作権上の都合により、文章は掲載しておりません。
ご不便をおかけし、誠に申し訳ございません。

教英出版

（有川　浩「旅猫リポート」）

（問題の都合上本文を一部省略しました。）

注1　ゲリラ……敵のすきをうかがい、敵をかき乱す戦法をとる小部隊のこと

注2　按配……程よく配置したり処置したりすること

注3　家まで帰った……東京の実家から戻り、祖母の家に帰ったということ

注4　安堵……心が落ち着くこと

注5　嗚咽……声をつまらせて泣くこと

問一　――線①「はっと気づいて席を立った」とありますが、何に気づいたのですか。最もふさわしいものを次の**ア～エ**から選び、記号で答えなさい。

ア　地面にゆらゆらとかげろうが立っていたこと。

イ　朝に温室の通風口を開けるのを忘れていたこと。

ウ　休み時間のうちにトイレに行くのを忘れていたこと。

エ　教室の外に自分を襲おうとしているゲリラがいたこと。

問二　〰〰線**a**、**b**の言葉の意味としてふさわしいものを次の**ア～エ**からそれぞれ選び、記号で答えなさい。

a　難だ

ア　最適だ
イ　欠点だ
ウ　迷惑《めいわく》だ
エ　特徴《ちょう》だ

b　いっぱしに

ア　少しずつ
イ　まじめに
ウ　一人前に
エ　たくさん

（答えはすべて解答用紙に記入しなさい）

問三 ――線②「ありがたく、宮脇の分から三つ四つ多目にもらった」とありますが、その理由として最もふさわしいものを次の**ア〜エ**から選び、記号で答えなさい。

ア 宮脇はトマトがあまり好きではないから。
イ 宮脇は食が細くたくさん食べられないから。
ウ 吉峯は祖母の露地トマトがくさってしまったのを知っていたから。
エ 吉峯は祖母においしいトマトを食べさせたかったから。

問四 [A] に入る言葉として最もふさわしいものを次の**ア〜エ**から選び、記号で答えなさい。

A
ア 結んでいる
イ とっている
ウ 重ねている
エ 失っている

問五 ――線③「それ」とありますが、何を指していますか。「〜こと。」に続くように十字以内で答えなさい。

問六 ――線④「こうなること」とありますが、どうなることを指していますか。「〜こと。」に続くように答えなさい。

問七 ――線⑤「ペダルをぐいぐいと漕いでいるうちに、喉のかたまりはぎくしゃくと削れて胃の腑に落ちていった」とは、吉峯のどのような様子を表していますか。最もふさわしいものを次の**ア〜エ**から選び、記号で答えなさい。

ア 宮脇に面倒を任せていた温室のことが気がかりで、早く確認したいという気持ちをおさえこもうとしている様子。
イ 祖母が「大吾はうちにいたらいいんだから」と言ってくれたことに対して、感謝の気持ちをかみしめている様子。
ウ 祖母の制止を振り切って家を出てしまったことに対して、申し訳ないという気持ちが次第に大きくなっている様子。
エ 両親が離婚することについて、自分の複雑な気持ちを表に出さないよう、無理に飲みこもうとしている様子。

問八 [B] に入る言葉として最もふさわしいものを次の**ア〜エ**から選び、記号で答えなさい。

B
ア くぐもった
イ すっとんきょうな
ウ 歌うような
エ とげとげしい

問九　――線⑥「宮脇がトマトを差し出した」のはなぜですか。その理由として最もふさわしいものを次の**ア～エ**から選び、記号で答えなさい。

ア　両親と祖母から冷たくあしらわれ、食欲を失っている吉峯がかわいそうだと思い、おいしいトマトを食べさせたかったから。

イ　両親が離婚するという事実を受け入れられず、荒れている吉峯に、自分の作ったトマトをじまんしたかったから。

ウ　両親のどちらからも選ばないでほしいと期待されている吉峯がかわいそうだと思い、少しでも元気づけてあげたかったから。

エ　両親が離婚することの意味を理解できず、のんきに過ごしている吉峯に、現実のきびしさを教えてあげようと思ったから。

第三問　次の文章を読んで、後の問いに答えなさい。

Ⅰ

就活している学生が「これからは最も重視されるのはコミュニケーション能力だそうです」と言うので、「うん、そうだね」と頷《うなず》きながらも、この子は「コミュニケーション能力」ということの意味をどう考えているのかなと、ちょっと不安になってきました。きっとこの学生は、「自分の意見をはっきり言う」とか「目をきらきらさせて人の話を聞く」とか、そういう事態をぼんやり想像しているのだろうと思います。もちろん、それで間違《まちが》っているわけではありません。でも、どうしたら「そういうこと」が可能になるかについては、いささか込《こ》み入った話になります。

例えば、どれほど「はっきり」発語しても、まったく言葉が人に伝わらないときがあります。個人的な話をします。

何年か前にフランスの地方都市に仕事でしばらく滞在《たいざい》したときの話です。スーパーに行ってマグカップを買おうと、レジに行ったらレジの女性店員に何か訊《たず》ねられました。なんとなく聞き覚えのある単語なのですが、意味がわからない。「え？　何です？」と聞き返してみたが、それでもわからない。二度三度と「え？」を繰り返しているうちに店員は諦《あきら》めたらしく、肩をそびやかしてマグカップを包み始めました。どうも気持ちが片づかないので、カップを手渡されたあとに、

（答えはすべて解答用紙に記入しなさい）

レジの上に身を乗り出して、ひとことひとことゆっくり噛《か》みしめるように、「先ほど、僕に何を訊《き》いたのですか?」と問いかけました。すると店員もゆっくり噛みしめるように、「郵便番号を訊いたのだ」と答えた。「なぜ、郵便番号を?」と重ねて訊くと、「どの地域の人がどんな商品を買っているのか、データを取っているのだ」と教えてくれた。

郵便番号(code postal)というのは基本的な生活単語です。もちろん僕も知っていました。でも、それがスーパーのレジでマグカップを買うときに訊かれると、聞き取ることができない。ふつうレジで訊かれるはずの質問リストの中に、その単語が存在しないからです。

これは①コミュニケーション不調の典型的な一例です。一方において意味が熟知されたこと、当然相手も理解してよいはずのことを口跡明瞭《こうせきめいりょう》に発語しても、相手が聞き取ってくれないことがある。文脈が見えないからです。「スーパーのレジでは買い物に際して顧客《こきゃく》情報を取ることがある」という商習慣を知っていれば、文脈がわかる。知らなければ、わからない。

このときに肩をすくめた女性店員に向かって、僕がレジに身を乗り出して、ひとことひとこと区切って発語したことで、意味のわからない単語の意味が明かされました。これが②「コミュニケーション能力」です。そういうことを顧客はふつう、レジのカウンターではしないからです。

店員は僕がフランスの商習慣になじみのない外国人であることを察知して、なぜマグカップを買うのに郵便番号を訊くのか、その理由を教えてくれました。そういうことはふつうレジのカウンターで店員はしてくれません(うるさそうに肩《かた》をすくめて「バカか、こいつ」という顔をしておしまい)。僕は、彼女が僕のためにこの説明の労を取ってくれたことを多《た》[注1]とします。これは彼女の側の「コミュニケーション能力」です。

つまり、コミュニケーション能力とは、コミュニケーションを円滑《えんかつ》に進める力ではなく、コミュニケーションが不調に陥《おちい》ったときに、そこから抜け出すための能力だということです。

今の例でおわかり頂けるように、それは「ふつうはしないことを、あえてする」というかたちで発動します。買い物客はふつうレジに身を乗り出して、店員の発言を確認しません。レジの女性店員たちはふつう、フランスのローカルな商習慣を外国人に説明しません。僕たちは二人ともそれぞれが「ふつうはしないこと」をした。それによって一度途絶《とぜつ》したコミュニケーションの回路は回復しました。こういうのがコミュニケーション能力の一つの発現形態だと、僕は思います。

「ふつうはしないこと」は、「ふつうはしないこと」という定義から明らかなように、マニュアル化することができません。それは臨機応変に、即興《そっきょう》で、その場の特殊事情を勘案《かんあん》[注2]して、自己責任で、適宜《てきぎ》コードを破ることだからです。③コードを破る仕方はコード化できない。当たり前です。

Ⅱ

大学を辞めたのでもうしなくてよくなって、ほっとしていますが、センター入試の試験監督《かんとく》という仕事が大学教員にはあります。一センチほどの厚さのマニュアルを渡されて、それを熟読し、そこに書かれている通りに入試業務を進行するという、悪夢のような仕事です。僕は退職前には入試部長という仕事をしていましたが、試験前に読むことを求められた「責任者用マニュアル」は全六冊、片手では持てない厚さと重さでした。

その中で、年々頁《ページ》数が増してゆくのが「トラブル対応集」でした。「試験中奇声《きせい》を発する受験生」や「『必勝』はちまきをしている受験生」や「強烈《きょうれつ》な香水をつけている受験生」をどう処遇《しょぐう》すべきかが、そこには書いてありました。前年から増えた増補分は、おそらく「前年にどこかの会場であった実例」でしょう。でも、このペースで毎年改定を続けてゆくと、やがて「トラブル対応集」だけで数百頁の読み物となってしまうことに気づいた人たちがいて、「センター入試はもうやめよう」ということになった。制度廃《はい》絶の一因は、監督マニュアルの無限増殖にあったのだろうと、僕は推察しております。

「ありうるすべての事態を網羅《もうら》的に列挙し、それについての個別の対応を精密にマニュアル化すべきだ」というのは、④現代社会に取り憑《つ》いた病です。それもたいへん重篤《じゅうとく》な病です。まことに愚かなことだと僕は思います。

マニュアル信奉者は、マニュアルは注3精緻《せいち》化するほどに注4浩瀚《こうかん》な書物となり、あるレベルを超《こ》えるともはや「取り扱い説明書」の用をなさなくなるという、当たり前のことに気づいていません。

でも、もっと重大なのは、マニュアルを精緻化することで、僕たちの社会は「どうしてよいかわからないときに、適切にふるまう」という、人間が生き延びるために最も必要な力を傷つけ続けているということです。そのことの危険性に誰も気づいていない。

もう一度繰《く》り返しますが、コミュニケーション能力とは、この「どうしてよいかわからないときに、どうしたらよいかがわかる能力」の一種です。最も適切なやり方で、「コードにないことをする」「コードを破る」能力です。

僕たちが生きている間に遭遇《そうぐう》する決定的局面は、すべて「どうしていいかわからない」状況です。結婚相手を決めるときも、就職先を決めるときも、乗った飛行機がハイジャックされたときも、神戸にゴジラが上陸したときも、僕たちは「こうすれば正解」ということをあらかじめ知らされていません。どうしていいかわからないけれど、決断は下さなければならない。人生の岐路《きろ》というのは、だいたい「そういうもの」です。

わが国のエリート層を形成する受験秀才たちは、あらかじ

(答えはすべて解答用紙に記入しなさい)

め問いと答えがセットになっているものを丸暗記して、それを出力する仕事には長《た》けていますが、正解が示されていない問いの前で「臨機応変に、自己責任で判断する」訓練は受けていません。[A] 誤答を病的に恐れるあまり、「想定外の事態」に遭遇すると、「何もしないでフリーズする」ほうを選ぶ。彼らにとって「回答保留」は、「誤答」よりましなのです。[B]、ライオンが襲《おそ》ってきたときに「どちらに逃げてよいか、正解が予示されていないから」という理由でその場に立ち尽《つ》くすシマウマは、たいてい最初に捕食されます。[C]、秀才たちに制度設計を委ねると、その社会が危機を生き延びる可能性は必然的に逓減《ていげん》注5することになります。

コミュニケーションがうまくゆかないという人たちは、ほとんど例外なく、「ルールを破る」ことができない人です。立場が異なる者同士が互いにわかり合えずにいるのは、それぞれがおのれの「立場」から踏《ふ》み出さないからです。自分の「立場」が規定する語り口やロジックに絡《から》め取られているからです。

Ⅲ

コミュニケーション失調からの回復のいちばん基本的な方法は、いったん口をつぐむこと、いったん自分の立場を「かっこにいれる」ことです。「あなたは何が言いたいのか、私にはわかりません。そこで、しばらく私のほうは黙《だま》って耳を傾けることにしますから、私にもわかるように説明してください」。そうやって相手に発言の優先権を譲《ゆず》るのが対話というマナーです。

でも、この対話というマナーは、今の日本社会ではもうほとんど採択《さいたく》されていません。今の日本でのコミュニケーションの基本的なマナーは、「自分の言いたいことだけを大声でがなり立て、相手を黙らせること」だからです。相手に「私を説得するチャンス」を与《あた》える人間より、相手に何も言わせない人間のほうが社会的に高い評価を得ている。そんな社会でコミュニケーション能力が育つはずがありません。

「相手に私を説得するチャンスを与える」というのは、コミュニケーションが成り立つかどうかを決する死活的な条件です。それは「あなたの言い分が正しいのか、私の言い分が正しいのか、しばらく判断をペンディング注6する」ということを意味するからです。

それはボクシングの世界タイトルマッチで、試合の前にチャンピオンベルトを返還《へんかん》して、それをどちらにも属さない中立的なところに保管するのに似ています。真理がいずれにあるのか、それについては対話が終わるまで未決にしておく。いずれに理があるのかを、しばらく宙づりにする。これが対話です。論争とはそこが違います。論争というのはチャンピオンベルトを巻いたもの同士が殴《なぐ》り合って、相手のベルトを剝《は》ぎ取ろうとすることだからです。

対話において、真理は仮説的にではあれ、未決状態に置かれねばなりません。そうしないと説得という手続きには入れない。説得というのは、相手の知性を信頼することです。両者がともに認める前提から出発し、両者がともに認める論理に沿って話を進めれば、いずれ私たちは同じ結論にたどりつくはずだ、そう思わなければ人は「説得」することはできません。説得するためには、対面している相手の知性に対する敬意を、どんなことがあっても手放してはならない。そして、先ほどから述べている「コードを破る」というふるまいは、相手の知性に対して敬意を持つものによってしか担われないのです。

　コミュニケーションの失調を回復するためには、⑤自分の立場を離れて、身を乗り出す他にありません。僕はスーパーのレジで、文字通りつま先立ちになって、カウンターの上に身を乗り出して話しかけました。立場を離れるというのはそういうことです。相手に近づく。相手の息がかかり、体温が感じられるところまで近づく。相手の懐《ふところ》に飛び込む。「信」と言ってもよいし、「誠」と言ってもよい。それが相手の知性に対する敬意の表現であることが伝わるなら、行き詰《づ》まっていたコミュニケーションは、そこで息を吹き返す可能性があります。

（内田　樹「街場の共同体論」）

（問題の都合上本文の一部を省略しました。）

注1　多とする……高く評価する。
注2　勘案……色々な事情を考え合わせること。考えをめぐらすこと。
注3　精緻……きわめてくわしく、細かいこと。
注4　浩瀚……書物などの量が多い様子。
注5　逓減……だんだんと減ること。
注6　ペンディング……保留すること。

問一　――線①について、筆者がフランスのスーパーで体験した「コミュニケーション不調」はなぜ起こったのですか。「～から。」に続くよう、本文中から七字で書き抜きなさい。

問二　――線②「コミュニケーション能力」とはどのような能力ですか。筆者の考えを本文中から三十五字以内で書き抜きなさい。ただし、句読点も字数に含めます。

（答えはすべて解答用紙に記入しなさい）

問三 ――線③「コードを破る仕方はコード化できない。」のはなぜですか。その説明として最もふさわしいものを次の**ア**～**エ**から選び、記号で答えなさい。

ア 話の流れを想像して自己責任で行動しないといけないから。

イ コミュニケーションには相手の話をよく聞く力が必要だから。

ウ 一度途《と》絶《だ》えたコミュニケーションの回路はなかなか回復しないから。

エ 「ふつうはしないこと」には自己責任でとっさに判断しないといけないから。

問四 ――線④について、「マニュアル化」が「現代社会に取り憑いた病」だと筆者が言うのはなぜですか。その理由としてふさわしいものを次の**ア**～**オ**から**二つ**選び、記号で答えなさい。

ア マニュアルが全て正しいと思い込んでしまうと何か意見を言われたときに対立してしまうから。

イ 全てマニュアル化すると予期しないことが起こった時にどうしたら良いか分からなくなるから。

ウ 全てがマニュアル化されると一つ一つ確認してからでないと行動できなくなってしまうから。

エ マニュアルが多くなりすぎると全てを覚えきれずにかえってミスが増えてしまうから。

オ マニュアルが詳しくなりすぎると、みんな読む気をなくしてしまうから。

問五 [　] **A**～**C**に当てはまる語としてふさわしいものを次の**ア**～**エ**からそれぞれ選び、記号で答えなさい。

ア でも　**イ** むしろ　**ウ** たとえ　**エ** ですから

問六 ――線⑤「自分の立場を離れて、身を乗り出す」とは、コミュニケーションにおいてどのような気持ちの表れですか。「の表れ」に続くよう、本文中から十一字で書き抜きなさい。

問七 [　] **Ⅰ**～**Ⅲ**にはこの文章の小見出しが入ります。それぞれの部分にふさわしい小見出しを次の**ア**～**エ**からそれぞれ選び、記号で答えなさい。

ア ふつうはしないことを、あえてする

イ マニュアルにあること以外の言葉は嫌われる

ウ 相手の体温を感じるところまで近づくこと

エ マニュアル化が生き抜く力を奪う

第四問　次の文章を読んで、後の問いに答えなさい。

歌人の①俵万智《たわらまち》さんにこんな作品がある。〈出ていけと思ったこともあったっけ行ってしまった欅《けやき》のむこう〉。A教え子が巣立った。時にはぶつかることもあったけれど。先生の感慨《かんがい》がにじむ。俵さんはかつて高校の教壇《きょうだん》に立っていた。

学校もコロナに翻弄《ほんろう》された1年だった。部活動ができない期間も長かった。その中で生徒を支えるために、やりとりにB工夫を凝《こ》らした先生は多い。SNS、手紙、ユーチューブ……。そんな姿を生徒はしっかり見ていたはずだ。

コロナ禍《か》でなくとも、生徒の心をつかむのは難しい。短歌を「武器」にする先生もいる。千葉聡さん。神奈川県の高校教師で歌人である。著書「短歌は最強アイテム」に学園生活が生き生きと描かれている。

国語科準備室の前にある小さな黒板で、お薦《すす》めの一首を日々紹介した。最初から生徒の反応があったわけではない。時間をかけて一人一人と向き合ううちに、気持ちが通じるようになった。紹介した短歌は小声で彼らに話しかけるような応援《おうえん》歌に聞こえる。②〈「まだ」と「もう」点滅《てんめつ》している信号に走れ私の中の青春〉（松村正直）。

青春は理屈《りくつ》では語れない。高校では来春から、実用的な文章を重視した「論理国語」の授業が始まる。文学軽視になるとの懸念《けねん》が根強い。③青春期にはむしろ文学が「実用的」なのだが。

コロナ禍の中で迎えた惜別《せきべつ》の春。先生たちは卒業生にどんな言葉を贈《おく》るのだろう。〈フォルテとは遠く離れてゆく友に「またね」と叫《さけ》ぶくらいの強さ〉（千葉聡）。

（毎日新聞「余録」二〇二一年三月二十七日掲載）

問一　――線①「俵万智」の短歌集としてふさわしいものを次の**ア**～**エ**から選び、記号で答えなさい。

ア　『みだれ髪』

イ　『ハッピーアイスクリーム』

ウ　『サラダ記念日』

エ　『プライベート』

問二　＝＝線A「教え子が巣立った。」とはここではどのような意味で使われていますか。漢字二字で答えなさい。

（答えはすべて解答用紙に記入しなさい）

問三 ＝＝線Bについて「工夫を凝らす」の意味としてふさわしいものを次の**ア〜エ**から選び、記号で答えなさい。

ア 意識を一か所に集中させる
イ あれこれと思いを巡《めぐ》らせ試してみる
ウ 多くの人と協力して取り組む
エ 不意に良いアイディアを思いつく

問四 ――線②「『まだ』と『もう』点滅している信号に走れ私の中の青春」という短歌について説明したものとして最もふさわしいものを次の**ア〜エ**から選び、記号で答えなさい。

ア 卒業を間近にひかえてこれからの人生を思いきり楽しんでやろうという決意が表現されている。
イ 人生に対する焦《あせ》りと楽観的な感情がありつつも前に進んでいこうという心情が表現されている。
ウ 受験に対して不安を抱えながらも立ち止まっている暇《ひま》はないと自分をはげます心情が表現されている。
エ 漠然《ばくぜん》とした焦りと不安がある中で毎日を過ごさなければならないつらさが表現されている。

問五 ――線③「青春期にはむしろ文学が『実用的』なのだが」と筆者が述べていることについて、次の問いに答えなさい。

（1）筆者は「青春」のことをどのように考えていますか。筆者の考えを述べている一文を本文中から十二字で書き抜きなさい。ただし、句読点も字数に含めます。

（2）筆者は青春期には文学が「実用的」と考えていますが、あなたはどのように考えますか。「青春」「理屈」「文学」という語句をもちいてあなたの考えを書きなさい。

(答えはすべて解答用紙に記入しなさい)

学校法人　仙台育英学園　秀光中学校

2022年度　**入学者選考試験問題（4教科型）**

算　　　数

（50分）

（第1問～第7問）

注意

- 試験開始の合図があるまで，問題用紙を開いてはいけません。
- この問題冊子は，10ページあります。
- 答えはすべて問題の指示にしたがって，解答用紙に記入しなさい。

2022(R4) 秀光中　4教科型
K 教英出版

問題は第１問から第７問まであります。

第１問　次の □ にあてはまる数をそれぞれ答えなさい。

(1)　$8 \div (5-3) \times 3 = \square$

(2)　$2:3 = 10:\square$

(3)　$4 \times \square - 3 = 2 \times \square + 17$（２つの □ には同じ数が入ります。）

(4)　$35 \times 8 + 22 \times 16 - 13 \times 24 = \square$

(5)　$\left\{0.4 + \dfrac{2}{7} \times \left(0.6 - \dfrac{4}{15}\right) \div \dfrac{5}{9}\right\} \div \square = \dfrac{4}{5}$

(6)　１ドル＝110円，１ユーロ＝120円，１元＝15円とするとき，
（246ドル）＋（333ユーロ）＋（2022元）＋（2640円）＝ □ ドル

（答えはすべて解答用紙に記入しなさい）

第2問　次の □ にあてはまる数をそれぞれ答えなさい。ただし，円周率は 3.14 とします。

(1)　半径 2 cm の円の面積は □ cm²です。

(2)　1時間は □ 秒です。

(3)　濃度 2 %の食塩水が 300 g あります。この食塩水にふくまれている食塩の量は □ g です。

(4)　ある食料品スーパーで売られているリンゴとオレンジの値段の比は 2 : 1 です。また，リンゴ2個とオレンジ1個の値段の合計が500円です。このとき，リンゴ1個の値段は □ 円です。ただし，消費税はそれぞれの値段に含まれていることとします。

(5)　4，2，1，3，4，2，1，3，4，2，1，3，4，2・・・
のように，数がある規則にしたがってならんでいます。初めから 32 番目の数は □ です。

(6)　$a*b = (a \times 2 + b) \div 2$ と約束するとき，$4*$□ $= 9$ となります。

(7)　下の図の三角形ABDは正三角形です。また，三角形BCDは，BCとBDの長さが等しい二等辺三角形です。このとき，角㋐の大きさは □ 度です。

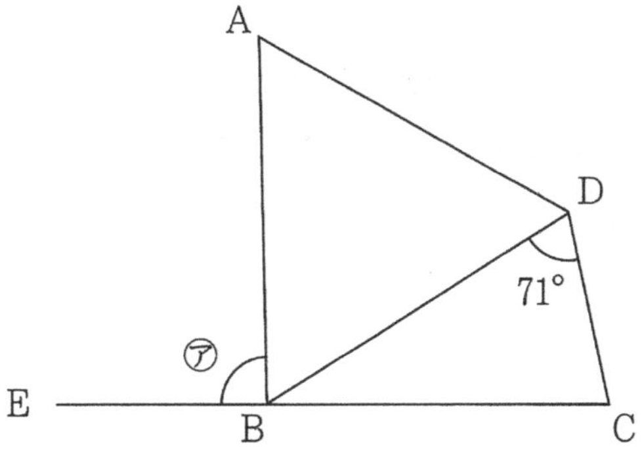

（答えはすべて解答用紙に記入しなさい）

(8)　下の図は1辺の長さが1㎝の正方形を6つ組み合わせてできた図形です。この図形を直線ℓの周りに1回転させてできる立体の体積は □ cm^3です。

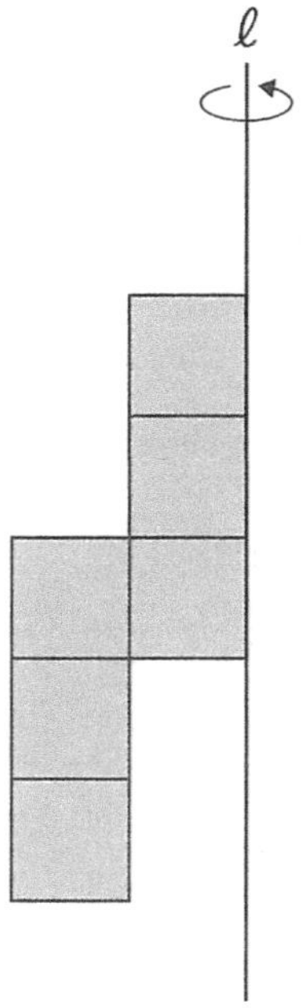

(9)　下の図のように面積が 40 cm^2の正方形の内側にちょうどぴったりと円が入っています。このとき，内側の円の面積は □ cm^2です。

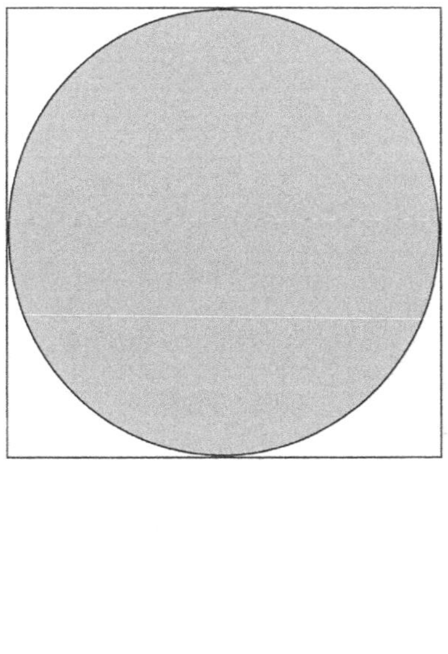

（答えはすべて解答用紙に記入しなさい）

(10) 次の二等辺三角形の面積は □ cm²です。

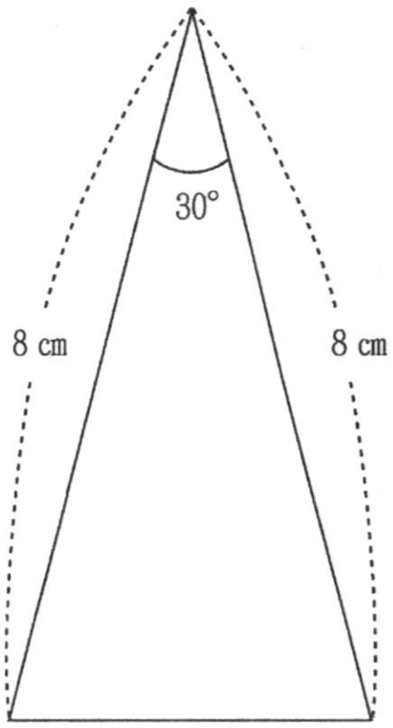

第3問　あるクラスの児童20人が100点満点の算数のテストをしました。下の表は，このテストの得点と児童の数を度数分布表にまとめたものです。このとき，次の □ にあてはまる数をそれぞれ答えなさい。

得点(点)	児童の数(人)
0以上～10未満	0
10　～20	0
20　～30	1
30　～40	2
40　～50	3
50　～60	5
60　～70	6
70　～80	2
80　～90	0
90　～100	1
合計	20

(1)　得点の最ひん値の階級は □ 点以上 □ 点未満 です。

(2)　得点が60点以上であった児童の割合は □ パーセントです。

(3)　上の度数分布表をもとにヒストグラム（柱状グラフ）を解答用紙に書きなさい。

（答えはすべて解答用紙に記入しなさい）

第4問　1から9までの数字が書かれた9枚のカードがあります。これらのカードからAさん，Bさん，Cさん，Dさんの順に1枚ずつ引きました。このとき，4人が引いたカードの数字に関する次の文章を読んで □ にあてはまる数字をそれぞれ答えなさい。

Aさん	私が引いた数字は偶数だよ。
Bさん	Aさんが引いた数字は，私が引いた数字で割り切れるよ。
Cさん	私が引いた数字は，Bさんが引いた数字の2倍よりも大きいよ。
Dさん	3で割ると余りが1になる数字を引いたのは，私とAさんとCさんの3人だよ。

(1)　Aさんの引いた数字は □ です。

(2)　Cさんの引いた数字は □ です。

第5問　次の □ にあてはまる記号または数をそれぞれ答えなさい。

(1)　下の正方形を6つ組み合わせてつくった展開図をそれぞれ組み立てたとき，**立方体にならないもの**は次の㋐～㋕の選択肢《せんたくし》のうち □ です。

㋐

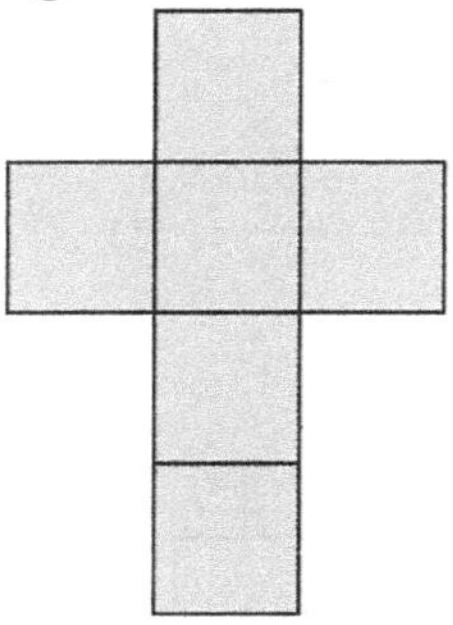

㋑

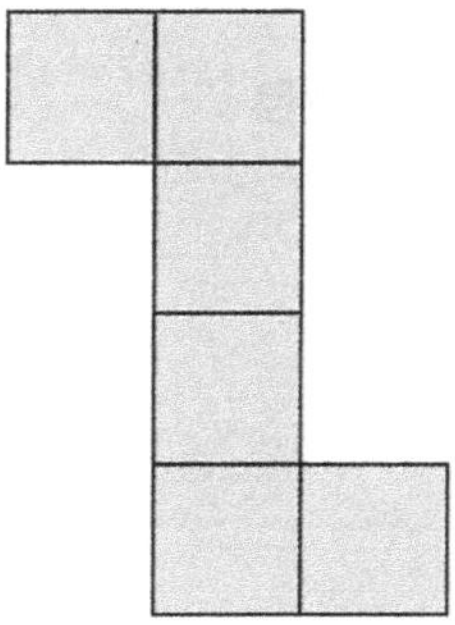

㋒

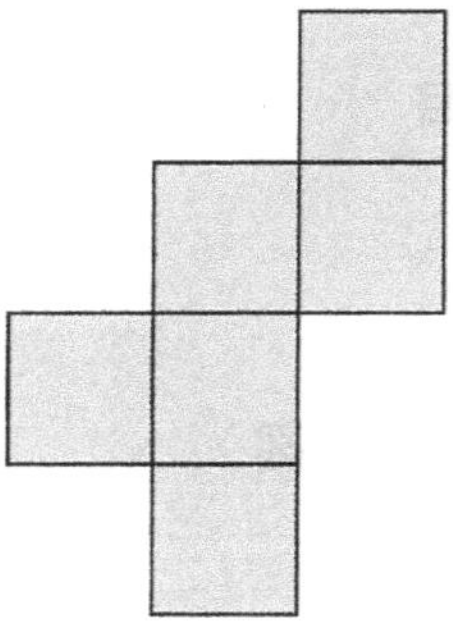

㋓

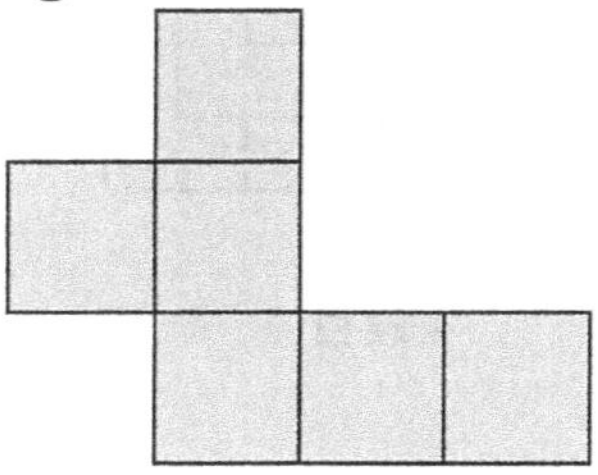

㋔

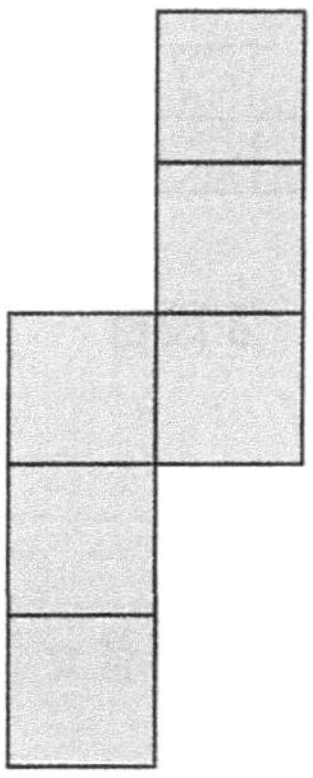

㋕

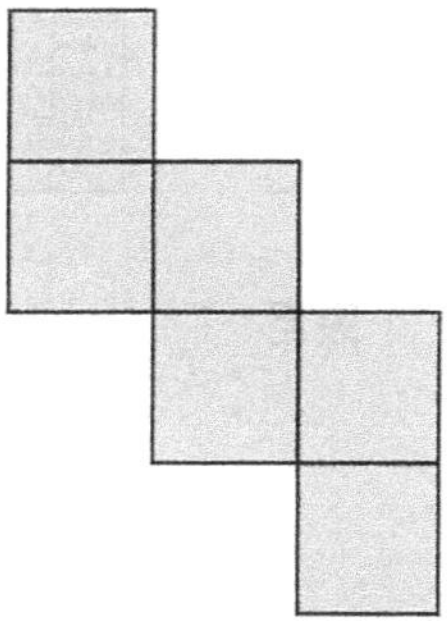

（答えはすべて解答用紙に記入しなさい）

(2)　1辺が1cmの立方体をすき間なく積み上げてできる立体を考えます。**〈横から見た図〉**と**〈上から見た図〉**が下のような立体について，次の問いに答えなさい。

〈横から見た図〉

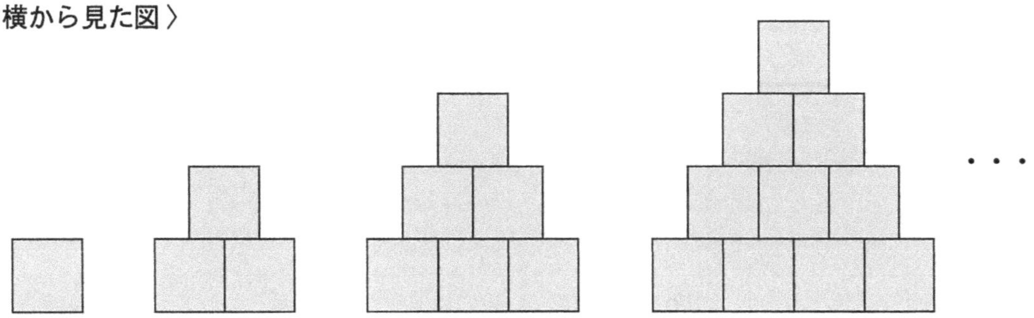

1段目　2段目　3段目　4段目

〈上から見た図〉

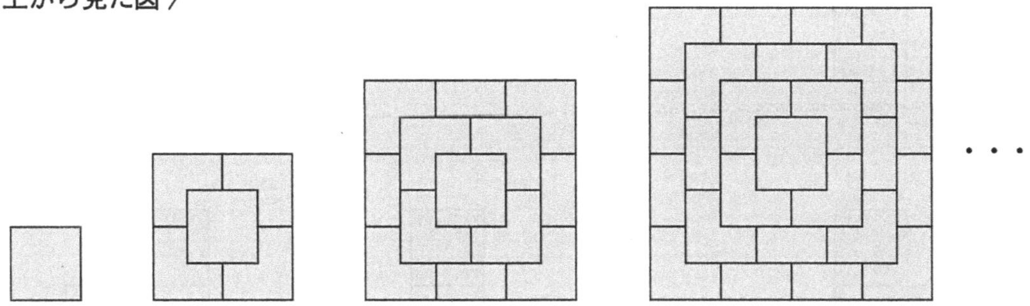

1段目　2段目　3段目　4段目

①　立方体を5段目まで積み上げてできた立体の体積は □ cm^3 です。

②　立方体を6段目まで積み上げてできた立体の表面積は □ cm^2 です。
ただし，表面積とは立体のすべての面の面積の和をいいます。

第６問　次の図のように直方体の水そうに長方形のしきりを立てて，しきりのＡ室側から水そうが満杯になるまで一定の割合で水を入れます。下のグラフは，このときの水を入れはじめてからの時間と水面の高さの関係を表しています。

このとき，次の □ にあてはまる数をそれぞれ答えなさい。ただし，水面の高さとは，底面から１番高い水面までの高さを表しています。また，しきりは底面に対して垂直で，厚さは考えないものとします。

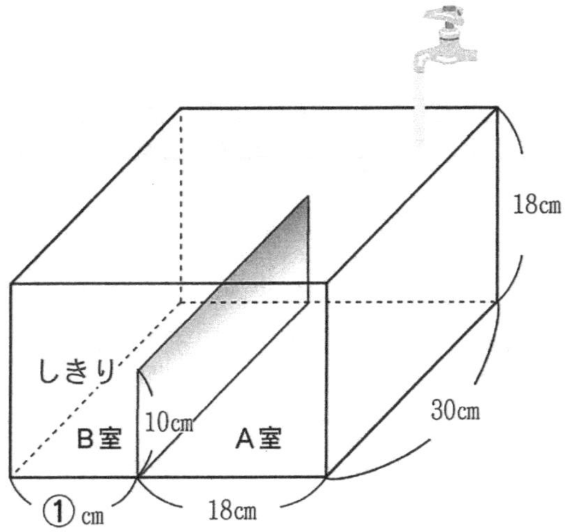

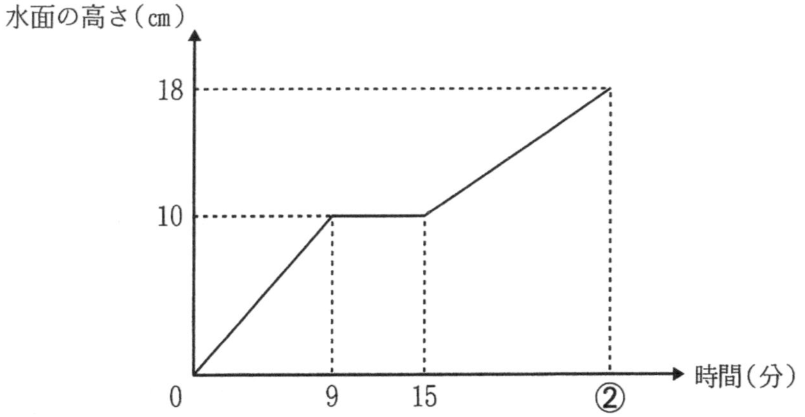

(1)　水面の高さがしきりの高さである 10 cm とはじめて等しくなるのは，水を入れ始めてから □ 分後です。

(2)　一定の割合で水を入れるとき，１分間に入る水の量は □ cm^3です。

(3)　図とグラフの①と②にあてはまる数はそれぞれ ［①］，［②］ です。

（答えはすべて解答用紙に記入しなさい）

第７問　１つの車両の長さが 20 m で，それが 6 両連結《れんけつ》した 6 両編成《へんせい》の特急列車が，時速 120 ㎞で走行しています。また，途中には全長 2,880 m のトンネルがあります。

このとき，次の［　　］にあてはまる数をそれぞれ答えなさい。ただし，車両と車両の間の連結部分の長さは考えないものとします。

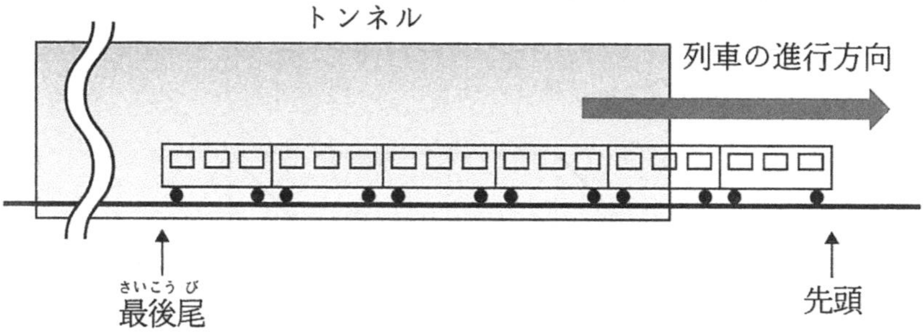

(1)　この特急列車が 3 時間で走行する距離は［　　］㎞です。

(2)　この特急列車の先頭がトンネルに入ってから最後尾がトンネルを出るまでにかかった時間は［［　　］分［　　］秒］です。

(3)　この特急列車と同じ車両が 10 両連結した 10 両編成の普通列車が時速 80 ㎞で走行しています。

①　この普通列車が特急列車と向かい合って進んでいるとき，出会ってからすれちがうまでにかかる時間は［　　］秒です。

②　1 つの車両の長さが 30 m で，それが 20 両連結した 20 両編成の貨物列車が時速 60 ㎞で走行しています。A 地点を初めにこの貨物列車の先頭が通過して，その 5 分後に普通列車の先頭が通過し，さらに 5 分後に特急列車の先頭が通過しました。普通列車が貨物列車に追いつき，特急列車が普通列車に追いつき，特急列車と普通列車と貨物列車の先頭が横一列に並ぶのは特急列車の先頭が A 地点を通過してから［　　］分後で［　　］㎞の地点です。ただし，特急列車と普通列車と貨物列車は別々のまっすぐな線路を同じ方向に走行しているものとします。

2022(R4) 秀光中　適性検査型
K 教英出版

学校法人 仙台育英学園 秀光中学校
2022年度 入学者選考試験問題（４教科型）

社 会 ・ 理 科

（※社会と理科２科目60分）

社会（第１問～第４問）
理科（第１問～第４問）

注意

- 試験開始の合図があるまで，問題用紙を開いてはいけません。
- この問題冊子は，社会15ページ・理科12ページ，合計27ページあります。
- 答えはすべて問題の指示にしたがって，解答用紙に記入しなさい。

社 会

第１問　次の文章を読んで，あとの問いに答えなさい。

中東は日本から約9,000km西方に位置し，古代よりシルクロードを通じて結ばれ，現在も様々な分野で協力を深めている。ここでは中東諸地域と日本との関わりについて見ていきたい。

中東は，天然資源に恵まれた地域としても広く知られている。湾岸《わんがん》諸国（ペルシャ湾に面する国々）だけで，原油・天然ガスともに世界の埋蔵《まいぞう》量の三分の一以上の割合を占めている。①エネルギー源を輸入に頼《たよ》らざるを得ない日本にとって，もしもに備えて中東への依存《いぞん》度を下げることは極めて重要だが，世界でも有数の資源大国であるロシアとの間には領土問題という大きな課題が存在している。一方で，国土のほとんどが乾燥《かんそう》した砂漠《さばく》地帯である国々においては，食料自給率の低さも大きな課題となっている。日本も同様に食料輸入が多いが，それらをめぐる②食品ロスの問題も改善が求められている。

次に中東の国々について詳しく見ていきたい。カタールは，アラビア半島のペルシャ湾に飛び出た小半島を国土とする秋田県ほどの大きさの国で，③沖縄県とほぼ同緯度に位置している。また，2021年は日本・カタール間の外交関係樹立50周年の記念すべき年であり，④東京オリンピックにはカタールの選手が16名参加した。

カタールは東日本大震災の際には「フレンド基金」を設立して，大きな被害を受けた⑤女川町の復興プロジェクトを支援している。また，カタールと同じ中東に位置するクウェートからの支援によって，下の**図ａ**に示した⑥三陸鉄道株式会社が運転再開へとこぎつけた。車両には，支援への感謝が記されている。

図ａ

問1　下線部①に関連して，日本の貿易と工業について次の2つの問いに答えなさい。

（ⅰ）次の**表1**，**表2**は日本の原油及び液化天然ガス（LNG）の輸入相手の上位5か国をそれぞれ示している。各表の**ア**～**エ**のうち，カタールにあてはまるものをひとつ選び記号で答えなさい。

表1　原油の輸入先(2019年)

位	国名	千kL	%
1	サウジアラビア	62,159	35.8
2	（　**イ**　）	51,555	29.7
3	（　**ウ**　）	15,219	8.8
4	クウェート	14,714	8.5
5	（　**エ**　）	9,379	5.4

表2　液化天然ガス(LNG)の輸入先(2019年)

位	国名	億m^3	%
1	（　**ア**　）	30,116	38.9
2	マレーシア	9,331	12.1
3	（　**ウ**　）	8,735	11.3
4	（　**エ**　）	6,399	8.3
5	ブルネイ	4,321	5.6

(2020/21年版『日本国勢図会』より作成)

（ⅱ）次の**表3**は，日本，中国，ドイツ，フランス，アメリカの5か国について，輸出先上位国〈地域を含む〉の相手先別輸出額と，その国の輸出総額に占《し》める割合をそれぞれ示したものである。表の**カ**～**ケ**のうち，日本にあてはまるものをひとつ選び記号で答えなさい。

表3　主要国の相手先別輸出額およびその割合(2018年)

	輸出先上位国〈地域を含む〉	輸出額とその割合 百万ドル	%		輸出先上位国〈地域を含む〉	輸出額とその割合 百万ドル	%
(カ)	アメリカ	135,287	8.7	**(キ)**	アメリカ	480,689	19.2
	（　**ケ**　）	124,560	8.0		〈香港〉	303,725	12.1
	（　**キ**　）	110,548	7.1		（　**ク**　）	147,565	5.9
	オランダ	107,619	6.9		韓国	109,524	4.4
	イギリス	97,154	6.2		ベトナム	84,223	3.4
(ク)	（　**キ**　）	143,998	19.5	**(ケ)**	（　**カ**　）	84,371	14.5
	アメリカ	140,617	19.1		アメリカ	45,663	7.8
	韓国	52,507	7.1		スペイン	45,378	7.8
	〈台湾〉	42,388	5.7		イタリア	43,293	7.4
	〈香港〉	34,704	4.7		ベルギー	41,481	7.1
アメリカ	カナダ	298,901	18.0				
	メキシコ	265,010	15.9				
	（　**キ**　）	120,341	7.2				
	（　**ク**　）	74,967	4.5				
	イギリス	66,228	4.0				
	（　**カ**　）	57,654	3.5				

(2020/21年版『世界国勢図会』より作成)

(答えはすべて解答用紙に記入しなさい)

問２　下線部②について，次のグラフは平成24年度から平成30年度の日本の食品ロス量の推移を示したものである。このグラフから読み取れることとして適当なものを，以下の**ア～エ**からひとつ選び記号で答えなさい。

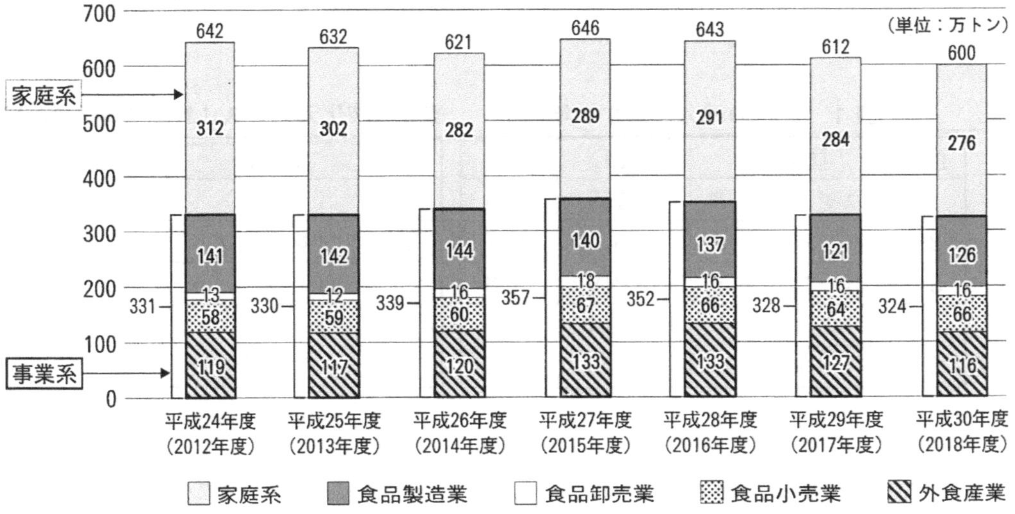

(農林水産省資料より作成)

ア　各年度の食品ロス量の総計のうち，外食産業によるロスが常に30％以上を占めている。

イ　各年度の食品ロス量の総計のうち，食品製造業によるロスが常に30％以上を占めている。

ウ　食品製造業によるロスの量は，事業系の中で常に最も高い割合を占めている。

エ　食品製造業によるロスの量は，６年間での削《さく》減《げん》率が事業系の中で最も高い。

問３　下線部③に関連して，日本最西端に位置する沖縄県の島の名前を**漢字４文字**で答えなさい。

問４　下線部④のオリンピックに関連する次の２つの問いに答えなさい。

（ⅰ）カタール代表選手団を乗せた飛行機が８月20日午後２時にドーハを出発し，10時間かけて成田空港に到着したとする。飛行機が成田空港に到着するのは日本時間の何月何日何時か，次の**ア～エ**からひとつ選び記号で答えなさい。なお，カタールの標準時子午線を東経45度とする。

ア　８月20日午前10時　　**イ**　８月20日午後６時
ウ　８月21日午前６時　　**エ**　８月21日午後10時

（ii）日本では2020年までに夏季・冬季合わせて３回のオリンピックが開催《かいさい》され，2021年の東京オリンピックで４回目の開催となった。次の雨温図のうち，それらの開催都市のいずれにも**あてはまらないもの**を，以下の**ア〜エ**からひとつ選び記号で答えなさい。

ア

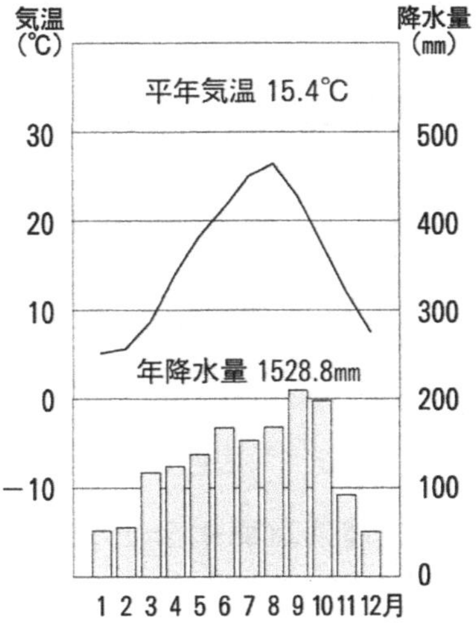

イ

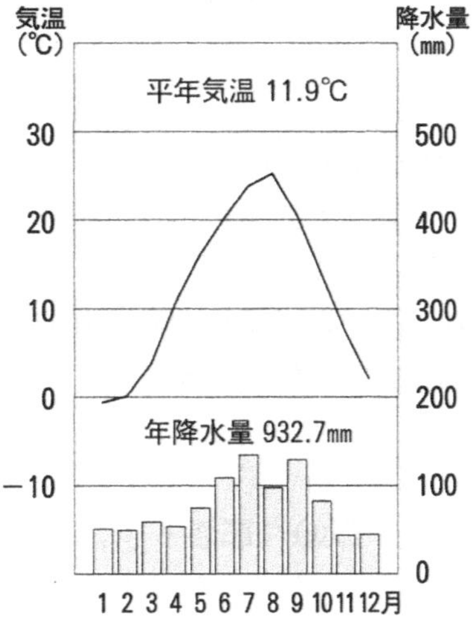

ウ

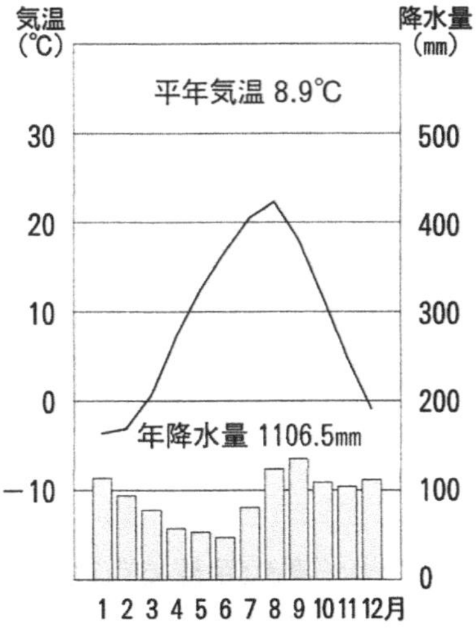

エ

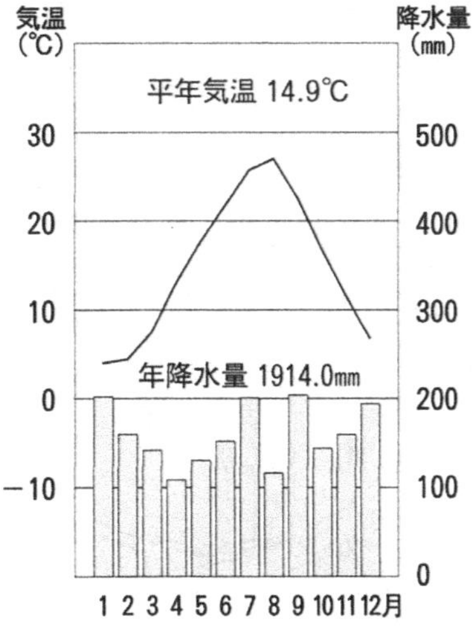

（2021年版「理科年表」より作成）

（答えはすべて解答用紙に記入しなさい）

問５　下線部⑤に関連して，女川町には東北電力女川原子力発電所が設置されている。東日本大震災以降，３基ある原子炉はすべて稼働を停止しており，現在２号機の再稼働をめぐって議論がなされている状況である。原子力発電について説明した文として**適当でないもの**を，以下の**ア〜エ**からひとつ選び記号で答えなさい。

ア　原子力発電は，温室効果ガス（CO2）を排出しないため地球温暖化への影響が少ない。

イ　原子力発電は，東日本大震災以前，他の発電方法と比べて低いコストで安定的な発電が可能であるとして注目されていた。

ウ　原子力発電において生成される放射性廃棄物は，安全で効率的な処理方法が確立されている。

エ　原子力発電において燃料とされるウランは，少量で大量のエネルギーを生み出すことができる。

問６　下線部⑥に関連して，次の**地形図Ⅰ**は，三陸鉄道株式会社の宮古駅周辺を1/10,000で示したものである。この地形図から読み取れることとして適当なものを，以下の**ア〜エ**からひとつ選び記号で答えなさい。

地形図Ⅰ

（国土地理院ウェブサイト　地理院地図より引用）

ア　宮古駅から見て，北に学校がある。

イ　宮古駅から見て，北に交番がある。

ウ　最短距離で市役所から図書館へ行く際に，橋を渡る必要はない。

エ　最短距離で市役所から工場近くの発電所へ行く際に，橋を渡る必要はない。

第2問　次の文章を読み，あとの問いに答えなさい。

2021年は歴史上のさまざまなできごとの節目《ふしめ》の年であった。

1281年（740年前）には，1274年に次いで二度目の①元の襲来《しゅうらい》（元寇《げんこう》）があった。この時に活躍した九州の御家人竹崎季長《たけざきすえなが》を描いた『蒙古襲来絵詞《もうこしゅうらいえことば》』（**資料1**）と，平安時代の書家②小野道風《おののみちかぜ》が残した「屏風土代《びょうぶどだい》」が，2021年9月30日に国宝に指定された。

1821年（200年前）には，江戸幕府に命じられ全国を測量した（　**X**　）による日本地図が，彼を引き継いだ友人や弟子たちによって完成した。

1851年（170年前）には，③第1回万国博覧会《ばんこくはくらんかい》がロンドンで開催され，世界で最初に産業革命が起きた開催国の繁栄《はんえい》ぶりが知れ渡ることとなった。

④1871年（150年前）には，岩倉使節団が欧米の国々の視察に出発し，近代的な政治や工業などについて調査をおこなった。また明治から昭和初期まで活躍した⑤渋沢栄一《しぶさわえいいち》は，1931年（90年前）に死去した。

第二次世界大戦で敗れた日本は，1951年（70年前）にアメリカを中心とした48か国と⑥サンフランシスコ平和条約を結ぶことで，独立を回復した。

資料1　　　　※写真は模本

問1　下線部①について，次の2つの問いに答えなさい。

（i）この時，鎌倉幕府の執権《しっけん》をつとめていた人物の名前を**漢字**で答えなさい。

（ii）この時攻めてきた元についての説明として適当なものを，以下の**ア〜エ**からひとつ選び記号で答えなさい。

ア　進んだ制度や文化を取り入れるため，日本から小野妹子《おののいもこ》らが使者として送られた。
イ　足利義満《あしかがよしみつ》の時代に，日本と勘合《かんごう》貿易をおこなった。
ウ　フビライ＝ハンによって建国された。
エ　仏教を広めるため，鑑真《がんじん》が来日した。

（答えはすべて解答用紙に記入しなさい）

問２　下線部②について，次の２つの問いに答えなさい。

（ｉ）小野道風《おののみちかぜ》が活躍した平安時代には貴族が政治を動かすようになり，美しくはなやかな日本風の文化が栄えた。この平安時代の説明として適当なものを，以下の**ア～エ**からひとつ選び記号で答えなさい。

ア　平安京が現在の奈良県に置かれた。
イ　紫式部《むらさきしきぶ》は，『枕草子』というすぐれた随筆を書いた。
ウ　清少納言《せいしょうなごん》が書いた『源氏物語』は現在でも世界の国々で読まれている。
エ　藤原氏が力を持ち，藤原道長《ふじわらのみちなが》が「もち月の歌」を詠《よ》んだ。

（ii）藤原佐理《すけまさ》は小野道風とならんで平安時代中期に活躍した書家（三蹟《さんせき》）に数えられ，大宰府《だざいふ》に赴任《ふにん》する途中で「離洛帖《りらくじょう》」を書いたとされています。大宰府が置かれた地域として適当なものを，以下の**ア～エ**からひとつ選び記号で答えなさい。

ア　関東
イ　九州
ウ　北海道
エ　東北

問３　（　Ｘ　）にあてはまる人物の名前を**漢字**で答えなさい。

問４　下線部③について，第１回万国博覧会が開催された国に関する説明として適当なものを，以下の**ア～エ**からひとつ選び記号で答えなさい。

ア　ノルマントン号の沈没をめぐって，この国出身の船長は軽い罰《ばつ》を受けただけだった。
イ　大日本帝国憲法をつくるにあたって，伊藤博文《いとうひろぶみ》はこの国の憲法を学んだ。
ウ　この国の艦隊《かんたい》（黒船）を率いたペリーが浦賀に来航し，日本に対して開国を求めた。
エ　ヨーロッパの国で，鎖国中の日本が唯一《ゆいいつ》来航を認めたのがこの国だった。

問 5　下線部④について，1871年に日本で起きたこととして適当なものを，以下の**ア～エ**からひとつ選び記号で答えなさい。

ア　各地に置かれていた藩を廃止し，新たに県を置いた。
イ　朝鮮で内乱がおこったことが原因で，日本と清との間で戦争が始まった。
ウ　徳川《とくがわ》慶喜《よしのぶ》が政権を朝廷に返上した。
エ　織田《おだ》信長《のぶなが》が家来の明智《あけち》光秀《みつひで》におそわれて自害した。

問 6　下線部⑤について，2024年から使用される予定の新１万円札には渋沢栄一（**資料 2**）が描かれることになっている。現在の１万円札に描かれている人物の説明として適当なものを，以下の**ア～エ**からひとつ選び記号で答えなさい。

ア　役人の心構えを示すために，十七条の憲法を定めた。
イ　『学問のすゝめ』を書き，人間は生まれながらにして平等であることを説いた。
ウ　国会を開くことを主張し，自由民権運動の中心的な人物となった。
エ　アメリカに渡り，黄熱病《おうねつびょう》の研究に力を注いだ。

資料 2

問 7　下線部⑥について，この条約と同日に日本とアメリカとの間で結ばれた条約の名前を**漢字 8 文字**で答えなさい。

（答えはすべて解答用紙に記入しなさい）

第３問　高校生の兄と小学生の妹との会話文を読んで，あとの問いに答えなさい。

妹：お兄ちゃん，コロナ禍でよく耳にする特措法《とくそほう》って何のこと？

兄：正式名称は新型インフルエンザ等対策特別措置《そち》法って言う法律なんだけど，新型コロナウイルス感染症対策を講じるために，この法律の改正が行われたんだよ。

妹：あれ？今回，国民投票って行われたんだっけ？法律を改正するには，国民投票が必要だって学校で習った気がするけど…。

兄：よく勉強しているね。だけどちょっと惜《お》しいかな。①日本国憲法だけが改正手続きに国民投票が必要だよ。

妹：日本国憲法と法律って違うの？

兄：日本国憲法は日本で最も強い力をもつ法規で，その下に刑法や民法といった各法律があるんだ。だから各法律は，憲法に基づいて制定されるんだよ。法律の制定後に何か不都合が出てきた際には，国会で改正される仕組みになっているよ。

妹：なるほど，２つの違いがわかってきたよ。たしか，法律が作られるのも国会だよね？

兄：正解！国民によって選ばれた国会議員によって法律は制定されるんだ。日本の国会は，②衆議院《しゅうぎいん》と参議院《さんぎいん》からなる二院制をとっているよ。そして，国会で決められた予算や法律にもとづいて，国民全体のためのいろいろな仕事を行うのが（　Ｘ　）だよ。

妹：国会議員は選挙によって選ばれるんだよね。最近では選挙の③投票率が下がっているって聞くけど，お兄ちゃんはもう18歳だよね。次の選挙では投票するつもりなの？

兄：もちろんだよ。せっかく④選挙権が18歳に引き下げられたし，選挙に行くのは国民の責務だと思っているからね。

妹：なんかかっこいいね。私も18歳になったら選挙に行きたいな。

問1　下線部①について，次の３つの問いに答えなさい。

（ⅰ）次の空欄（　a　）にあてはまる語句を**漢字５文字**で答えなさい。

日本国憲法の三大原則は，国民主権・（　a　）の尊重・平和主義である。

（ⅱ）憲法の条文に直接の規定はないが，新しい人権として主張されるようになったものを，以下の**ア～エ**からひとつ選び記号で答えなさい。

ア　教育を受ける権利　　　**イ**　知る権利
ウ　思想・良心の自由　　　**エ**　参政権

（ⅲ）憲法改正の手続きに関する次の文章について，空欄（A）～（C）にあてはまる語句の組み合わせとして適当なものを，以下の**ア～エ**からひとつ選び記号で答えなさい。

憲法審査会，または国会議員が憲法改正案を提出の後，国会で各議院の総議員の（A）の賛成で発議され，その改正案に対する国民投票で有効投票総数の（B）の賛成があれば改正が決まり，（C）が国民の名で交付する。

ア　A：過半数　　B：３分の２以上　　C：内閣総理大臣
イ　A：過半数　　B：３分の２以上　　C：天皇
ウ　A：３分の２以上　　B：過半数　　C：内閣総理大臣
エ　A：３分の２以上　　B：過半数　　C：天皇

問2　下線部②について，衆議院と参議院について説明した文として**適当でないもの**を，以下の**ア～エ**からひとつ選び記号で答えなさい。

ア　衆議院議員の被選挙権《ひせんきょけん》は25歳以上で，任期は４年である。一方，参議院議員の被選挙権は30歳以上で，任期は６年である。
イ　法律案は衆議院で可決後，参議院で否決されたとしても，衆議院で出席議員の３分の２以上の賛成によって再可決されれば法律となる。
ウ　衆議院と参議院はいずれも内閣によって解散できるため，国民の意見をいつでも反映させることができる。
エ　内閣総理大臣は，国会議員の中から国会の議決により指名される。衆議院議員，参議院議員のどちらからの指名も可能である。

問3　会話文の空欄（　X　）にあてはまる語句を**漢字２文字**で答えなさい。

（答えはすべて解答用紙に記入しなさい）

問4　下線部③について，次の**資料1，2**から読み取ることができる内容として適当なものを，以下の**ア～エ**からひとつ選び記号で答えなさい。

資料1　衆議院議員総選挙（大選挙区・中選挙区・小選挙区）における投票率の推移

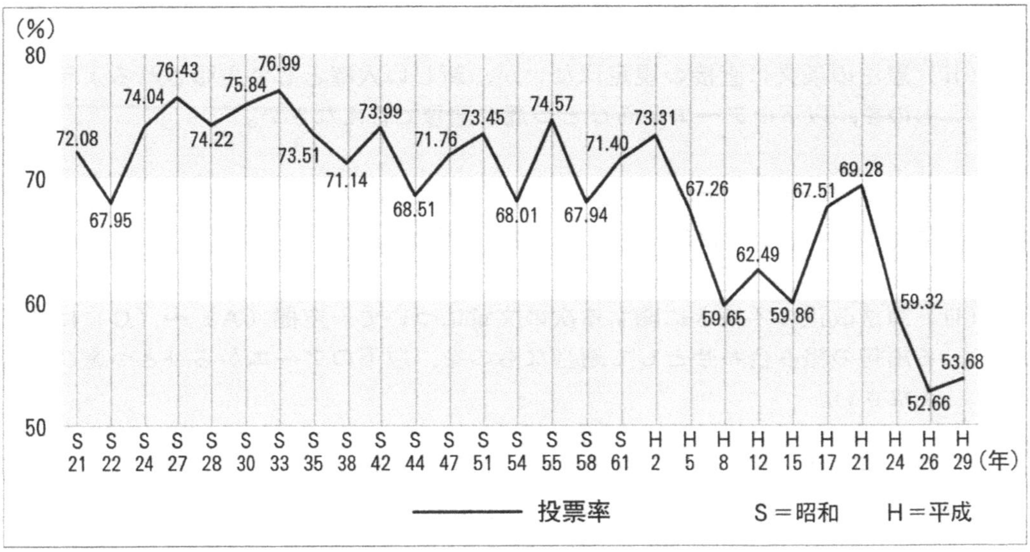

資料2　特色のある衆議院議員総選挙（大選挙区・中選挙区・小選挙区）の例

・昭和38年は，投票時間が2時間延長され，午後8時までであった。
・昭和55年及び昭和61年は，衆参同日選挙であった。
・平成12年より，投票時間が2時間延長になり，午後8時までとなった。
・平成17年より，期日前投票制度が導入された。
・平成29年より，選挙権年齢が18歳以上へ引き下げられた。

（資料1，2ともに総務省資料より作成）

ア　昭和22年の総選挙において，投票率が昭和21年と比較して下がったのは，台風接近に伴う大雨の影響が一因であると考えられる。

イ　昭和55年の総選挙において，投票率が昭和54年と比較して下がったのは，衆参同日選挙だったことが一因と考えられる。

ウ　平成17年の総選挙において，投票率が平成15年と比較して上がったのは，期日前投票制度の導入が一因であると考えられる。

エ　平成29年の総選挙において，投票率が平成26年と比較して上がったのは，投票時間が2時間延長になり午後8時までとなったことが一因と考えられる。

問5　下線部④について，次のA～Cの文の正誤の組み合わせとして適当なものを，以下の**ア～エ**からひとつ選び記号で答えなさい。

A　選挙権は18歳以上だが，特定の候補者を応援する選挙運動に関しての年齢制限はない。

B　世界の約9割の国々で18歳から選挙権があったことが，日本でも選挙年齢が引き下げられた理由の一つである。

C　選挙権の引き下げに伴い，衆議院議員の被選挙権も18歳に引き下げられた。

ア　A：正　　B：正　　C：誤
イ　A：誤　　B：正　　C：誤
ウ　A：誤　　B：誤　　C：正
エ　A：正　　B：誤　　C：正

（答えはすべて解答用紙に記入しなさい）

第４問　2021年の出来事について，あとの問いに答えなさい。

問１　2021年６月11日～13日にかけて，イギリスのコーンウォールでＧ７サミットが開催された。このことに関する次の問いに答えなさい。

（ⅰ）Ｇ７サミットについて説明している文として適当なものを，以下の**ア～エ**からひとつ選び記号で答えなさい。

ア　Ｇ７サミットとは，主要７カ国首脳会議のことであり，アメリカ，イギリス，フランス，ドイツ，日本，イタリア，カナダによって構成されている。
イ　2021年コーンウォールサミットの議長は，アメリカのバイデン大統領が務めた。
ウ　日本は1975年の発足以来参加しているが，日本で開催されたことはまだない。
エ　1998年から2013年までは中国を加えた８カ国であったが，2014年に中国の参加資格が停止されたことにより，現在の７カ国となった。

（ⅱ）**資料１**は，11月24日時点で主要７カ国において新型コロナウイルスワクチンの接種が完了した人数（２回の接種が必要なワクチンであれば，２回の接種を完了した人数）の割合の推移を示したものである。このグラフ中の**Ａ～Ｄ**の国名の組み合わせとして適当なものを，以下の**ア～エ**からひとつ選び記号で答えなさい。

Ｇ７各国における新型コロナワクチン接種を完了した人数の割合

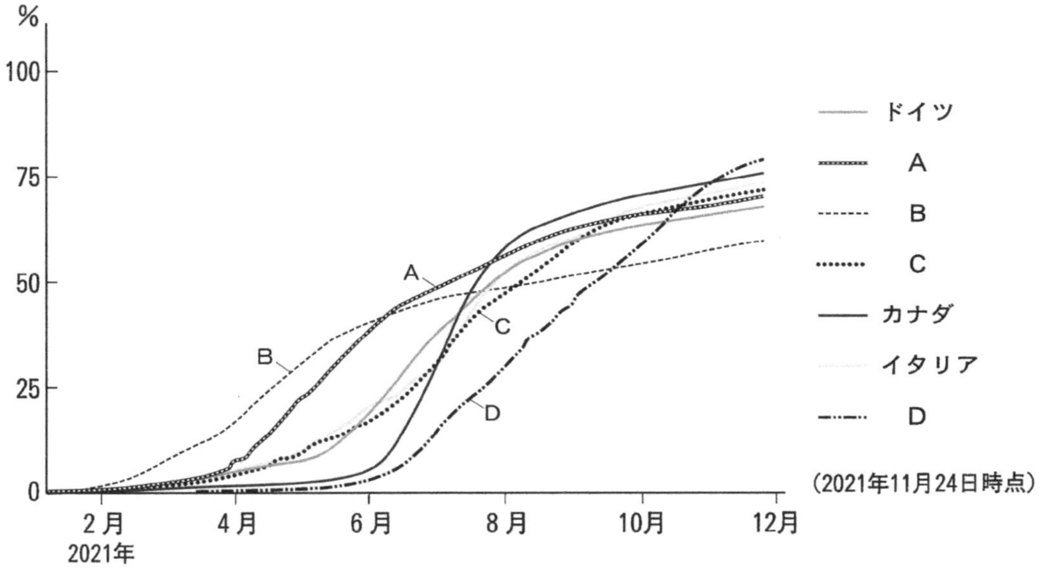

資料１　　（Our World in Dataより作成）

ア	Ａ－日　本	Ｂ－フランス	Ｃ－イギリス	Ｄ－アメリカ
イ	Ａ－イギリス	Ｂ－アメリカ	Ｃ－フランス	Ｄ－日　本
ウ	Ａ－アメリカ	Ｂ－フランス	Ｃ－日　本	Ｄ－イギリス
エ	Ａ－フランス	Ｂ－イギリス	Ｃ－アメリカ	Ｄ－日　本

問 2　**資料 2** は2021年 2 月のクーデター以降，現在まで民主化が課題となっているアジアのある国の国旗である。この国に関する次の問いに答えなさい。

資料 2

（ i ）この国について説明した文として**適当でないもの**を，以下の**ア～エ**からひとつ選び記号で答えなさい。

ア　インドシナ半島の西海岸を占めており，20世紀にはビルマ連邦《れんぽう》と称した時期がある。

イ　19世紀以降，イギリスの植民地となり，第二次世界大戦中は日本軍の侵攻《しんこう》を受けたが，1948年に独立した。

ウ　人口の85％がイスラム教徒によって占められている。

エ　独立後は軍事政権による統治が行われたが，1980年代後半よりアウンサンスーチーを指導者とする民主化運動が展開された。

（ ii ）1970年代以降，この国に暮らすある少数民族が抑圧《よくあつ》されて難民になるという問題が発生している。その民族の名称を**カタカナ 5 文字**で答えよ。

問 3　2021年は新型コロナウイルスの広がりの中で，世界各国のスポーツ大会のあり方が注目された。このことに関連する文として**適当でないもの**を，以下の**ア～エ**からひとつ選び記号で答えなさい。

ア　2020年に中止されたテニスのウィンブルドン選手権は，2021年には観客を入れて開催《かいさい》された。

イ　2020年に翌年に延期《えんき》となった東京オリンピックは，2021年にすべての会場が無観客で開催された。

ウ　2020年に開催されたゴルフのマスターズ・トーナメントは，2021年にも開催され日本人が初優勝した。

エ　2020年に開催されたMLB（メジャーリーグベースボール）は，2021年には観客を入れて開催された。

（答えはすべて解答用紙に記入しなさい）

問４　次の**資料３**，**４**は2017年～2019年にかけて東京オリンピック・パラリンピック競技大会組織委員会が主催し，環境省《かんきょうしょう》や東京都，協賛《きょうさん》企業《きぎょう》が推進した，ある事業に関連したものである。この資料から読み取れることとして適当なものを，以下の**ア**～**エ**からひとつ選び記号で答えなさい。

資料３　（環境省資料より引用）

都市鉱山比率及び地上資源と地下資源の推定量《すいていりょう》

世界の埋蔵量《まいぞうりょう》に対する我が国の都市鉱山の比率

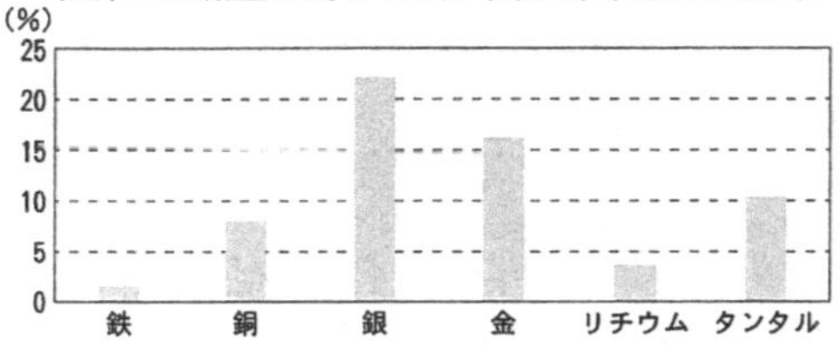

主な金属の地上資源と地下資源の推定量
（%は地上資源の割合）

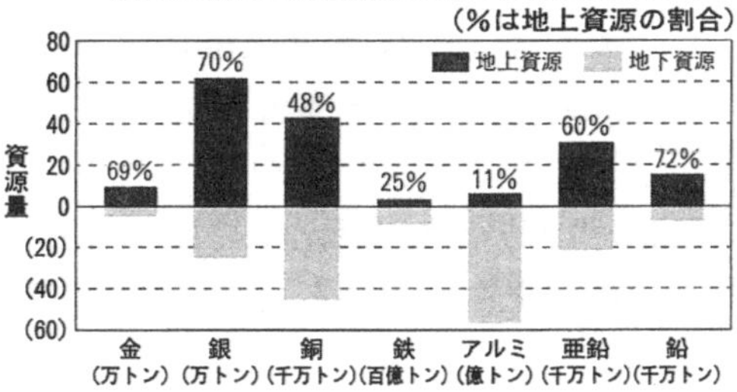

注：地上資源はこれまでに採掘された資源の累計量《るいけいりょう》，
地下資源は可採埋蔵量《まいぞうりょう》を示す。

資料４
（独立行政法人物質・材料研究機構　2014年の資料より作成）

ア　2021年に開催された東京オリンピックのメダルは，主要７カ国の都市鉱山《こうざん》の資源をもとに製作された。

イ　都市鉱山とは，携帯電話《けいたいでんわ》やパソコンなどの小型家電をリサイクルする際に抽《ちゅう》出《しゅつ》された金属資源のことをいう。

ウ　日本の都市鉱山における金・銀・銅の埋蔵量《まいぞうりょう》は，いずれも世界の埋蔵量の15%を超えている。

エ　金・銀・銅の資源量は，いずれも地上資源よりも地下資源の方が上回っている。

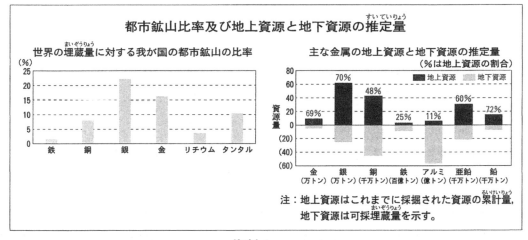

学校法人　仙台育英学園　秀光中学校

二〇二二年度　入学者選考試験（四教科型）　**解答用紙　国語**

第一問　18点

問一	問二	問三
①	①	①
② う	②	②
③ まる	③ す	③

第二問　32点

問一

問二　a　b

問三

問四

問五　こと。

問六　こと。

問七

問八

問九

受験番号

※100点満点

受験番号

※100点満点

6)	
7)	
8)	
9)	
10)	

第3問　⑴３点　⑵３点　⑶４点

(1)	点以上　　　点未満
(2)	

児童の数（人）　**第3問**　(3)　ヒストグラム（柱状グラフ）

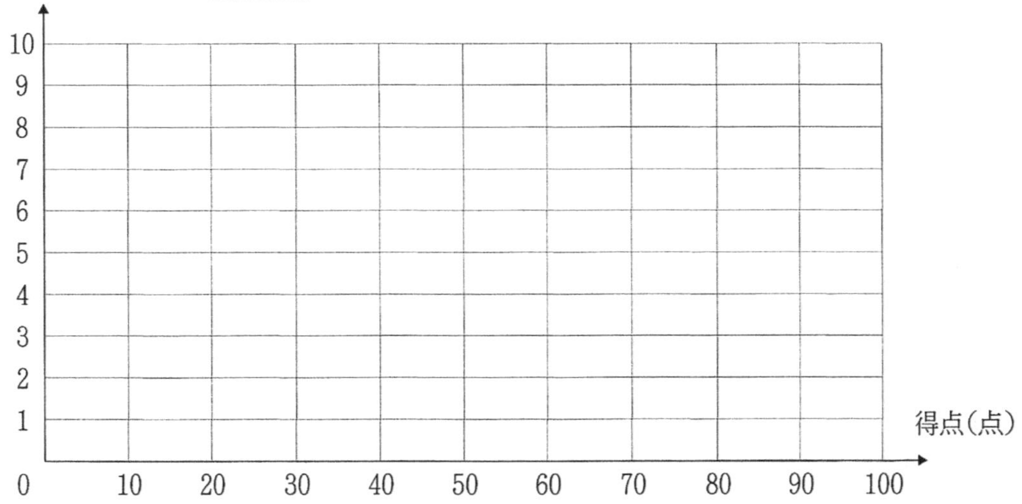

第4問　3点×2

(1)	
(2)	

第5問　3点×3

(1)		
(2)	①	
	②	

第6問　3点×

(1)		
(2)		
(3)	①	
	②	

光中学校

解答用紙　社会

受験番号

※50点満点

	(i)	(ii)
問4		

	(i)	(ii)
問2		

問5	

第3問 10点

問1	(i)				

問3			問4		問

第4問 10点

問1	(i)	(ii)	問2	(i)

問3		問4	

光中学校

解答用紙　理科

受験番号

2点×25

※50点満点

		問2	
	(4)	(1)	(2)

	問2	
	(1)	(2)
	mL	g

問3	
(1)	(2)

(3)	(4)
g	cm

学校法人　仙台育英学

2022年度　入学者選考試験（4教科

第1問

問1		
(1)	(2)	(3)

第2問

問1			
(1)	(2)	(3)	

第3問

問1		問2		
(1)	(2)	(1)	(2)	(3)

第4問

問1		問	
(1)	(2)	(1)	(2)
		g	g

(ii)	(iii)	問 2	

(ii)				

学校法人　仙台育英学

2022年度　入学者選考試験（4 教科型

第 1 問　15点

問 1	（ i ）	（ ii ）	問 2	
問 3				
問 5		問 6		

第 2 問　15点

問 1	（ i ）					
問 3					問 4	
問 6		問 7				

第7問　３点×５

(1)		
(2)		分　秒
(3)	①	
	②	分後
		km

学校法人 仙台育英学園 秀光中学校

2022年度　入学者選考試験（4教科型）　解答用紙　算数

第1問　3点×6

(1)	
(2)	
(3)	
(4)	
(5)	
(6)	

第2問　3点×10

(1)	
(2)	
(3)	
(4)	
(5)	

問二

問三

問四

問五

A

B

C

問六

の表れ

問七

Ⅰ

Ⅱ

Ⅲ

第四問

20点

問一

問二

問三

問四

問五

①

②

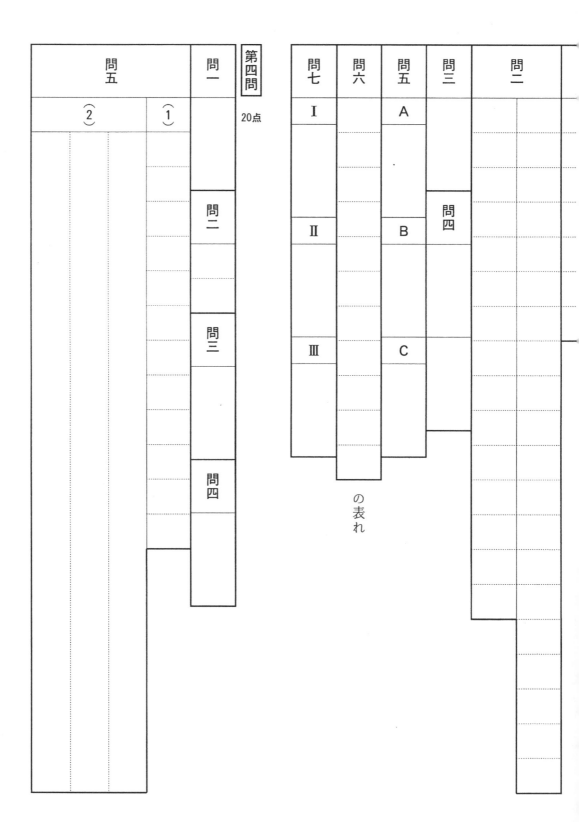

次のページより理科の問題です。

理科問題へ進む

理 科

第１問　次の各問いに答えなさい。

問１　昨年の５月26日に，日本各地で皆《かい》既《き》月《げっ》食《しょく》が観測されました。特に今回の皆既月食は，「スーパームーン」とよばれる大きく見える月の皆既月食でした。下の図は，太陽，地球，月の位置関係を表したものです。次の（１）～（４）の問いに答えなさい。

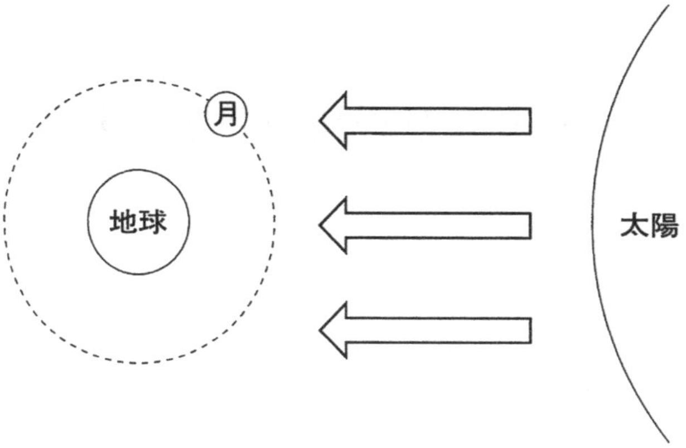

（１）地球は太陽の周りをまわり，月は地球の周りをまわっています。地球と月は，どのように呼ばれる天体ですか。次の**ア**～**カ**から一つ選び，記号で答えなさい。

	地球	月
ア	こう星	わく星
イ	こう星	衛星
ウ	わく星	こう星
エ	わく星	衛星
オ	衛星	こう星
カ	衛星	わく星

（2）月食が観測されるときの，太陽，地球，月の位置関係はどうなっていますか。次の**ア～ウ**から一つ選び，記号で答えなさい。

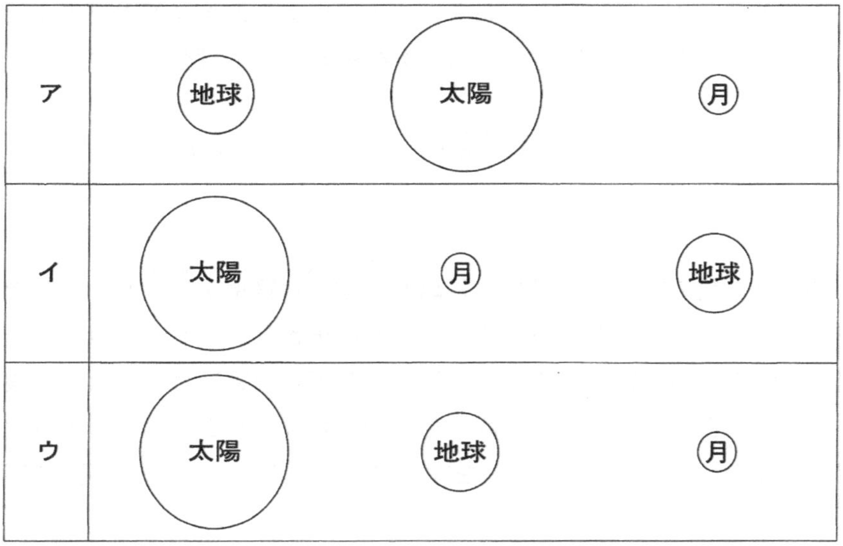

（3）月は地球の周りを下の図のようにまわっています。地球と月の距《きょ》離《り》を調べると，下の表のようになっていました。スーパームーンのときの月が大きく見えたのはなぜですか，「太陽」「地球」「月」の中から適切な語を使って説明しなさい。

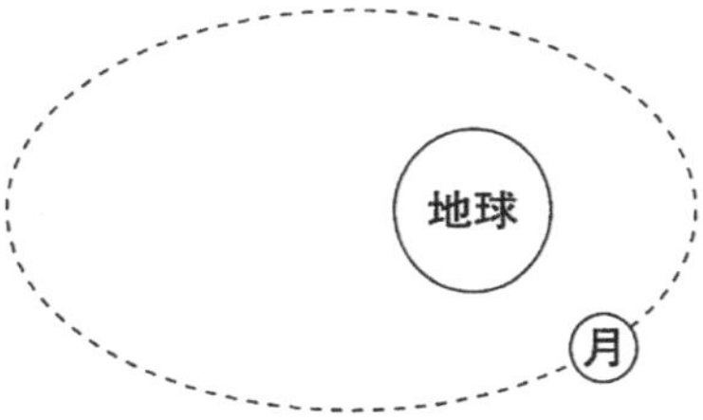

表　地球と月の距離

近いときの距離	約357000km
平均距離	約385000km
遠いときの距離	約406000km

（4）この日から3週間後に，また月の観測をしました。その時見えた月の形を，次の**ア～カ**から一つ選び，記号で答えなさい。

ア　イ　ウ　エ　オ　カ

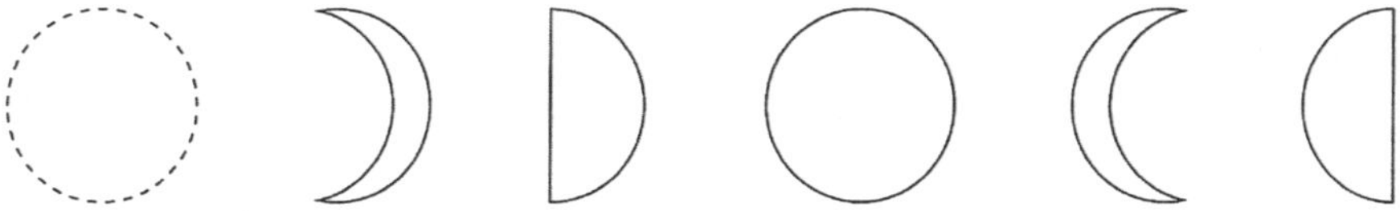

新月（見えない）

（答えはすべて解答用紙に記入しなさい）

問2　近年，自然災害など私たちの身の回りにひそむ危険についてニュースなどで取り上げられることが多くなってきました。次の（1）～（2）の問いに答えなさい。

（1）昨年の7月3日に静岡県熱海《あたみ》市で，大雨により大きな被害が出る災害が発生しました。その時発生した災害を，次の**ア～ウ**から一つ選び，記号で答えなさい。

ア　高潮《たかしお》　　**イ**　土石流《どせきりゅう》　　**ウ**　津波《つなみ》

（2）30年ほど前の1991年5月に，長崎県の雲仙《うんぜん》普賢岳《ふげんだけ》が噴火《ふんか》し，その後，まだ研究が進んでいなかった火砕流《かさいりゅう》（噴火により放出された，くだけ散った岩石などと高温の火山ガスが，斜面にそって高速で流れ下る現象）により大きな被害が出ました。もし，自分がいる場所の近くで火山が噴火したときにどのような行動をとればよいですか。最も適切なものを次の**ア～オ**から一つ選び，記号で答えなさい。

ア　一度噴火すると続いて大きな噴火は起こらないので，その場にとどまってようすを見る。

イ　すぐに近くの家に逃げ込む。

ウ　周りの人のようすをしっかり観察し，同じ行動をとるようにする。

エ　一度目の噴火の後，火山のようすがどうなるかわからないので，安全に注意しながらすぐに避難《ひなん》する。

オ　火山のようすを確認しに行く。

第２問　次の各問いに答えなさい。

問１　正体不明の気体**A**，**B**と水素が入った３種類のボンベがあります。気体**A**，**B**の正体を確かめるために次の３つの実験を行いました。**実験１～３**の結果から次の（**1**）～（**4**）の問いに答えなさい。

実験１
火のついた線香を気体**A**を満たした広口びんに入れると激しく燃えました。

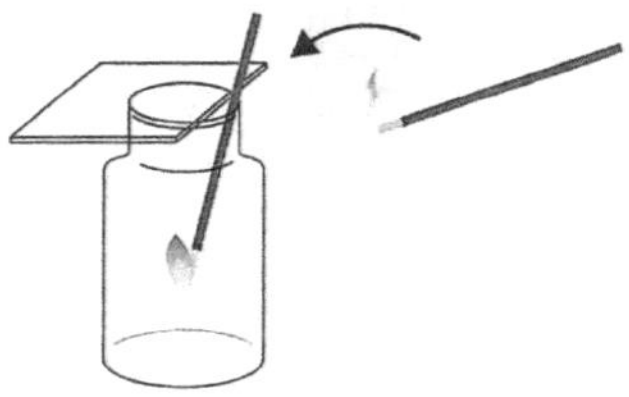

実験２
火のついた線香を気体**B**を満たした広口びんに入れると線香の火は消えました。

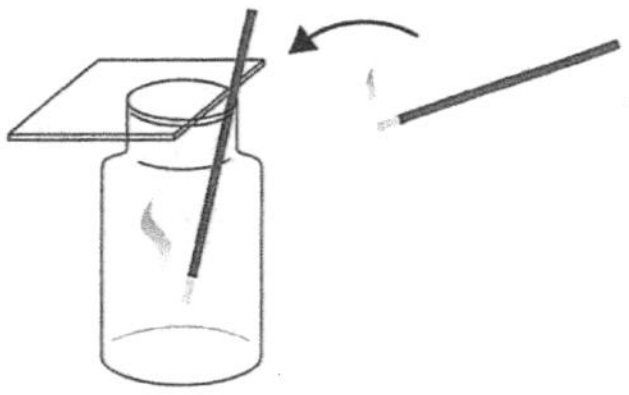

実験３
気体**A**と水素をビニール袋に入れて混ぜ点火すると大きな音を出して燃え，そのあとビニール袋の表面がくもったので，水蒸気ができたことを確認できました。

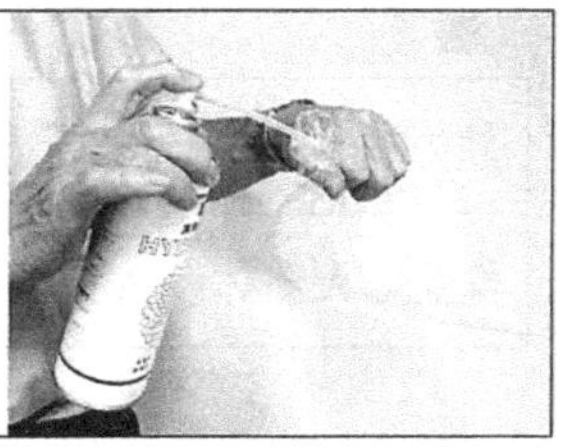

（**1**）気体**A**は過酸化水素水《かさんかすいそすい》に少量の二酸化マンガンを加えても発生することが分かっています。気体**A**は何ですか。次の**ア～エ**から一つ選び，記号で答えなさい。

ア　二酸化炭素　　**イ**　窒素《ちっそ》　　**ウ**　酸素　　**エ**　プロパン

（**2**）気体**A**は空気中におよそ何％含まれていますか。次の**ア～エ**から一つ選び，記号で答えなさい。

ア　20％　　**イ**　40％　　**ウ**　60％　　**エ**　80％

（**3**）気体**B**は石灰水と混ぜると白く濁《にご》ることが分かっています。気体**B**は何ですか。次の**ア～エ**から一つ選び，記号で答えなさい。

ア　二酸化炭素　　**イ**　水蒸気　　**ウ**　酸素　　**エ**　プロパン

（答えはすべて解答用紙に記入しなさい）

（４）気体Ｂが空気中に増えてくると，気候や生き物のくらしに様々な影響《えいきょう》を与《あた》えます。気体Ｂができるだけ増えないようにする取り組みとしてどのようなものがありますか。その取り組みの例を一つ答えなさい。

問２　次の図に示す装置を使って，うすい塩酸50mLと鉄の小さなかけらを反応させて発生する気体の体積を測る実験を行いました。下の**表１**は，鉄のかけらの重さを①～⑦まで少しずつ増やして発生する気体を測定した結果をまとめたものです。次の（１）～（２）の問いに答えなさい。

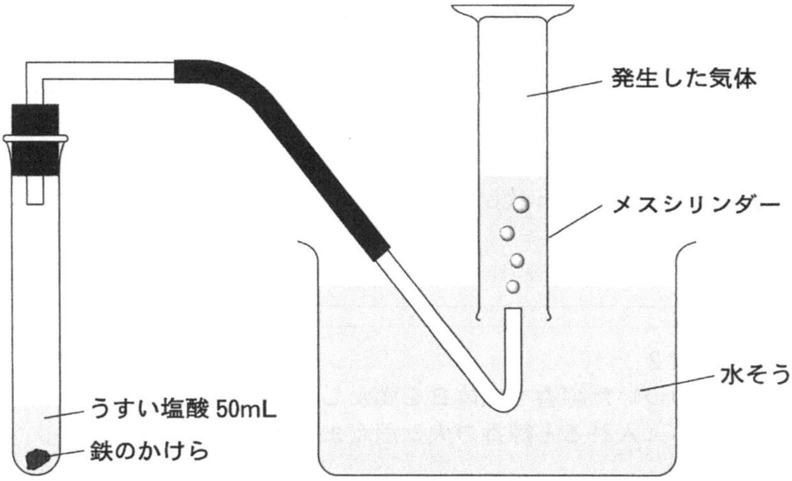

表１	①	②	③	④	⑤	⑥	⑦
鉄の重さ	0.2g	0.4g	0.6g	0.8g	1.0g	1.2g	1.4g
発生した気体	80mL	160mL	A	320mL	400mL	B	560mL

（１）ＡとＢで発生した気体を合わせると何mLになりますか。

（２）（１）で示した実験と同じ実験装置を使って，同じ濃さの塩酸50mLとアルミはくを反応させて発生する気体の体積を測る実験を行いました。

表２は，アルミはくの重さを①～⑦まで少しずつ増やして発生する気体を測定した結果をまとめたものです。①，②ではアルミはくがすべて反応してなくなりましたが，③から⑦では途中で気体の発生がとまり，アルミはくが残りました。

表２	①	②	③	④	⑤	⑥	⑦
アルミはくの重さ	0.2g	0.4g	0.6g	0.8g	1.0g	1.2g	1.4g
発生した気体	250mL	500mL	560mL	560mL	560mL	560mL	560mL

表 2 の結果をグラフ用紙に赤いペンで書き入れたところ次のようになりました。

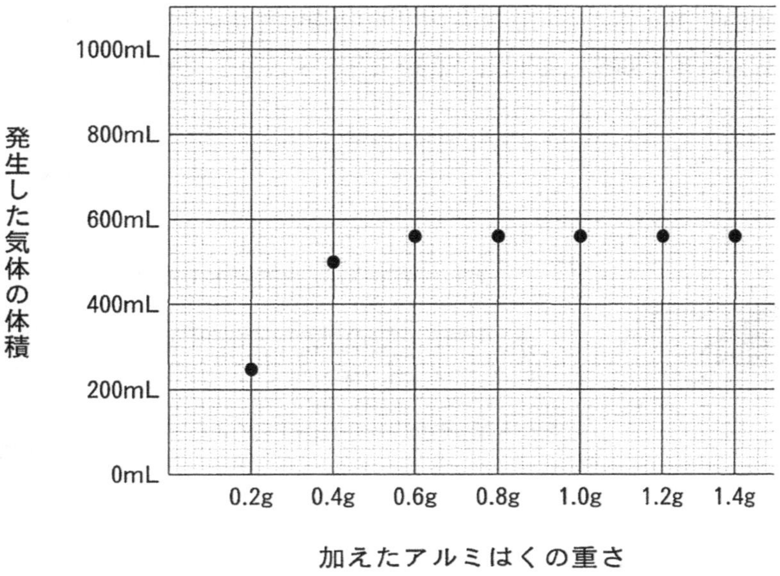

以上のことから，**表 2** の③で反応したアルミはくは0.6g中何gですか。答えなさい。必要ならばグラフを利用して考えても良いです。なお，このグラフは下のような形になることが分かっています。

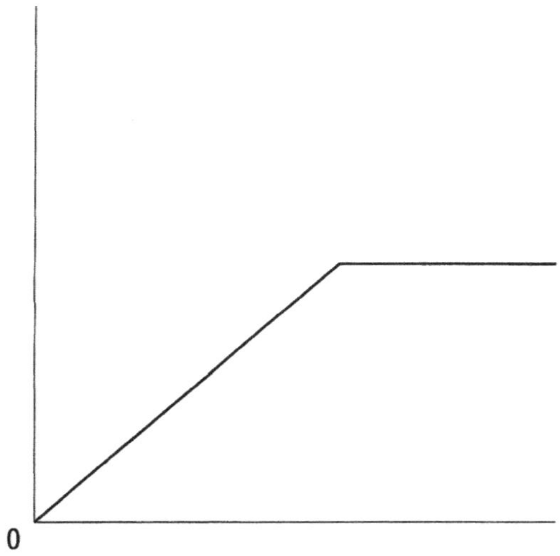

（答えはすべて解答用紙に記入しなさい）

第３問　次の各問いに答えなさい。

問１　晴れた日に外からとってきたアサガオの葉をちぎって，葉の裏《うら》側《がわ》のうすい皮をはがし，けんび鏡で観察しました。次の（**１**）～（**２**）の問いに答えなさい。

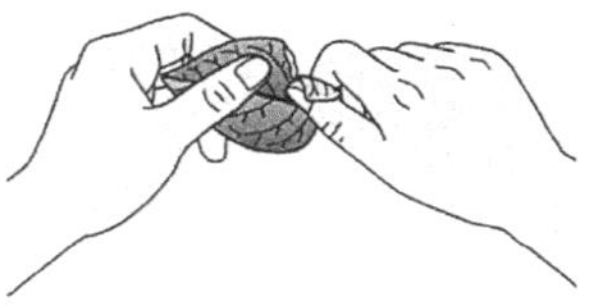

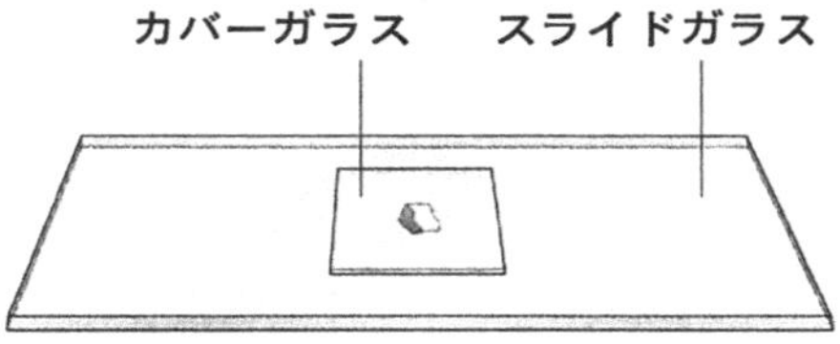

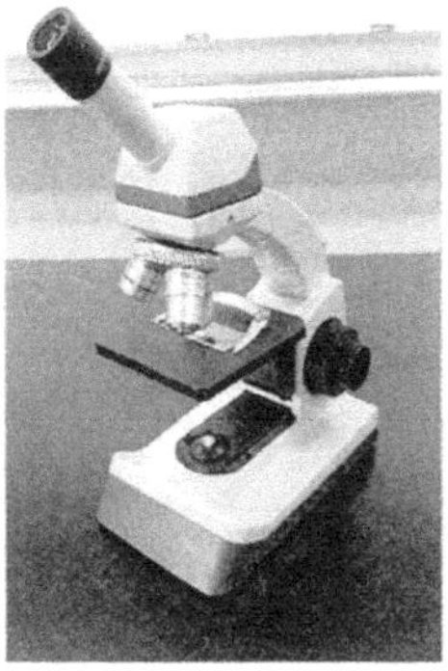

（**１**）けんび鏡の使い方として適切なものはどれですか。次の**ア**～**エ**の中から一つ選び，記号で答えなさい。

ア　けんび鏡を準備するときは，接眼レンズをつける前に対物レンズをつける。

イ　倍率を計算するときは，（接眼レンズの倍率）×（対物レンズの倍率）× 2 で計算する。

ウ　視野の右はしに見えるものを中央に動かしたいときは，プレパラートを右に動かす。

エ　ピントを合わせるときは，接眼レンズをのぞきながら，プレパラートを近づける。

（**２**）けんび鏡で観察したところ，下の図のようなあなが見えました。このあなから水蒸気が出ていくはたらきを何といいますか。答えなさい。

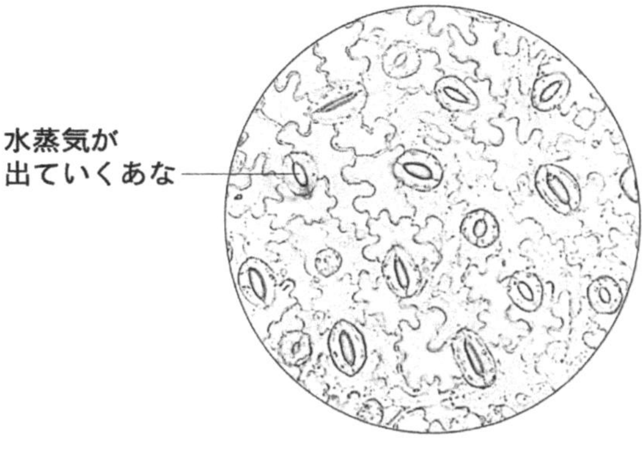

問２　人のからだのつくりとはたらきについて，下の図は人の臓器《ぞうき》の位置を表しています。次の（１）～（３）の問いに答えなさい。

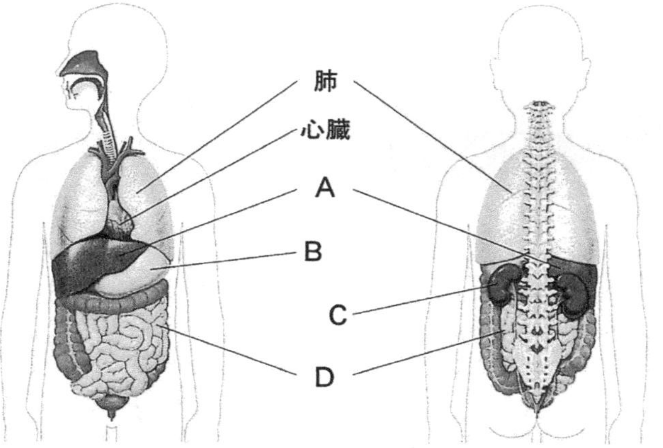

（１）臓器の説明として正しいものはどれですか。次の**ア**～**エ**の中から一つ選び，記号で答えなさい。

ア　Aは肝臓《かんぞう》であり，小腸から吸収された養分の一部を一時的にたくわえる。

イ　Bは胃であり，だ液を分泌《ぶんぴつ》することで食べ物を消化する。

ウ　Cはすい臓であり，にょうをつくる。

エ　Dは大腸であり，小腸で吸収されなかった物を吸収し，ふんをつくる。

（２）下の図の矢印は，心臓から出たり入ったりする血液の流れを示しています。**ア**～**エ**の矢印のうち，「心臓から肺への血液の流れ」を示したものはどれですか。記号で答えなさい。

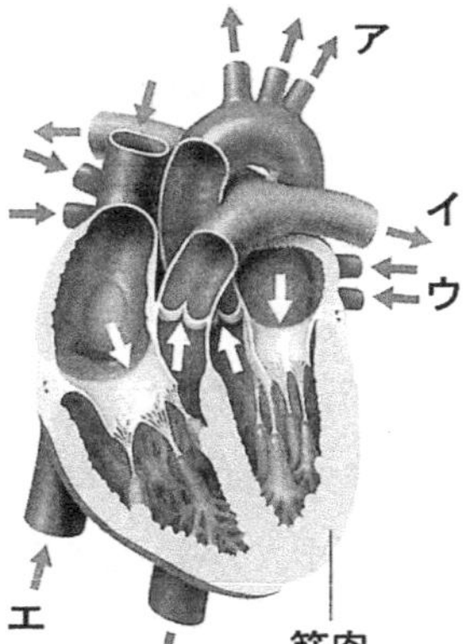

（３）大人のからだでは，心臓が１回拍動《はくどう》するとおよそ70mLの血液が心臓から送り出されます。１分間の拍動数が70回のとき，５分間に心臓から送り出される血液の量はおよそ何Lですか。次の**ア**～**エ**の中から一つ選び，記号で答えなさい。

ア　５L　　**イ**　15L　　**ウ**　25L　　**エ**　35L

（答えはすべて解答用紙に記入しなさい）

問3　写真は宮城県の伊《い》豆《ず》沼《ぬま》でカモやハクチョウが休んでいる写真です。次の（１）～（２）の問いに答えなさい。

（１）写真右側の○で囲まれたところは，水辺でカモやハクチョウなどの水鳥が，水中に首を突っ込んで，植物の葉や茎，種子，貝やこん虫などのえさを食べている場面です。このような，生き物どうしの「食べる」「食べられる」というつながりのことを何といいますか。答えなさい。

（２）この地方では冬にも水面が凍《こお》らないので，毎年，日本より寒いところからハクチョウなどの鳥が渡ってきます。また，本来，田んぼは秋の稲刈りが終わると水が抜かれてしまいますが，近年，冬の間も水を張ったままにする「冬水田んぼ」が増えています。では，冬場に水面が凍らない水場が増えるということは，水鳥にとってどんな良いことがありますか。上の写真の水鳥が何をしているかを参考にして考え，答えなさい。

第４問　日頃の生活の中で，私たちは〔てこ〕のしくみを応用して重い物を小さな力で持ち上げたり移動したりしています。〔てこ〕のしくみや考え方を活用して，次の各問いに答えなさい。

問１　下の写真は，はさみで紙を切ろうとしているところです。次の（１）～（２）の問いに答えなさい。

（１）この写真のＡ，Ｂ，Ｃのところをそれぞれ何と呼びますか。次の表の**ア～カ**の中から，正しい組み合わせになっているものを一つ選び，記号で答えなさい。

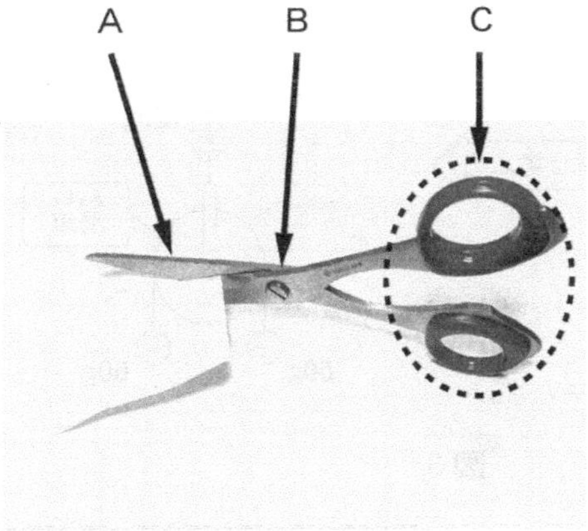

	A	B	C
ア	力点	作用点	支点
イ	支点	作用点	力点
ウ	作用点	支点	力点
エ	支点	力点	作用点
オ	作用点	力点	支点
カ	力点	支点	作用点

（２）（１）の写真のようにしてはさみで紙を切るとき，切ろうとする紙の厚さが厚い場合はどのようにすれば少ない力で切ることができるようになりますか。次の**ア～ウ**の中から一つ選び，記号で答えなさい。

ア　Ｃの部分の全体を強くにぎって切る
イ　ＡをＢから遠くなるようにして切る
ウ　ＡとＢの距離を短くなるようにして切る

（答えはすべて解答用紙に記入しなさい）

問 2　次の［　　］内の【情報】を参考にして，次の（1）～（4）の問いに答えなさい。ただし，ここでは〔おもりの重さ〕や〔ひもを引く力〕だけを考えることとし，〔おもり以外の重さ〕などは考えないことにします。〔おもりの重さ〕や〔ひもを引く力の大きさ〕を表す単位はg（グラム）を使うことにします。

また，〔てこのうでの長さ〕は図に示してあります。

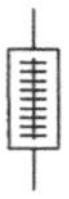
は〔ばねばかり〕で，そのときの目盛りの大きさはその近くに示してあります。

【情報】図はすべてつり合っているようすを示しています。

図 1

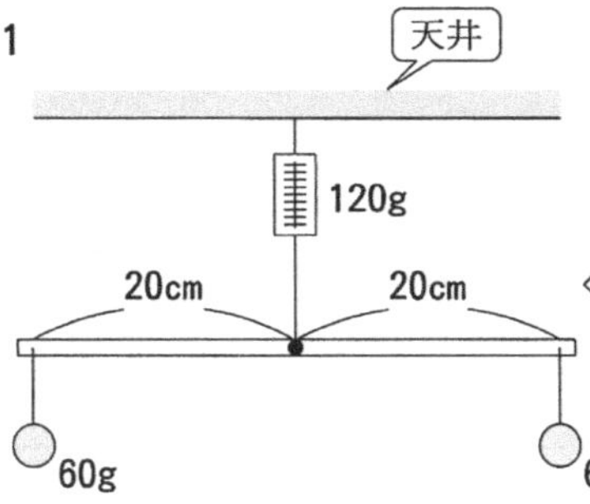

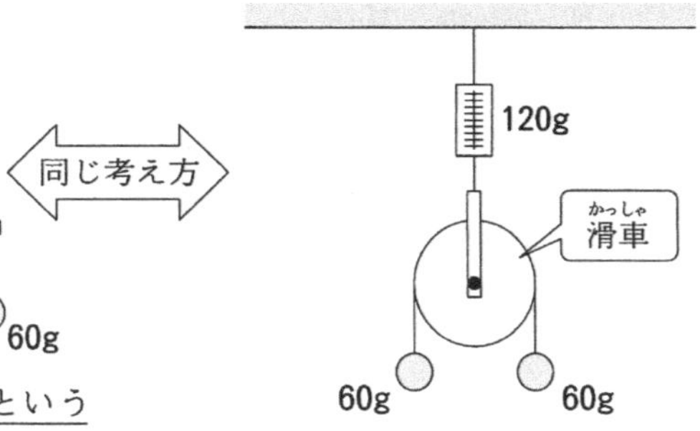

※このようなものを〔てんびん〕という

図 2

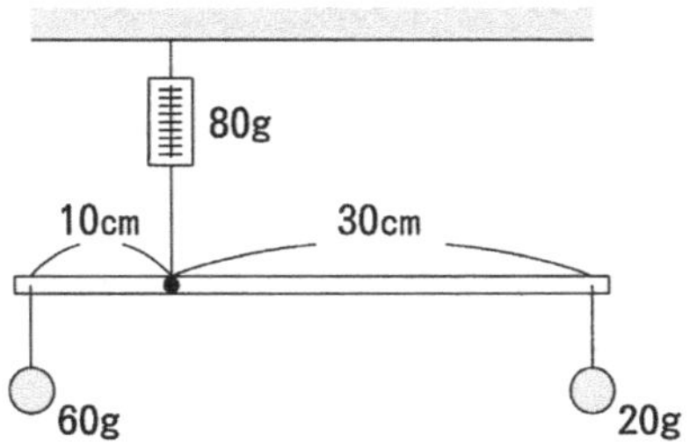

図 3

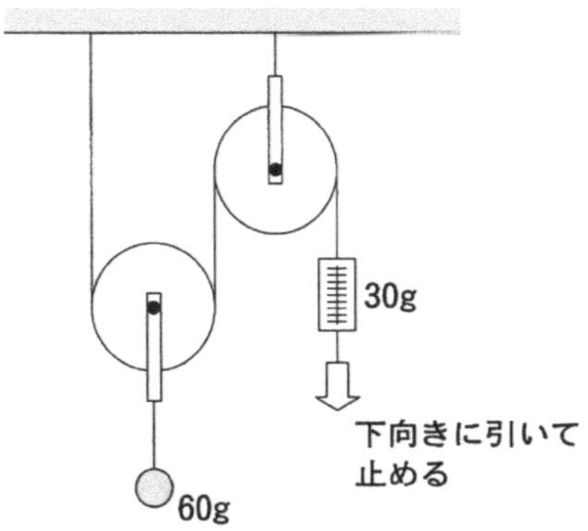

（1）下の図の〔てんびん〕がつり合っているとき，〔おもり A〕の重さを答えなさい。

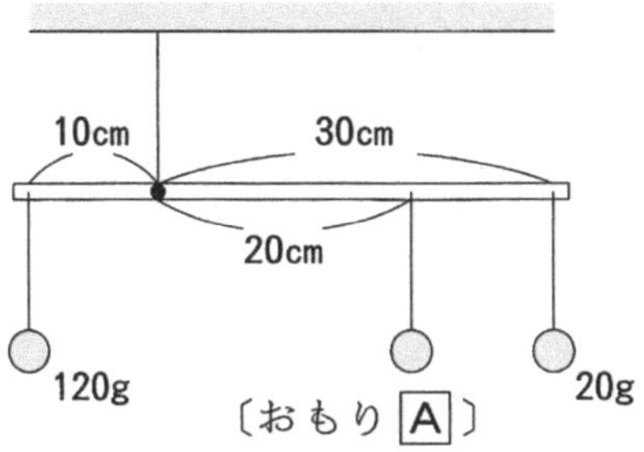

（2）下の図の〔てんびん〕がつり合っているとき，〔おもり B〕の重さを答えなさい。

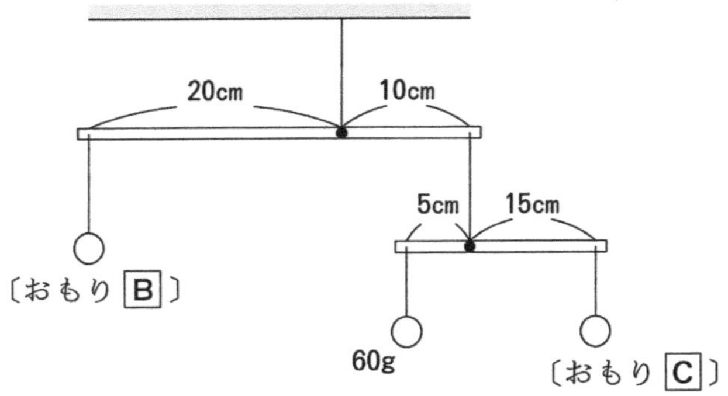

（3）下の図で，〔ひも〕は下の方に引いたままにして，〔おもり D〕が動かないようにしています。このとき，〔ばねばかり〕の目盛りは何gになっていますか。答えなさい。

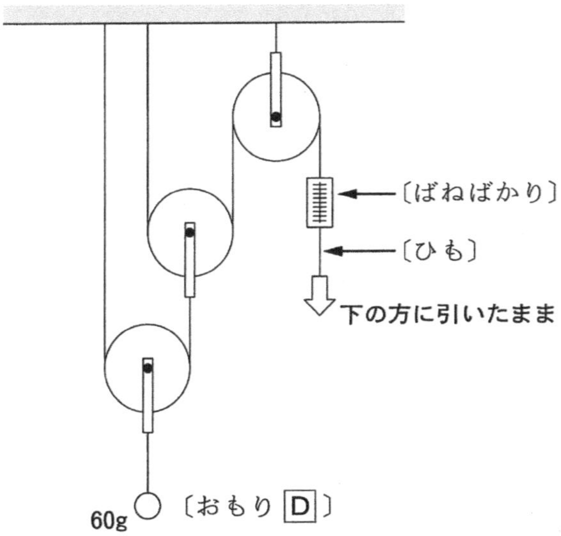

（4）（3）の図で，〔おもり D〕を 4 cmだけ上の方に動かすには，〔ひも〕を下の方に何cm引けば良いですか。答えなさい。

（答えはすべて解答用紙に記入しなさい）

【社